FINANCIAL JOURNALISM

财经新闻传播学

田静　关众　著

中国经济出版社
CHINA ECONOMIC PUBLISHING HOUSE
·北京·

图书在版编目（CIP）数据

财经新闻传播学 / 田静，关众著．--北京：中国经济出版社，2022.4

ISBN 978-7-5136-6895-8

Ⅰ．①财…　Ⅱ．①田…　②关…　Ⅲ．①经济-新闻工作-研究　Ⅳ．①G212

中国版本图书馆 CIP 数据核字（2022）第 062478 号

责任编辑　王西琨
责任印制　马小宾
封面设计　任燕飞装帧设计工作室

出版发行　中国经济出版社
印 刷 者　北京富泰印刷有限责任公司
经 销 者　各地新华书店
开　　本　710mm×1000mm　1/16
印　　张　15.75
字　　数　282 千字
版　　次　2022 年 4 月第 1 版
印　　次　2022 年 4 月第 1 次
定　　价　68.00 元
广告经营许可证　京西工商广字第 8179 号

中国经济出版社　网址 www.economyph.com　社址 北京市东城区安定门外大街 58 号　邮编 100011
本版图书如存在印装质量问题，请与本社销售中心联系调换（联系电话：010-57512564）

自 序

从2005年开始，我们一直在探索和思考，目标始终如一，就是要破解困扰财经新闻学界的难题——财经知识和新闻传播知识“两层皮”的问题。

财经新闻不仅涉及“财经”，即经济学和管理学方面的知识，还涉及新闻传播理论，这是很容易理解的。但是，如何把二者融为一体，形成属于财经新闻自己的传播理论，而不是简单的“财经+新闻”，确实不太容易。

作者拥有经济学和传播学的学科背景，加上数十年的探索，为解开这道难题提供了思路，也小有收获。2014年，我们出版了《经济系统与财经新闻》一书，提出了解决方案，即以经济系统论为基础，从传播学和经济学两个角度来考察国民经济系统，将经济学与传播学有机地糅合在一起，系统地探索有关国民经济系统各子系统的财经新闻报道规律，形成财经新闻独有的、完整的理论体系。

可以说，《经济系统与财经新闻》一书找到了破解这道财经新闻理论难题的路径，但并没有最终形成财经新闻传播理论体系。在此之后，我们并没有停止探索的脚步。几年来，吉林财经大学新闻与传播学院的财经新闻专业在教学体系方面做了大胆尝试：首先，将“财经基础知识”作为先导课，让学生掌握与财经新闻相关的基本的经济学、管理学知识；其次，对“财经新闻概论”课程进行调整，去掉了原来的“财经知识”部分，取而代之的是将经济学原理和传播学理论相结合的财经新闻理论；最后，通过“财经新闻采编”课程，培养学生动手做财经新闻的能力。

有了这些探索和思考，我们认为已经到了“一揽子”解开难题的时候。本书就是我们提供的“答卷”。本书不再分别介绍财经知识和传播理论，而是在分析经济学意义的基础上探索某一财经新闻报道领域的传播学价值。同时，利用经济学、管理学的知识，对财经新闻的信源、传播渠道等进行深入研究。本书将形成一个完整的财经新闻传播理论体系，有效解决“财经+新闻”的问题。

全国财经类学校有46所，包括综合性大学在内，标明“财经新闻”“经济新闻”“商业新闻”类的不下50所。[①] 希望本书对相关专业的学生有所帮助，让财经新闻的学术研究与教学上一个新的台阶；希望本书能为一线财经新闻采编人员提供指导，同时也对经济工作者的传播活动有所助力。

田静　关众

---

① 谭云明．在中财讲财经新闻［M］．北京：中国经济出版社，2016：Ⅲ．

前 言

财经新闻，新闻传播学领域的一朵“奇葩”。

财经新闻鲜有故事，往往没有什么引人入胜的情节，然而，它几乎与所有人的切身利益息息相关，因而人们对其倍加关注。财经新闻的新闻事实往往极其简单，一个数据、一段言论，都可能是一条新闻，但其背后的引申意义极其深远。财经新闻也是新闻，它开着新闻传播学的花朵，其根系却扎在经济学的土壤中，不懂财经，就很难读懂财经新闻，更遑论采写财经新闻了……

财经新闻，传播学与经济学嫁接出来的一朵“奇葩”。

财经新闻的信息来源是经济系统，它的语境框架来自经济学和管理学。只有充分了解与财经新闻有关的经济学、管理学知识，才能从事财经新闻的采编传播活动，这是财经新闻学界和相关专业教师的共识。但是，“财经”和“新闻”难以有机融合，财经知识与新闻传播知识“两层皮”的问题难以破解，这是财经新闻学界和相关专业教师的共识。

以传播学理论和经济系统论为理论基础，建立财经新闻传播学，是彻底解开这道难题的必由之路。

一、财经新闻传播学，是传播学理论的一道“应用题”

财经新闻作为新闻门类之一，有必要建立自己的“传播学”吗？

答案是肯定的。因为财经新闻作为一个新闻门类，其传播过程和规律，当然是符合传播学理论的。但是，财经新闻有着太多与其他新闻门类不同的地方，它的特殊性是极其鲜明的。

第一，财经新闻要用经济学、管理学术语来说话。

财经新闻最大的特殊之处，就在于它的专业性。财经新闻是专业性最强的新闻门类之一，用“极端”一词来形容财经新闻的专业性非常恰当。财经新闻的报道对象，也就是财经新闻的信息源，是“经济”，而“经济”是一个极其复杂的系统。

在产生“财经新闻”之前，经济学和管理学早就在研究这个极为复杂的系统，并且形成了理论体系和话语体系。财经新闻是要在经济学和管理学的语境中来做报道的，离开了这样的语境，财经新闻连“话”都“说”不了。不掌握基本的经济学和管理学知识，不了解经济系统的基本经济规律和专业术语，也无从发现这个系统中有价值的新闻信息。

财经新闻极端的专业性，使其传播者也具有极端的特殊性。每一个新闻门类都有自己的报道领域，也可以说都有一定的专业性。例如，体育新闻的传播者要了解体育赛事的规则、背景，也要了解一些体育方面的专业术语。但“体育”这个系统的复杂程度远远不能与“经济”这个系统相比。也有一些新闻门类，其报道的内容非常具有专业性，比如，对中国登月工程的报道。登月工程本身肯定是极具专业性的，但是大众传播只需进行科普性的报道，通过采访专业人士进行通俗的解说就可以了，并不需要传播者自身是这个领域的专家，受众更无须掌握专业的东西。财经新闻则不然，财经新闻的传播者需要预先掌握必要的财经知识，这样才能掌握财经新闻报道所必需的专业术语，还要明白财经新闻事实所隐含的经济关系，也就是说，传播者只有懂“财经”，才能进入财经新闻的话语体系。

第二，财经新闻的受众都是“专家”。

财经新闻的受众也是特殊的。财经新闻极端的专业性也体现在受众方面。与其他门类的受众需求不同，财经新闻的受众接收财经新闻信息，往往并不是为了娱乐，也不是为了满足好奇心理，而是与其投资、消费或生产经营活动息息相关的。他们要通过财经新闻来获取有价值的信息，为其进行决策服务，这与他们的利益是直接挂钩的。所以，财经新闻的受众大多掌握相当多的财经知识，是行家里手，这是任何其他新闻门类的受众所不能比拟的。关注登月工程的受众估计极少是航天方面的专家，绝大多数人连“发烧友”都算不上，可财经新闻的受众鲜有对经济一窍不通的。

在大众传播的所有信息中，新闻是公共性、公益性最强的信息，这是因为，新闻是人们判断环境变化并实施环境适应决策的主要信息依据，新闻报道涉及最广泛的公众利益。而财经新闻直接影响人们的投资决策和消费行为，在众多新闻门类中，财经新闻无疑是与受众利益联系最紧密的。财经新闻传播，是“专家”对“专家”的传播。

第三，财经新闻的信息量是最大的。

财经新闻的信息源是经济系统，它的受众是时时关注市场动态和政府政策走向的投资者、生产者和消费者，这就决定了财经新闻报道巨大的信息量。股票走势、外汇牌价、期货价格，这些市场信息是瞬息万变的，又是投资者须臾不敢忽略的。作为程式化的报道，财经新闻需要对这些信息进行实时播报。同时，围绕这些信息引申的新闻选题也是层出不穷的。可以说，财经新闻信息量之大，涉及领域之广泛、复杂，都是其他任何新闻门类所无法比拟的。

第四，财经新闻是枯燥的。

一般的新闻报道，比如娱乐新闻，往往都与某个新闻事件有关，往往是有故事可讲的。而且，伴随着新闻事件的发展，还会有各种变数，有矛盾冲突，最后会有一个结局让大家去猜测。这样的报道就像是一场戏，一部小说，受众往往对事件的发展很感兴趣，有着很强的猎奇心理，对报道也饶有兴趣。

而财经新闻往往不具备这些特征。除明星理财、名人遗产纠纷等新闻外，绝大多数财经新闻报道一般没有什么可“八卦”的东西，没有情节，没有悬念，有的只是毫无感情色彩的数字、分析、预测。在这个大众娱乐的时代，与其他新闻门类相比，财经新闻确实是“枯燥乏味”的。

从以上这些特点可以看出，财经新闻也是新闻，也要符合新闻传播的传播规律，但是，它又确实存在着其他新闻门类没有的“尴尬”。可以说，财经新闻的信息源、媒体形态、传播过程等基本传播要素，都具有完全不同于其他新闻门类的特点。这就决定了财经新闻的传播问题不能简单地套用既有的传播理论来解释和解决。

从历史来看，财经新闻产生得比较晚，在我国，是在20世纪90年代，资本市场形成规模后才诞生的。而传统的传播学，较少涉及财经这个领域。传播学理论研究很多是基于选举等政治活动的，比如，“议程设置功能”理论基于1968年的美国大选；“沉默的螺旋”理论始于1965年的联邦德国议会选举……可见，在政治方面，传播学的“应用题”已经做了很多，而结合经济学的传播学研究明显少之又少，这也是财经新闻理论研究“先天不足”的重要原因。

综上所述，财经新闻也是新闻，它当然符合新闻传播的一般规律，但由于其极端的专业性等特点，又使其具有极为特殊的传播形态，人们很难简单套用传播学理论来解释财经新闻传播。财经新闻是传播学理论需要单独来探讨的一道“应用题”。

与此同时，中国经济迅猛发展，已经高度融入世界经济当中。澎湃新闻客户端2021年9月23日报道，证监会副主席阎庆民在上市公司年报业绩经验交流会上表示，截至2021年6月底，中国的股民规模已经达到1.89亿人，这一切都使财经新闻的需求与日俱增，也要求财经新闻的研究人员和教学人员加快对财经新闻传播规律的研究，尽快解开这道“应用题”。

彻底破解“财经+新闻”的理论难题，综合利用传播学和经济学的理论工具，形成自成体系的、能够全方位指导财经新闻传播实践的理论体系，创立财经新闻传播学，正是本书尝试完成的使命。

二、财经新闻传播学的研究对象

财经新闻传播学，就是传播学的一道“应用题”，因此，其研究对象是从属于传播学的，是传播学研究范围之内比较特殊的一部分。

而“传播学的研究对象不是别的，正是社会信息系统本身，传播学是研究社会信息系统及其运行规律的科学”。[①]“社会信息系统是由各种子系统相互联结、相互交织而构成的整体。子系统如果根据信息类型加以分类，可分为经济信息系统、政治信息系统、文化信息系统等。”[②] 财经新闻传播学的研究领域，自然是在经济信息系统中。但是，财经新闻传播学研究的并不是所有经济系统运行中产生的信息的总和，而只是其中符合大众传播要求的那部分信息，亦即财经新闻那一部分的传播规律。关于财经新闻的概念，我们将在后面的章节中专门探讨。

我们撰写此书的目的，就是要利用传播学的理论，探讨财经新闻独有的传播规律，形成财经新闻传播理论。

财经新闻传播学不是只立足于财经新闻的采编工作，而是要研究财经新闻的信源以及财经新闻的生成、发布、传播的全过程，形成一个完整的理论体系。财经新闻传播学的读者对象，也不只是财经新闻采编人员、财经新闻学界和财经新闻专业的师生，还包括政府和企业当中从事公共关

① 郭庆光．传播学教程［M］．北京：中国人民大学出版社，2019：6.
② 郭庆光．传播学教程［M］．北京：中国人民大学出版社，2019：8.

系、新闻发言人等工作的人员。

“财经新闻传播学”不同于“经济传播学”。财经新闻的信息来源是社会经济系统，而经济系统在社会再生产运行过程中会产生大量的信息。企业与企业之间、企业与政府之间、企业内部各机构之间、政府内部各机构之间……经济系统内部各子系统的运转，会产生难以计数的信息。财经新闻不可能也没必要对这浩如烟海的信息都去进行传播，财经新闻传播学也无须探讨所有这些信息传播的规律。财经新闻传播学只是对这些信息中有大众传播价值的那一部分传播规律进行探讨。

三、传播学理论和经济系统论是构建财经新闻传播学的理论基础

本书的目标是要形成财经新闻的传播理论，创建财经新闻传播学。传播学理论当然就成为本书的重要理论基础，这是很容易理解的。而我们所探讨的是有关经济系统的新闻信息的传播规律，因此，我们采用了独特的研究方法，是从经济学入手来研究经济系统，再回过头来探讨财经新闻的传播规律。

20 世纪 90 年代中后期，一些高等院校就已经开设了财经新闻专业。在财经新闻专业的教学和科研实践中，几乎所有的院校都遇到了这样的问题：教新闻的老师不懂经济学，教经济学的老师不懂新闻传播。结果，就造成这样一种尴尬的局面：财经知识与新闻知识就像水和油一样，彼此分离，互不融合。在财经新闻专业开设的课程中，一部分是新闻传播类的，另一部分是经济学类的。学生分别学了这两部分课程，却不知道怎样在实践中把经济学知识和财经新闻联系起来。即使是像《财经新闻概论》这样的教材，也往往分成两部分，一部分讲财经新闻特殊的传播规律，另一部分讲与财经新闻有关的财经知识。

如何将经济学知识和传播学知识有机结合，形成独立的财经新闻传播学理论，这是一个亟待解决的难题。

这个传播学领域的难题，需要运用经济学来解答。

经济学是现代的一个独立学科，是关于经济发展规律的科学。从 1776 年亚当·斯密的《国富论》开始奠基，现代经济学经历了 200 多年的发展，对人类社会的经济活动有了全面、成熟而深刻的认识。而管理学，则是解释微观经济的重要理论。财经新闻要客观地报道经济领域中的新闻事实，

必须以经济学、管理学为指南；财经新闻理论构建必须以经济学理论、管理学理论为基础。抛开经济学、管理学去学习财经新闻，是不可想象的。同样，没有经济学、管理学的根基，不了解经济背景，也不可能判断出一个财经领域的新闻事件真正的新闻价值是什么。

因此，要解决财经新闻理论“财经+新闻”，即财经知识与新闻传播知识“两层皮”的问题，就必须以经济学、管理学为基础，将传播学知识的“毛”附着于经济学的“皮”之上。这样，才能使“财经”与“新闻”真正融为一体，构建独立的、自成体系的、对财经新闻采编实践具有指导意义的财经新闻理论体系。相反，如果离开经济学、管理学的基础，单纯在传播学领域转圈子，那么，这个财经新闻的传播难题就永远也不会找到答案。

财经新闻理论要以经济学理论、管理学理论为基础，这为解开“财经+新闻”这一难题提供了思路，却并没有提供最终的答案。毕竟，财经新闻的受众是广大的，而经济学则是面向专业经济人士的。如果按照经济学的研究方法去采写财经新闻，那一定是曲高和寡，难以被受众接受的。

我们必须找到经济学理论与财经新闻理论的交叉点，这个交叉点，就是对经济系统的探究。

我们必须承认，虽然经济学的研究方法和语境，与见诸媒体的财经新闻采写、编辑有着很大的不同，但它们所反映的，其实都是国民经济系统。经济学对国民经济运行加以研究，从中总结出一般性的经济规律，并以定义、定理等学术方式总结成原理性的经济学理论，对经济实践加以指导。而财经新闻，也是对国民经济运行中所产生的大量信息进行搜集、编码，将其中普通百姓感兴趣的部分以通俗的形式传播出去。比如，经济系统中股市的运作，经济学家会从发展资本市场的角度，从股市作为经济“晴雨表”的角度来研究它。人民大众出于投资的需要，同样会对其产生兴趣，而财经媒体就应该从财经新闻的角度将与此有关的内容报道出来。

经济作为一个系统，是客观存在的，经济学要对其进行探究，而财经新闻同样会对这一客观存在予以反映。从这个意义来说，经济学所研究的对象与财经新闻所反映的对象，其实都是经济系统，经济学与财经新闻理论完全可以在这一交叉点上融为一体。

从经济学、管理学原理和新闻传播知识两方面对经济系统进行考察，从经济学、管理学的角度来考察经济系统中新闻信息的新闻价值，财经与新闻就会合二为一，形成科学的财经新闻理论体系，不再是简单的“财经+新闻”，“两层皮”的现象自然也就不复存在了。

以经济学为理论基础构建财经新闻传播学，并不是简单的“拿来主义”。我们要建立的，是财经新闻传播学的理论体系，而不是去发展和延伸经济学；我们将经济学、管理学为我所用，为财经新闻传播学提供营养，而不是像一般的经济学研究那样，沉浸于数学推导，纠缠于流派之争；我们也不是要详尽地介绍经济学、管理学知识，而是用经济学、管理学来解释财经新闻传播问题。

四、财经新闻传播学的理论体系

本书的任务，就是要把这“两层皮”彻底变成“一层皮”，把经济学、管理学原理和传播学理论有机地融合为一体，形成财经新闻传播理论体系。所以，我们会看到一个有趣的现象，这本被称作《财经新闻传播学》的书，在第一章首先“出场”的是经济学理论。

本书独特的研究路径如下：

第一，利用经济理论，对经济系统进行分析探讨，创造性地勾画出“国民经济系统图”。这张系统图就是基础的模型，有了这个模型，后面的论述就变得简单而顺畅了。

第二，利用经济系统论的语境，形成基本的概念体系，从经济系统论的角度形成“财经”“财经新闻”等基本概念，奠定逻辑基础。

第三，在经济系统及其基本概念的框架下，利用传播学理论，探讨财经新闻特殊的传播规律。

第四，围绕国民经济三层系统和社会再生产运行，来探讨国民经济各个子系统和社会再生产各环节的财经新闻传播问题。因为，财经新闻就是产生于这些子系统或环节中的。

第五，关于国民经济外部环境的探讨。

以经济系统论为理论基础来研究财经新闻传播学，并不是要把这门学科变成经济学的附庸，恰恰相反，是要把它当作一个工具来解决财经新闻传播学的问题。同样，我们也并不是要把财经新闻专业的学生都变成经济学人才，而是要培养“懂财经”的传播学人才。因此，我们会对与财经新闻传播相关的经济学理论在书中进行通俗简明的介绍，更重要的是要把经济学理论转化成对财经新闻框架和新闻价值的阐释。我们最终要得到的是含有经济学理论的财经新闻传播学理论。这样，财经新闻就再也不是“财经+新闻”了。

按照经济系统论原理，所谓财经新闻，就是经济系统所产生的有新闻价值的信息。财经新闻报道，就是对这些信息采集、编码、传播。而财经新闻理论，则可以对经济系统各个组成部分，从经济学、管理学和传播学两大方面进行描述，从而把“财经”和“新闻”紧密地结合在一起。比如，“下调存款准备金率”这一现象，从经济学角度来看，其含义可理解为放宽货币政策，增加资金流量，刺激经济发展；而从新闻传播的角度来看，则可以从股民关注的视角，确定其新闻价值在于增加货币投放，对股市是个利好消息。按照这样的思路，我们就可以对“国民经济系统图”中的各个部分进行经济学分析和新闻价值的研判，将“财经”与“新闻”有机地结合在一起，形成财经新闻所独有的财经新闻理论体系。

目　录

第一章　经济系统与财经新闻

所谓传播，即社会信息的传递或社会信息系统的运行。[①] 而社会信息系统，又可以分为经济信息系统、政治信息系统、文化信息系统等。[②] 现代社会就靠这些信息来维系其有效的运行。所有的新闻都来自某一个社会信息系统。财经新闻来自经济信息系统信息的传递或运行。所以，研究财经新闻传播规律，就要首先对作为财经新闻信息来源的经济系统有一个基本而全面的了解，对有关“财经”“经济”“财经新闻”等基本概念加以明确，这样才能为财经新闻传播学研究奠定坚实的基础。

第一节　经济系统论

一、系统论与系统思维

本书所运用的最重要的理论工具就是系统论，因此，我们首先要对系统论有一个最基本的了解。

系统论是研究系统的一般模式、结构和规律的学问。系统论以系统为研究对象，研究系统中各个要素之间的关系，研究系统与更大系统（环境）之间的联系，研究系统的共同特征，是具有逻辑和数学性质的一门科学。用系统论的理念来分析事物，是十分科学而有条理的。财经新闻，顾名思义，是专门对经济领域进行报道的新闻门类，经济系统就是其报道领域。用系统理论对国民经济系统进行分析，整合经济学和管理学的相关知识，让我们对整个经济系统及其外部环境有一个总体了解，显然是十分重要的。

所谓系统，“指的是由相互联系、相互制约的若干部分结合在一起并且具有特定功能的有机整体”。[③] 系统是事物的存在方式。大到太阳系，小到肉眼

---

① 郭庆光．传播学教程［M］．北京：中国人民大学出版社，2011：4.

② 郭庆光．传播学教程［M］．北京：中国人民大学出版社，2011：8.

③ 王雨田．控制论、信息论、系统科学与哲学［M］．北京：中国人民大学出版社，1986：401.

看不到的细菌，都是系统。因为，它们都是“由相互联系、相互制约的若干部分结合在一起”的，都有“特定功能”，是一个“有机整体”。

系统首先是一个整体，这个整体具有一定的结构，这个结构是按一定的规则和秩序来维系的。形成系统的组成部分被称作系统的要素。一些要素本身也是一个系统，这些要素就被称作这个大系统当中的子系统。系统之外那个更大的系统，就是系统的环境。任何系统都是生存在一定的环境当中的。生存在环境当中的系统表现出如下特征。

（一）目的性

任何一个系统，都是有“目的”的。系统，就是在一定的目的约束下构建起来的。系统的各个部分，都是在一个特定的目的统领下组合到一起的。组成系统的各要素或各子系统，也都有自己的目的，它们的目的须与系统总体的目的相一致。

以我们人类为例，人，作为一个系统，也是有“目的”的。“人”这个系统的目的，就是要让“人”这种生物存活并繁衍。“人”这个系统，就是在这样的目的之下“构建”的，人体的各个器官，都是为实现这个目的而工作的。

经济系统同样具有目的性。一个企业，它的目的就是营利，为了营利，就要在市场上占有一席之地。一个经济体也有目的，那就是要保证社会再生产的顺畅进行，生产出社会总产品来满足人们的需求，实现供求平衡。

（二）整体性

系统虽然是由各部分组成的，但绝不是各个组成部分的简单总和，而是具有大于各部分简单总和的、独立的、更大的功能。亚里士多德所言之“整体大于部分之和”，说的就是这个道理。

系统中各要素不是孤立地存在的，而是相互关联地构成一个整体。每个要素都在系统中处于一定的位置，发挥着特定的作用。这就是系统的整体性。马克思研究资本主义社会，就是把它当作一个整体来看待的，通过对两大部类的考察，揭示资本主义社会系统的内在矛盾。我们考察经济系统，也要把国民经济当作一个整体，研究社会再生产过程，研究经济运行的总体规律和系统性风险。

（三）有序性

系统理论认为，系统是按严格的等级组织起来的，系统内部各要素或子系统是分层次的。系统各要素及各子系统之间互相配合、互相制约，形成系统的结构。这就是系统的有序性。

例如，人体是由运动系统、神经系统、内分泌系统、循环系统、呼吸系统、消化系统、泌尿系统、生殖系统八大子系统组成的。每个子系统各司其职，发挥着自己的功能，又互相配合，有条不紊地运转着，人的生命才能延续。

研究经济系统，也要研究其有序性，考察各子系统的功能以及子系统之间的相互关系。企业和个人、市场、政府，形成了经济系统的基本零部件，各自承担着自己的功能，整个经济体才能有条不紊地运行。

（四）环境适应性

任何一个系统都不是封闭的，都生存在一定的环境当中，而且随时与环境进行着物质、能量和信息的交换。在系统内部，要把交换来的物质、能量和信息进行资源整合，系统内部的各个子系统，也要进行这三者的交流，形成若干的“流”。

我们“人”这个系统，就要时时进行物质、能量和信息的交换。人须臾不能停止呼吸，时时都要有营养成分的供应，也要与外界交换信息。人体内部也要进行这三者的交流，形成血液的流动、食物消化的流动和信息的流动。

系统无法战胜环境，而必须通过自身的调整来适应环境，只有适应环境，并能够有效地与环境进行物质、能量和信息的交换，系统才能得以生存。当环境发生变化时，系统也要通过自身结构的改变来适应环境。就像歌中唱的那样，“下雪别忘穿棉袄，天晴别忘戴草帽”，适应环境才能生存。

经济系统也是一样，企业和个人要从事经济活动，就必须进行物质、能量和信息吸收，并尽量多输出物质（产品）、能量和信息；一个经济体也是一样，要通过对外贸易、国际金融等活动，与其他经济体进行交换。

系统理论是认识世界、研究问题的科学而有效的理论，在实践中，表现为系统思维。系统思维就是人们运用系统的观点，把研究对象当作一个整体，通过对其结构和功能进行系统认识的一种思维方法。系统思维立足于对全局的把握来研究具体问题，而不是就事论事，“头痛医头，脚痛医脚”。在把握全局的前提下，研究系统的结构，定义各子系统的功能。

二、经济系统论

经济系统论，就是把系统理论与经济领域相结合，用系统论的眼光来研究国民经济，对国民经济的结构、运行机制及外部环境进行全面系统的分析。

经济学和管理学是研究经济系统的理论基础。经济系统论就是从系统论的视角，把经济学和管理学知识进行整合，以更简单、直观的方式来阐释经济系统的结构和活动规律。

从系统论的眼光来看，经济活动也是一个系统。按照不同的标准，可以划分出不同的经济系统。比如，一个企业，是一个系统；一国的国民经济，是一个系统；一个区域经济体系，也是一个系统；甚至，整个世界经济，都是一个系统……但从经济学研究的共识来看，从研究问题的需要出发，我们可以把经济系统界定为国民经济系统。一个国家的国民经济，就是本书所说的“经济系统”。这个系统以满足人民物质文化需求为目的，由相互联系的各个经济元素组合而成，是生存于全球经济环境中的有机整体。

（一）经济系统具有目的性

经济系统的总体功能，就是生产出人们需要的物质产品和精神产品，并进行分配和消费。国民经济的各个组成部分（子系统）都是围绕这个总体目的形成的。目的性，可以作为一把尺子，有了目的性这把尺子，就可以衡量经济系统的运行是否符合“目的”的要求，经济系统的各个子系统是否承担起自己的功能。财经新闻报道也要用这把尺子来策划选题，评价新闻事实。

（二）经济系统具有整体性

国民经济是由相互联系、相互制约的若干部分组成的有机整体。国民经济并不只是各个组成部分的简单总和，而是由分工协作关系产生的具有独立性、具有更大效能的“大于部分之和”的整体。我们研究国民经济，除研究各个组成部分外，还必须树立整体性观念，从整体上把握国民经济系统。

第一，社会再生产是一个整体。社会再生产过程是由生产、分配、交换、消费四个环节组成的。只有由这四个环节构成的整体保持运转畅通，才能不断地进行良性循环，保证社会再生产的顺利进行。

第二，国民经济部门是一个整体。要保证各部门协调发展，不能有所偏废。

第三，国内市场是一个整体。由生活资料市场和要素市场构成统一的国内市场，存在着总供给和总需求，某种商品出现供求矛盾，对整个市场都会产生影响。

第四，宏观调控是一个整体。政府的宏观政策，要综合考虑各行各业的具体情况、国民经济的方方面面，做到统筹兼顾，要保持连续性和配套性。

（三）经济系统具有有序性

国民经济的各个子系统之间存在着复杂而紧密的内在联系，是有序的。

各子系统之间相互联系、相互制约，形成经济系统的结构。经济系统的各个子系统，要在结构框架内按照市场经济秩序，保持协调比例关系，维护系统的平衡和稳定。政府通过宏观调控和法律手段来维护经济系统的有序性。在某些时候，由于政府宏观调控不到位，或者由于法制不健全，经济秩序受到破坏，各子系统比例失衡，系统内资金流动受阻，便会爆发经济危机。从某种意义上来说，政府的职能就是维护经济系统的稳定性，保证其有序性的实现。

（四）经济系统具有环境适应性

和任何系统一样，经济系统也必须适应外部环境，只有适应外部环境，才能健康发展。一切存在于经济系统之外的、对经济系统产生影响的因素，都是经济系统的外部环境。

经济系统的外部环境，可以分为经济环境和非经济环境两部分。

经济环境指其他经济体对经济系统的影响。任何一个经济体都不会是完全封闭的，都要和其他经济体发生贸易、金融等经济联系。相对于全球经济来说，一个国家或地区的经济系统是全球经济的一部分，其他国家或地区的经济也就构成了这个经济系统的外部环境。

非经济环境指经济以外的因素对经济系统的影响。概括地说，人类基本的活动可以分为政治、经济、文化三部分。政治系统和文化系统，构成了经济系统的外部环境。同样，自然地理因素也会对经济系统产生重要影响，形成其外部环境。

经济系统必须适应上述外部环境，按照环境要求行事，才能保证其生存和发展。

第二节　经济系统总体描述

一、国民经济的三层系统

人们从事经济活动，就会形成一个个的经济体。经济体，就是对某个区域的经济组成的统称和划分。经济体可以是一个国家，如中国；也可以是国家的一个地区，如中国香港地区；还可以是若干国家组成的区域经济组织，如欧洲联盟。但不管经济体的体量和构成如何，它都是经济系统，都符合系统的普遍规律。我们可以用系统理论来对其加以分析和研究。

（一）基础层面：企业与个人

一个经济系统就像一部庞大的机器，高速而有条不紊地运转着。现在，我们就来探究这部庞大机器是由哪些“部件”构成的，又是怎样运转的。像人体是由“细胞”组成的一样，经济系统也是由“细胞”组成的，经济系统的“细胞”就是构成经济体的最基本的单位——个人与企业。

个人，是自然人。任何经济系统都是由人组成的，一切经济活动都是由人进行的，也都是为了满足人的需求的。社会上的每一个“个人”，都要以自己的方式参与社会再生产活动。人类社会的生产和交换活动，有一些是以个人的形式进行的，比如工匠从事的工作，一个人或一个家庭可以形成一个经营单位，如摆摊或者经营一家店铺。而人们的消费行为，则主要是以个人的方式进行的。

企业，是法人。人类社会的生产经营活动，大多不是靠个人的单打独斗进行的，而是组织起来，以经济组织为主体形式展开的。在历史上，人们曾以原始部落、家庭等组织形式来开展生产经营活动；在现代社会，人们生产经营的主要组织形式是企业。企业是以营利为目的的、独立的经济组织，通过“企业家才能”把人力、财力、物力资源整合起来，生产出产品或服务，满足市场的某种需求，获得盈利，自主地开展生产经营活动。

按西方古典经济学的观点，无论是企业还是个人，都是“经济人”。

西方古典经济学中的“经济人”假设，认为人是具有理性的经济动物，人们天生就会追求自己的利益，为了满足自己的欲望或需求，会自发地开展经营活动，通过满足市场某种需求的方式，与他人进行交换，做出让自己利益最大化的选择。经济人的概念来自亚当·斯密《国富论》中的一段话：“我们期待的晚餐并非来自屠夫、酿酒师和面包师的恩惠，而是来自他们对自身利益的关切。我们不是向他们乞求仁慈，而是诉诸他们的自利心；我们从来不向他们谈论自己的需要，而是谈论对他们的好处。”① 1978 年，诺贝尔经济学奖得主西蒙修正了这一假设，提出了“有限理性”概念，认为人是介于完全理性与非理性之间的“有限理性”状态。

经济人的理论，对于分析和解释人们的经济行为有一定的借鉴意义，也是我们研究和分析经济系统的基石。我们姑且不去探讨人类的本性到底是什么，人们追求自身经济利益，为了自身的经济利益会付出劳动，承担风险，努力满足市场的某种需求，这在市场经济时代具有普遍性。作为经济人属性

① 亚当·斯密. 国富论［M］. 北京：商务印书馆，2007：6.

的“个人”，为了追求自身的经济利益，会自发地开展创业、就业、投资、消费等经济活动，也会自发地通过法律等手段维护自己的利益。企业虽然是一个组织，但是也会像自然人一样作为独立的个体去追求利润，自主地开展经营活动。天下熙熙皆为利来，天下攘攘皆为利往。企业和个人，作为经济系统的最小单位和国民经济的“细胞”，通过积极自主的经济追求，使整个国民经济体系具备了原动力，整个国民经济系统便发动起来了。

（二）中间层：市场、产业、区域经济

作为经济人，企业和个人要追求自己的经济利益，势必要和其他经济个体打交道，会自发地聚集起来。企业和个人，要出售自己的产品，也要交换生活资料和生产资料，他们因为交换关系而聚集起来，就形成了市场；生产同一种产品的企业和个人聚集起来，就形成了产业；在某一地理区域内，相关的企业和个人聚集起来，产生互为需求、分工合作的协同效应，形成一个相对独立的经济系统，这就是区域经济。

市场、产业和区域经济，构成了中间层。

市场是买者和卖者相互作用并共同决定商品与劳务的价格以及交易数量的机制。① 对于企业来说，市场是重要的外部环境，企业所需要的所有生产要素都要从市场获得，所生产的产品或服务要通过市场售卖出去，获得利润。趋利的本性使企业或个人自发地以最小的投入追求最大的产出，市场则以供求关系这只“看不见的手”来对企业或个人进行调节。市场经济是一部复杂而精良的机器，它通过价格和市场体系来协调个人和企业的各种经济活动。它也是一部传递信息的机器，能将数十亿各不相同的个人的知识和活动汇集在一起。② 在市场上，有一些为企业服务的中介机构，如银行、商品交易所、证券交易所等，这些机构本身也是企业，其经济活动会对整个经济产生巨大影响。

产业指由相关行业所组成的业态的总称。产业内的从业者的经营对象和经营范围是围绕共同产品展开的，并且可以在构成业态的各个行业内部完成各自的循环。产业的类别通常按三大产业来划分，三大产业下设若干行业。

三大产业划分范围如下：

第一产业指农业、林业、牧业、渔业。

第二产业指采矿业，制造业，电力、燃气及水的生产和供应，信息产业，

---

① 保罗·萨缪尔森，威廉·诺德豪斯．经济学［M］．北京：人民邮电出版社，2008：23.

② 同①.

建筑业。

第三产业指除第一、第二产业以外的其他行业，包括交通运输、仓储和邮政业，信息传输、计算机服务和软件业，批发和零售业，住宿和餐饮业，金融业，房地产业，租赁和商务服务业，科学研究、技术服务和地质勘查业，水利、环境和公共设施管理业，居民服务和其他服务业，教育、卫生、社会保障和社会福利业，文化、体育和娱乐业，公共管理和社会组织，国际组织。

区域经济指各个行政区域或特定地理区域的那部分国民经济，是生产地域分工的结果。在长期的社会经济活动中，由于历史、地理、政治、经济以及宗教等因素的作用，一些经济联系比较频繁的居民区逐渐形成了各具特色的经济区，形成区域经济。区域经济是由众多企业集群形成的，但并不等于这些企业集群的简单总和。区域经济一旦形成，就成为一个相对封闭的系统，具有一定的独立性，会反过来对构成它的企业和个人的经济行为产生重要影响。

（三）最高层：政府宏观调控

以市场为核心的中间层，有只“看不见的手”，对企业与个人的经济活动进行调节。但是，只有“看不见的手”是不够的，市场经济的作用是有限的，有时候还会出现市场失灵的情况。

市场失灵也叫“市场失效”或“市场失败”，是市场经济运行过程中的一种共有现象。市场失灵可导致人为的市场垄断，破坏公平竞争规则及环境。市场盲目运作和过度诱导会促使强势市场主体走向集中，进而形成生产垄断、销售垄断和价格垄断，人为地限制、破坏公平竞争规则及环境，严重影响经济活动的质量和效果。单纯的市场功能只能相对解决微观经济平衡问题，不能妥善解决宏观经济平衡问题。由社会总供求失衡引起的经济衰退、失业和通货膨胀等宏观经济问题，市场的事后调节是难以有效解决的。[①]

现代社会需要另一只“看得见的手”来对经济活动进行调节。这只“看得见的手”，就是政府的宏观调控。政府代表着宏观经济的基本要求，对整个社会经济进行有意识的调节，形成经济系统的最高层。

政府的职能主要是解决市场失灵的问题。①通过立法等手段，建立健全产权明晰的产权制度，用法律法规规范企业和个人的行为，保证公平交易的进行。②运用经济杠杆，对市场进行调节。调节总供给和总需求。③为社会提供公共产品。公共产品投资回报周期长，有些不适用于市场规律，又关系国计民生和国家发展，需要由政府来组织。通过税收、收费、发行国债的方

---

① 李丰才．社会主义市场经济理论［M］．北京：中国人民大学出版社，2018：5.

式筹集资金，吸引企业和个人进行生产。④通过行政手段干预经济，直接规定某些关系国计民生的产品的价格，实施公共管制，明令禁止造成公共破坏，如环境污染、食品安全等行为。政府调控是一种再调节行为。市场调节是首次调节，能够由市场解决的尽量由市场解决，市场失灵的领域再由政府进行调节。这也符合市场调节保证效率优先，而政府调节是兼顾公平的原则。①

政府职能可以概括为管理、服务、保障三大职能。

在管理职能方面，主要包括经济管理、社会管理和文化管理。其中，经济管理主要包括（公正的）市场监管、（间接的）宏观调控以及（有限的）国有资产管理；社会管理主要包括户籍管理、社团管理、收入分配管理；文化管理主要包括新闻、出版、文艺。②

在服务职能方面，主要包括教育服务、医疗服务、就业服务。其中，教育服务主要包括义务教育、高等教育、职业教育；医疗服务主要包括公共卫生、医疗救治、养老养生；就业服务主要包括职业介绍、岗前培训、最低工资。③

在保障职能方面，主要包括安全保障、社会保障、环境保护。其中，安全保障主要包括国家安全、社会治安、司法法律；社会保障主要包括养老保险、医疗保险、失业保险；环境保护主要包括水资源保护、空气污染防治、土壤污染防治。④

建立完备的法律体系要达到以下目的：①明确清晰并且有法律保障的产权约束，主要通过制定诸如公司法、破产法等来实现；②维护市场秩序，促进自由选择，排除行政权力垄断市场，防止出现市场割据，如制定反不正当竞争法、反垄断法、消费者权益保护法、证券交易法、股票交易法、投资公司法、证券投资者保护法等；③为宏观调控提供法律依据，如制定预算法、国有资产管理法、银行法、对外贸易法、会计法、个人所得税法、外国投资公司法等；④确立市场经济运行的社会保障体系，如制定劳动保护法、公共健康法、失业工人法、退休金法、劳工介绍法、国民保险法、社会保障法等。⑤

政府和市场都有缺陷，因而二者互相应当以保持距离为前提，这就需要

---

① 刘安长．我国财政政策对宏观调控目标的传导效应研究［M］．北京：光明出版社，2017：37.

② 余斌，魏加宁，等．新形势下完善宏观调控理论与机制研究［M］．北京：中国发展出版社，2016：14.

③ 余斌，魏加宁，等．新形势下完善宏观调控理论与机制研究［M］．北京：中国发展出版社，2016：15.

④ 同③.

⑤ 杨干忠．社会主义市场经济概论［M］．北京：中国人民大学出版社，2018：37.

用法治来界定政府与市场的界限。①

二、国民经济三层系统共同参与社会再生产

企业与个人、中间层和政府的宏观调控，形成了国民经济的三层系统。三层系统共同完成社会再生产过程。

（一）社会再生产的四个环节

社会再生产，是生产过程的不断重复和更新，是一个复杂的过程，按亚当·斯密和马克思的理论，可以简单地分为四个环节：生产、分配、交换、消费。这四个环节相互联系、相互制约，共同组成生产过程。企业与个人、中间层和政府，作为国民经济运行中的主体，从事着生产、分配、交换、消费活动，使整个经济系统有条不紊地运转。

（二）社会再生产的三种流动

在实际生活中，市场经济以货币为中介。社会再生产循环过程中，伴随着实物形态的运动，以货币表现的价值形态也在运动。在循环不断的社会再生产过程中，必然要形成三种流动：物流（商品的流动）、商流（价值的流动）和信息流。这三种流动越畅通，经济系统运转状态就越良好，经济发展得就越好。反之，这三种流动出现问题，流动不畅，会阻塞经济系统的正常运转，严重时，可能会爆发经济危机。

（三）实体经济与虚拟经济

在现代社会，商品价值形态由货币来表示，用来投资的货币更进一步转化为资本。因此，在社会再生产过程中，不仅有从事物质或精神产品的生产经营部门，还存在着围绕货币和资本开展业务的部门，因此，社会再生产活动又分为实体经济和虚拟经济。

实体经济指物质及精神产品和服务生产流通的经济活动，既包括农业、工业、交通业、通信业、商业服务业、建筑业等物质生产和服务部门，也包括教育、文化、知识、信息、艺术、体育等精神产品的生产和服务部门。实体经济提供产品和服务，满足人们的各种物质文化需求。可以说，所有的社会财富（社会总产品），都是由实体经济创造的。

虚拟经济指对应于实体经济的虚拟资本的运动。所谓虚拟资本，指能定期带来收入，以有价证券形式表现的资本。虚拟资本主要有两种形式：一种是信用形式上的虚拟资本，主要有期票、汇票、银行券、纸币、国家债券、

---

① 王全兴．经济法基础理论专题研究［M］．北京：中国检察出版社，2002：89.

各种证券抵押贷款等，同一笔货币被反复使用便产生虚拟资本；另一种是收入资本化形式上的虚拟资本，主要由股票、债券构成，以资本所有权证书的形式进入流通，同一张所有权证书或债权凭证反复交易就形成了纯粹的虚拟资本。在现代市场经济中，股指期货、外汇期货等则是由股票、外汇交易衍生出来的，可以说是虚拟资本的进一步衍生。①

在现代社会，国民经济系统的运行是实体经济与虚拟经济同时运动的结果。实体经济始终是人类社会赖以生存和发展的基础，是社会财富的创造者，虚拟经济不能直接创造社会财富，也不能创造价值，但其运动也是社会再生产的重要组成部分。虚拟经济是实体经济的反映，同时，又与实体经济平行形成了自己的运动。虚拟经济应该支持实体经济的发展，但有时虚拟经济也可以脱离实体经济自我循环，这会给实体经济造成危害，甚至会产生危机。

三、国民经济的外部环境

（一）经济环境

经济系统受到外部经济环境的制约，这个外部经济环境就是世界经济。当今世界，各主权国家之间的交往越来越频繁和深入，世界经济主要通过三条途径对国民经济产生影响：国际贸易、国际金融和直接投资。

当今的世界经济早已是一个联系紧密的整体。任何一个国家或地区，只要是相对封闭的系统，都无法脱离世界经济这个外部环境的制约。

国际贸易是经济体之间交流的最主要形式，也是最为古老的形式。在古代，各国之间即开展贸易，互通有无。著名的“丝绸之路”，就曾是联结东西方经济体的桥梁和纽带。国际贸易让各个主权国家建立了经济联系。

伴随着国际贸易活动的开展，商品交换必然带动货币的流通。国家间商品交易要进行结算、支付，各国或地区的货币要进行换算和汇兑，因此，国际金融也紧跟着发展起来。

在现代社会，各国之间不仅要进行贸易活动，还要进行投资，于是，资本也在不同国家和地区之间流动起来。国际间的投资活动可以分为三种类型：国际直接投资，投资者在国外创办或收购企业，并对企业拥有直接控制权力的投资行为；国际间接投资，用于购买外国公司的股票和其他证券的投资，也包括国际长短期贷款；国际灵活投资，介于直接投资和间接投资之间的，与生产过程部分融合的投资方式。国际间的间接投资，可以视为金融活动，属于国际金融范畴，而直接投资则可以看作一种生产行为。

---

① 逄锦聚，等．政治经济学［M］．北京：高等教育出版社，2018：102.

（二）非经济环境

1. 政治（军事）环境

政治（军事）环境可以分为国内和国外两个方面。一个经济体内部，政治是否清明，政局是否稳定，对经济发展都有重要影响。在国外，国际政治（军事）是否稳定，对一国经济也会产生影响。

现代社会最主要的政治组织形式是民族国家，最主要的经济组织形式是市场，特别是在国际经济领域，由于缺乏类似国家那样的中央政治权威，国际经济交往主要依靠市场这种形式。国家和市场并不是各自独立的，而是相互联系、相互影响与作用的。国家可以利用政治权力来规定市场主体的所有制性质（如私人的、集体的、国有的）的合法性，可以利用政治权力来确定分配的形式，制定各种法规来影响市场的运行规则和自由度。可以说，任何市场运行，包括世界范围内的市场运行，无不受到来自政治权力或多或少的影响与限制。①

2. 文化（心理）环境

文化指人们的精神活动及其产物，教育、科学、艺术等都属于广义的文化。文化可以分为物质文化和非物质文化。其中，非物质文化会深入人们的心理深处，形成价值观和风俗习惯，从而对人们的行为和社会政治经济产生巨大影响。一个经济体人群的文化素养、历史传统、宗教、价值观，都会对经济产生重要影响。同时，文化也可以形成产业，直接参与经济活动。

3. 自然（生态）环境

自然（生态）环境指人类生存和发展所需要的自然条件的总和。自然条件不等同于自然界，它只是自然界中能够直接或间接影响人类社会的自然的那一部分。从某种意义上来说，人们的生产活动，就是对自然条件的开发。因此，自然（生态）环境会对经济系统产生巨大影响。

（三）法律环境

在现代社会，无论是国内还是国外，企业和个人的活动都要受到法律环境的制约。通过法律制度的建立，可以确定产权，形成经济秩序，构建经济组织体系，为经济发展创造良好的氛围。反之，经济体法制不健全，经济秩序混乱，就会对经济产生破坏作用。

不同经济体面临的法律环境存在差异，法律制度有所不同，人们的法律意识也不尽相同，这都会对经济发展产生影响。

① 李滨．国际政治经济学［M］．南京：南京大学出版社，2019：41.

四、国民经济系统图

把前面的内容加以总结，就可以从整体上直观地看到国民经济的构成、外部环境以及运行状态。

国民经济系统的总体描述：一国的国民经济是由为数众多的具有趋利本性的企业和个人组成的，企业和个人是经济系统的“细胞”、经济人，他们会自主地追求利益最大化；企业和个人的行为，形成若干为其服务的市场等中介体系，形成了产业区域经济等中间层，“看不见的手”在自发地起着作用；只有“看不见的手”是不够的，国家或政府通过“看得见的手”，也就是通过财政政策、货币政策等经济杠杆对经济进行宏观调控。世界经济作为国民经济系统的外部环境，通过国际贸易、国际金融和直接投资的方式对国民经济产生重大影响。

国民经济系统是财经新闻报道的信息来源，是财经新闻报道的对象，也是经济学的研究对象，是本书的理论基础。我们可以把这些内容通过图 1-1 表现出来，各个经济主体、各种经济关系，都包含在图 1-1 中，财经新闻的传播原理、新闻价值等传播理论关系，也都包含在图 1-1 中。

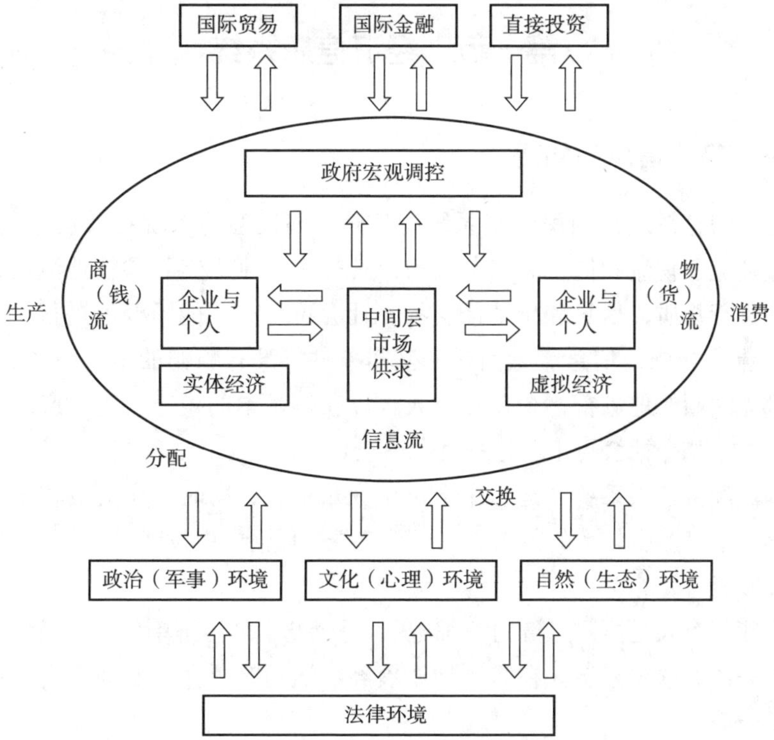

图 1-1　国民经济系统

第二章　财经新闻的概念与特征

“传播是信息的传递。”① 由三层系统构成的国民经济系统在运行过程中，会产生大量信息，这些信息对企业和个人至关重要，对整个社会再生产的顺利进行也是至关重要的。法国数据处理与自由委员会的报告指出：“信息就是力量，经济信息就是经济力量。信息具有经济价值。拥有储存和处理某种数据的能力，也意味着对别国的政治、技术上的优越地位。”这个观点，已经成了当今世界的共识。② 财经新闻传播作为大众传播，在社会经济信息系统中居于极为重要的地位，是市场主体判断经济走向的重要依据，也是政府把握经济舆情做出正确决策的主要信息来源。

第一节　经济信息系统

一、经济信息的构成

经济信息系统是国民经济系统的反映。国民经济系统在其运行过程中，会产生商流、物流和信息流三种流动，只有这三种“流”顺畅地流动，才能有效地进行物质、信息和价值的交换，社会再生产才能顺畅地进行。而在这三种“流”当中，信息流是前提和基本条件，没有顺畅的信息流动，商流、物流都无法顺畅地进行，企业和个人难以获得基本的生产要素，产品也难以销售出去，整个社会再生产过程就会中止。

国民经济三层系统在运行中会产生大量信息，同时，在决策和交易过程中又会对信息产生较大的需求。三层系统既是传播的引发者（信源），也是传播的接收者（信宿）。

企业与个人是国民经济的“细胞”，是最基本的经济单位，也是经济信息的基本来源。这些经济人在自主地开展经济活动时，会自发地产生大量的信

---

① 刘海龙．大众传播理论：范式与流派［M］．北京：中国人民大学出版社，2018：8.

② 郭庆光．传播学教程［M］．北京：中国人民大学出版社，2011：31.

息。作为生产者，他们要寻找生产要素，也要促销自己的产品；作为消费者，他们会交流消费体会，发出需求信息；作为投资者，他们会主动搜集各种与投资决策有关的信息，也会通过各种方式传播自己的观点和主张。在市场分散化决策中，信息的完备和信息的畅通保证了每个参与市场经济活动的企业和个人都能够做出有利于自己的决策，从而也提供了有利于整个市场经济活动协调运行的必要条件。信息的完备包括每个企业和个人都能掌握社会上现有资源的组合和使用情况，从中了解到其他企业和个人做出的选择和决策。信息的畅通指对信息的了解是及时的、迅速的、低成本的。如果有了这些条件，那么，即使是分散的市场决策，也能满足资源配置趋向合理的要求。①

企业与个人这些经济人的各种交易活动，最终会在中间层形成交集。市场是商品交换的集散地，也是经济信息传播的集散地。伴随着市场主体的交易行为，大量的供求信息和交易信息都会被“制造”出来并广泛传播，成为企业和个人决策的依据。企业和个人的行为，也会形成地域经济信息和产业信息。

经济活动中的各种信息，既对市场主体的分散决策行为产生重要影响，也对政府宏观经济政策及重大决策产生重要作用。信息传递功能把政府、企业、家庭或个人联系起来，形成符合市场经济要求的政府经济调控方式、企业资源配置方式、家庭或个人的经济行为方式。②

政府在进行宏观调控时，要依据市场动向做出决策，对市场信息进行加工和运用，同时也释放出有关政策方面的信息，这些信息反过来对市场走势和市场主体的行为产生重要影响。

国民经济三层系统都是经济信息的“生产者”和“消费者”，他们所“制造”的经济信息，包括以下部分。

（一）供求信息

经济信息是以市场为中心展开传播活动的。供求是联结国民经济系统的主线。在经济信息系统中，信息的构成也是围绕着“供求”两个字展开的。商品能否卖得出去，对于生产者来说是“危险的跳跃”，他们会千方百计地把“供”的信息传播出去。消费者为了满足生活需求，生产者为了满足生产需求，政府为了采购公共品，在寻找“供”的信息的同时，也会运用各种传播平台主动发出“求”的信息。

---

① 杨干忠．社会主义市场经济概论［M］．北京：中国人民大学出版社，2018：26.

② 李丰才．社会主义市场经济理论［M］．北京：中国人民大学出版社，2010：11.

（二）交易信息

在市场供求双方通过市场博弈达成交易后，就会形成交易信息。成交价格、成交量，这些反映已经发生的市场交易行为的信息，对于生产者、消费者和投资者的未来决策来说，都是重要的参考依据。

（三）管理信息

管理信息来自管理信息系统，主要包括两个方面：一是企业内部的管理信息系统；二是政府宏观调控信息系统。这些信息有的是系统内的信息，是不便公开甚至是需要严格保密的，但也有大量的公共信息要向社会披露，比如，上市公司的信息披露、政府调控的透明度等。

（四）政策信息

各项政策制定以后，需要在公众平台发布，形成政策信息。政策发布之后，围绕这些政策会有各种各样的解读，由政策解读所产生的信息，会对政策产生放大效应，也可以看作政策信息。

（五）学术信息

经济学家以及财经评论员会围绕经济生活展开学术研究或新闻评论，这些经济研究成果形成学术信息。专家们的学术观点会直接或间接地影响经济决策和宏观经济政策，也会直接或间接地影响生产者、消费者和投资者的经济行为，是前瞻性地判断市场趋势和政策走向的重要依据。

（六）广告信息

广告信息包括企业和个人围绕产品销售开展的所有促销宣传活动产生的信息。现代社会，商品销售要通过大量的广告宣传，因此，人们每天都要面对大量的广告信息。这些信息，对于人们的消费行为会产生巨大的影响。

二、经济信息系统的运行

人们从事经济活动，无论是组织生产，还是进行商品交换、分配及消费社会财富，都要伴随着信息传播活动，否则社会再生产就无法顺利进行。伴随着经济系统的运行，经济信息系统也形成自己的运行规律。经济信息系统存在五种基本传播类型。

（一）人内传播

人内传播，也称内向传播、内在传播或自我传播，指个人接收外部信息并在人体内部进行信息处理的活动。社会是由作为意识和行为主体的个人组成的，作为个体系统之活动的人内传播也是一切社会传播活动的基础。[①] 人内传播不同于一般的动物体内传播，而是借助语言来进行的一种高级思维活动。每一个人都是一个相对封闭的人内传播系统，通过感官接收外部世界的信息，再利用人的大脑对这些信息进行加工、分析、判断和推理。

经济信息系统的运行以人内传播为基础。按照经济人的假设，人们都是自发地、理性地从事经济活动的。大到企业家考察项目，进行投资决策，小到普通百姓购买一件商品，都需要人内传播，利用搜集到的相关信息，进行分析判断推理，从而做出理性的决策。只有形成决策，人们才会付诸实践，才会有经济行为，整个经济系统才能运转起来。

人是社会动物，每个人都是社会再生产活动的参与者，这也就意味着每一个个体都必须与他人合作，发生信息传播关系。企业家要说服合伙人出资合作，说服员工赞同自己的理念形成强有力的团队；销售人员要说服客户，购买自己的产品或服务；求职者要说服用人单位接收自己为员工；员工要说服老板采纳自己的建议；买家要和卖家讨价还价……没有这些信息传播过程，所有的经济活动都不会发生，整个经济系统就会停摆。而所有这些信息传播过程的前提，就是人内传播。只有参与经济活动的个体先完成有效的人内传播，形成了诸如“腹稿”“主意”“思路”这样的思维产品，经济个体才会进行下一步交流传播，经济信息系统才能运转起来。反之，没有个体先在自己的头脑中对信息进行加工，进行有效的人内传播，就无法进行人际传播、群体传播、组织传播和大众传播。

（二）人际传播

人际传播是个人与个人之间的信息传播活动。每一个人都是一个人内传播系统，两个个体系统之间相互交流、传播信息，就形成了一个新的人际间的信息传播系统。人与人之间要交流意见、沟通感情、寻求合作，或者是获得别人的认可，都要通过人际传播来实现。人是社会性动物，人际传播便是最为典型的社会传播活动。难以计数的人际传播将人类社会紧密地联系在一起，让人们互相理解，形成协作关系，整个社会才能有条不紊地运行。

人际传播是“多媒体”传播。两个人面对面地谈话，就可以实现人际传播，也可以借助电话、书信等物质媒介来传播。在面对面的人际传播过程中，人们可以利用语言来传播信息，也可以通过表情、动作等来传播信息。个人

---

① 郭庆光．传播学教程［M］．北京：中国人民大学出版社，2011：61.

的人际传播能力客观上存在差异，一些出类拔萃的高手，凭借出众的人际传播能力，产生强大的影响力，唤起他人的共鸣，成为“意见领袖”。

在个人与企业层面，人际传播起到了黏合剂的作用。个人要在市场中生存和发展，就需要有效的人际传播，联合他人一起创业或打动人事部门求得一份工作。企业家则成为系统内的“意见领袖”，传播力是“企业家才能”的重要部分，通过企业家有效的人际传播，将人、财、物这些生产要素组合在一起，建立起企业内的协作关系，使企业健康发展。

市场等中间层的运行中，也离不开人际传播。成功的人际传播是市场交易的前提，买卖双方通过人际传播讨价还价，最后达到令双方都能接受的价格平衡点；产业协会通过人际传播协调企业的行为；地域内的企业家之间通过人际传播，形成聚集效应。

人际传播也是政府宏观调控的基础。政府官员要通过人际传播讨论制定宏观经济政策，需要人际传播来发布经济政策。在经济政策落实过程中，需要政府有关部门与企业之间进行人际传播，来宣传落实经济政策。

（三）群体传播

人是社会动物，个体的人总是生活在一定的群体之中的。群体是若干个体的聚集，这种聚集按一定的目标形成。群体是不稳定的，有的群体按一定的利益诉求聚集，有的群体按照共同的兴趣爱好聚集，有的群体纯粹因心理依赖而聚集。群体的成立、生存和发展需要一些条件，其中最基础的条件有三项：①共同的目标和关心事项，这是群体凝聚力的核心；②成员之间的协作意愿，也就是个人参加群体并愿意为之做出贡献的动机；③群体与成员、成员与成员之间的传播互动机制，即群体传播。[①] 个体为群体做出贡献，同时也从群体中得到安全感和利益保障。

经济信息系统中的群体往往是由共同利益诉求联结在一起的。生产者是一个群体，消费者也是一个群体。群体的成员为了共同的诉求，通过群体传播交流信息，达成共识，并广泛传播群体的主张。通过群体传播，群体成员的利益得到保障，形成生产者剩余或消费者剩余。在市场中，这种群体传播的结果就是价格的产生。价格，是供给和需求平衡的产物，我们也可以看作生产者和消费者两大群体制衡的结果，而这种制衡，归根结底是群体传播的产物。可见，群体传播做得好，市场机制就更健全，市场就更规范、更稳定。

经济信息系统中的群体存在集合行为的现象。集合行为，指的是在某种

---

① 郭庆光．传播学教程［M］．北京：中国人民大学出版社，2011：80.

刺激条件下发生的非常态社会聚集现象。[①] 在经济系统中，尤其是在虚拟经济领域，人们的经济行为主要受外部信息的制约。某一信息在群体中传播，会给群体成员带来心理压力，形成集体心理恐慌。这种恐慌是极其可怕的，它会让群体成员失去理智，做出错误的决策，形成挤兑、抛售等极端行为，而这些负面信息的传播更加重了群体成员的恐惧感，经济危机随之爆发。从某种意义上说，任何危机都是人们的心理危机。

流言是集合行为的助推器。美国心理学家奥尔波特与波斯特曼曾经为流言下过这样的定义：所谓流言，是“一种通常以口头形式在人们中间流传，涉及人们信念而目前没有可靠证明标准的一种特殊的陈述或话题”。[②] 流言通过群体成员口头传播的形式，围绕人们关心的话题展开传播。人们无法追踪其产生的信源，因为与群体成员的切身利益相关，所以传播速度极快。又因为很难证实真伪，所以流言中常常伴随着大量的谣言，甚至有人利用流言来达到不可告人的目的。例如，“带头大哥”利用流言来操纵股价，“金融大鳄”们利用流言制造金融危机以获利。因此，宏观经济调控的一个重要任务，就是传播正确的信息，降低流言尤其是谣言带来的负面影响。

（四）组织传播

组织是群体的一种。与一般群体不同的是，组织具有统一的目标、权威的指挥中心和稳定的结构。组织有如下特征：①具有专业化的部门分工，各个部门只承担总体目标的一部分功能。②组织成员具有岗位分工和岗位责任制。③组织系统具有阶层或等级制。在经济系统中，政府经济管理部门、企业和行业协会都是组织。

组织传播也称团体传播，指组织成员之间或组织与组织之间的信息交流行为。组织为了正常运转，实现统一的目标，就必须进行高效的信息传播和反馈，需要成员与成员之间、部门与部门之间经常地交流信息，形成一个信息交流的网络。这样，才能达成内部的协调统一，为应对外部环境的不确定性做出决策，并将决策变为现实的行动。同时，组织也要通过这个信息交流的网络，与外部环境交换信息。

组织传播包括组织内传播和组织外传播两个方面，这两个方面都是组织生存和发展必不可少的信息沟通保障。它们的传播具有不同的特点，二者在相互促进的同时也在一定程度上相互制约。

---

① 郭庆光．传播学教程［M］．北京：中国人民大学出版社，2011：84.

② 郭庆光．传播学教程［M］．北京：中国人民大学出版社，2011：86.

组织内传播可以分为正式渠道传播和非正式渠道传播。信息通过组织正式的机构，按照组织规定的方式传播，就是正式渠道传播。其传播形式可分为横向传播和纵向传播。横向传播指组织系统中处于平等地位的部门或成员之间的传播。纵向传播则是单向传播，包括上级部门或成员向下级部门或成员的下行传播、下级部门或成员向上级部门或成员的上行传播。组织内的部门或成员，通过横向传播和纵向传播，交流信息、传达指令、反映意见，使得组织内的信息流畅通有效，保证组织正常运转并实现目标。

制度性组织关系以外的信息传播渠道是非正式渠道。这种非正式渠道分为两种情况：一种是纯自发性质的组织内的人际传播，这种传播与组织的领导体制和核心价值观并无多大关联，常常是以私人交往的方式进行的，因此产生的效应也可能是非正面的；另一种是非正式渠道与组织的领导体制和核心价值观有一定关联，甚至是在组织的领导者干预的情况下进行的，但是往往具有群体传播的性质，比如兴趣小组、文娱活动群体等，这种传播通常对组织具有正面效应。非正式渠道传播具有双向平等的特点，往往是组织成员真实情感的体现。

组织外传播指组织与整个社会打交道，与组织系统的外部环境交流信息，包括信息输入和信息输出两个部分。信息输入是组织从外部环境收集有关的信息，并进行编码处理，为适应环境、实现组织目标，提供决策资讯；信息输出是组织为了生存和发展，在其活动中会自发地向外部环境输出信息。

在经济信息系统中，“组织”主要包括四个方面：政府、企业、行业协会和学术组织。

政府通过组织外传播，吸收有关经济活动信息，通过组织内传播对信息进行处理，制定相关经济政策，再通过组织外传播对外发布，开展宏观经济调控活动。

企业自主开展经济活动，更离不开组织传播。企业通过市场部、调研部等内部机构，收集有关的信息，为企业实现经营目标、开拓市场所进行的各种决策提供依据；通过组织内传播，进行经营决策、传递管理信息，保证企业正常运转；通过公关部、广告部等部门的组织外传播，将商品广告、企业标识等信息向社会传播。

行业协会是介于政府和企业之间的中间层，它不同于政府机构，是民间组织社会团体的一种。行业协会通过组织传播，在政府与企业之间架起一座桥梁，向政府传达企业的诉求，维护企业利益，同时，协助政府制定和实施行业发展规划、产业政策、行政法规和有关法律。

学术组织指从事科学研究活动的组织。在经济系统中，从事经济研究的学术组织，可以通过组织传播，收集资料开展经济学研究，也可以通过组织外传播，发布研究成果，对现实经济活动具有一定的影响。

（五）大众传播

上述四种传播都是针对社会的某一个子系统的传播，传播对象是特定的人群，而大众传播是超越特定人群的面向整个社会大众的传播。所谓大众传播，是社会媒体组织通过纸张、电波、电影和网络等大众传播载体，面向社会大众公开地传播经过专业加工的信息的传播活动。

与其他四种传播活动不同，大众传播是产生最晚的，是人类社会发展到相当高的程度，具备了大规模传播技术条件的基础上产生的。大众传播从内在属性和形态上，都表现出其他四种传播活动所不具备的鲜明特点。

1. 大众传播是专业传播

与其他四种传播活动不同，大众传播从一开始，就是由专业的传播机构从事的。无论是纸媒还是广播电视，其传播活动，都是由报社、广播电台、电视台这样的专业组织来承担的。这些专业组织有专门的传播人才，对信息进行专业的加工编码，生产出高质量的、被广泛接受的信息产品。

2. 大众传播是广播式传播

这里所说的“广播”，并不特指广播电台这种媒体，而是指大众传播是面向整个社会大众的无差别传播。信息由大众传播的专门机构进行广播，并以广播者为中心无限扩散。广播者传播信息，并不指向某一群体，任何有可能接收到信息的人，都有可能成为大众传播的受众。

3. 大众传播是经营性传播

大众传播是一种社会化传播，传播的内容是经过专业加工的，要有一定的投入，也要有所经济回报，大多数的大众传播是以营利为目的的。因此，大众传播是一种经营性的传播行为。根据二次销售理论，从事大众传播的组织，要先进行“第一次销售”，即将信息传播给受众，获得一定的关注度，再进行“第二次销售”，利用关注度来获得收入，这样才能保证媒体能够收回成本、取得盈利，保证其生存和发展。即使是非营利性质的大众传播，也要讲究经济核算，也具有经营性。

4. 大众传播是单向性传播

大众传播，特别是以报刊、广播、电视为代表的传统媒体的传播行为，属于单向性特征非常鲜明的传播活动。大众传播的单向性主要表现在两个方面：一是传媒组织单方面提供信息，受众只能在媒体提供的范围内进行选择和接触，具有一定的被动性；二是没有灵活有效的反馈渠道，受众对媒介组织的活动缺乏直接的反作用能力。①

5. 大众传播是制度化的社会传播

由于大众传播是从事信息大量生产和大量传播的传播活动，由于它的内容与社会观念、价值和行为规范具有直接关系，又由于传播过程的特殊性赋予它的巨大社会影响力，无论哪个国家都会把它纳入社会制度的轨道。实际上，每个国家的大众传播都有各自的传播制度和政策体系，这些制度和政策体系，都是在维护特定社会制度的方向上起作用的。②

伴随新媒体越来越多地占领传播领地，媒体与受众的界限日益模糊，以交互性为特征的传播方式颠覆了传统媒体“广播”的传播模式，社交网络的兴起，更是把整个社会带入了“人人皆媒体”的自媒体时代。

在这样的背景下，大众传播还会继续存在吗，大众传播的特征还会继续存在吗？

答案当然是肯定的。

尽管自媒体的出现，打破了传统媒体的模式与观念，设立媒体的门槛大大降低，原来只能做受众的普通人，也可以自己建立一个自媒体账号来传播信息，拥有自己的“媒体”，但是，我们仍然能够很清晰地看到大众传播与普通的网络社交的边界。

首先，传统主流媒体仍然发挥着重要的作用。虽然在当今世界，自媒体迅猛发展，甚至某些国家的总统选举都可以借助自媒体力量来取胜，但引导社会舆论的仍然是传统的主流媒体。广播、电视、报刊以及门户网站，并没有退出历史舞台，仍然是公众信息的主要来源。

其次，传统媒体已经将大众传播延伸至社交网络。几乎所有的传统媒体都设立了新媒体部门，创办了自己的自媒体。这些传播活动虽然发生在社交平台上，但并不是纯粹的自媒体传播，其内容生产者仍然是传统媒体。我们完全可以把这部分传播看作传统媒体的大众传播在社交网络上的延伸，就像当年传统媒体的报社可以处理读者来信一样。

最后，自媒体传播不能等同于大众传播。从表面来看，自媒体传播很像大众传播，普通用户在个人账号发布信息，其传播活动与广播电视等传统主流媒体发送信号的活动极其相像。但是，细细分析，普通的自媒体传播，其

---

① 郭庆光．传播学教程［M］．北京：中国人民大学出版社，2011：100.

② 同①.

实并不具备大众传播的五个特征，与主流媒体的大众传播有着本质区别。绝大多数普通人的自媒体账号，“受众”范围其实相当狭小，无非是自己的亲朋好友。对于这些人来说，在自媒体账号发布一条信息，与在单位向同事们口头发布信息，或者在聚会时向朋友们发布信息并没有本质区别，其传播活动其实就是人际传播或群体传播，只不过是发生在网络上而已。即使有一些自媒体账号希望把自己打造成大众传播平台，但是，因为其受众群体有限，也构不成大众传播。

只有少数“大V”“大咖”，拥有相当数量的“粉丝”，其传播活动已经远远超出普通的亲朋好友的圈子，对社会形成了一定的影响，才能构成大众传播。而这些“大V”“大咖”往往都是团队作战，有一定的投资，利用所获得的关注度变现盈利，具备了大众传播的五个特征，才能算得上是大众传播。这是大众传播经营模式的改变，是大众传播的新生力量，是非常值得研究和关注的传播领域。

第二节　经济、财经与财经新闻

现在，我们已经对经济系统进行了总体的考察，也对传播理论有了基本的认识。有了这样的基础，我们就可以在经济系统论的语境中，来探讨几个基本概念，为本书的研讨做好理论准备。

一、何谓“经济”

财经新闻传播，是对经济系统的反映，所以我们必须首先弄清楚什么是“经济”。“经济”一词虽然经常被人们提及，但是对它的解释并不统一。查阅网络，对“经济”一词的解释，竟然有29种之多。那么，到底什么是“经济”，我们怎样理解并给它下一个科学的定义呢？我们应该从人类活动的本源去确定“经济”的本质内涵。

人类社会，无论是生产力水平十分低下的原始社会，还是今天高度发达的信息社会，人们要生存，就会产生各种各样的需求，而要满足人们的需求，就必须有产品。人们为了获取产品，就要进行生产活动，生产出产品后，还要进行分配、交换和消费。因此，我们可以说，与满足人们需求有关的，物质产品和精神产品的生产、分配、交换、消费活动，是经济活动。这就是“经济”一词的一个重要本源。其实，在很多时候，人们使用“经济”一词，如“发展经济”“经济活动”“工业经济”等，都是基于这一本源。

人们要满足需求，获得产品，就要消耗资源，付出成本。人们总是希望用较少的成本，获取更多的产品。这是“经济”一词的另一个重要本源。比如，人们说“经济效益”“经济原则”“经济规律”等，其实，都基于这一本源。

本书从这两个本源出发，尝试给“经济”下两个定义。

按第一个本源，“经济”是名词，指社会产品的生产和再生产活动。

按第二个本源，“经济”是形容词，指以较少的成本获得较大的成果。

商务印书馆出版的《现代汉语词典》，对“经济”的解释有五个：①经济学上指社会物质生产和再生产的活动。②国民经济的总称，也指国民经济的各部门，如工业经济、农业经济等。③对国民经济有价值或影响的，如“经济作物”。④个人生活用度，如“他家的经济比较宽裕”。⑤耗费较少而获益较大，如“作者用非常经济的笔墨写出了这一场复杂的斗争”。①

分析一下这五个概念，其实都是从上述两个本源中派生出来的。同样，网络中所查到的有关“经济”的 29 种概念，也都是由这两个本源派生出来的，这里不再赘述。

其实，用经济系统论来解析“经济”这个概念，似乎更容易一些。国民经济的三层系统，无论是企业与个人，中间层，抑或政府，他们都要参与社会再生产活动，这就是经济的第一个本源。国民经济的“细胞”——企业和个人，作为经济人自主地开展活动，趋利的本性注定他们要遵循“经济”的内在要求，用较少的成本获得较大的成果，这就是经济的第二个本源。也就是说，经济系统的运行就是“经济”。

二、何谓“财经”

什么是“财经”，“财经”与“经济”又是什么关系呢？

对于“财经”这个日常生活中司空见惯的名词，人们似乎忘记了要搞清它的概念。主流的学术研究几乎从未涉猎这一概念。搜索引擎上查到的对“财经”的解释为“财经是指财政、金融、经济。财经类专业是指经济类和管理类专业，常见的专业包括市场营销、会计、人力资源管理、金融、国际贸易、企业管理、统计、财税等，是近几年来人才市场上的热门专业。书名《财经》是一本密切关注中国经济制度变革与现代市场经济进程的新闻性刊物”。“财经包括财政、金融和经济。具体学科有财政学、金融学、会计学、

---

① 中国社会科学院语言研究所词典编辑室．现代汉语词典［M］．北京：商务印书馆，2009：717.

税务学、保险学、统计学、经济学、管理学、审计学等。”

这个解释显然不尽如人意。财政、金融都是经济活动的一部分，“财政”“金融”怎么可以与“经济”相提并论，“财经”怎么可能“指财政、金融、经济”？搜索引擎中关于财经类专业划分倒是比较准确的，但与“财经”定义的关系并不大。

我们仍然从经济系统论的视角来分析一下“财经”的概念。其实，无论是“经济”也好，“财经”也好，说的都是经济系统的活动。因此，从经济系统的角度来看，“财经”与“经济”其实并无本质区别，都是指经济系统的运转。因此，我们可以把“财经”中的“经”就直接理解为“经济”。

那么，“财经”中的“财”该怎么解释呢？

我们可以把“财”理解为“财富”。回溯一下人类历史，“经济”是始终伴随着人类社会存在和发展的，没有经济活动，就不会有人类社会。但是，在货币诞生之前，是只有“经济”没有“财经”的。只有有了货币，人们占有的社会产品可以以货币的形态积累下来，才有了“财富”的意识。因此，“财经”中的“财”实际上就是“财富”。在现代社会，人们占有了更多的社会产品，积累了更多的财富，便要花费更多的精力去理财，让自己的财富增值。正是从这个角度，人们关注经济活动，关注经济形势的变化，才有了“财经”这个词汇。

综上所述，我们可以得出结论，“财经”中的“财”就是“财富”或“理财”。也就是说，所谓“财经”，就是从财富的角度来看待的经济。

三、何谓“财经新闻”

财经新闻是一个年轻而又复杂的新闻门类，以至于有关它的定义存在着多种说法。本书以经济系统论为理论基础，因此，本书所确定的“财经新闻”的定义，也是按这一理论推导出来的。

不管财经新闻有着怎样的特殊性，它作为新闻的一个门类这一点，是再清楚不过的。财经新闻也是新闻，也是对现实生活的一种反映。

所以，我们首先来研究什么是“新闻”。有关新闻的定义，有着许多种说法。在我国，比较权威的对新闻的定义，是 1943 年由陆定一提出的：“新闻的定义，就是新近发生事实的报道。”范长江也对新闻下了一个定义，“新闻就是广大群众欲知应知而未知的重要事实”。概括起来，新闻就是“新近发生的为受众所关注的重要事实”。简而言之，“新鲜事”，就是新闻。“新”，指新近发生的；“鲜”，指少有的、鲜活的，为受众所关注的。

了解了新闻的概念，我们也就不难得出财经新闻的概念了。从媒体的角度来说，新闻媒体要采集大量的信息，然后根据类别把信息传播出去。新闻媒体所采集和传播的信息来源于社会生活。新闻媒体按照惯例，会把新闻进行分类，如“时政”“法制”“体育”“国际”“文化”“环境”“科技”等。这些新闻信息都来自人类的活动，是人类活动中产生的有新闻价值的信息。

人类的活动总体上可以分为三种：经济、政治、文化。这三种是人类社会生存发展所必需的最基本的活动。

经济是人类社会生存的基础，是一切发展的动力来源。人们通过经济活动创造物质财富，保证人民生活所需要的一切，也为政治活动和文化活动的发展奠定物质基础。

政治可以为社会提供秩序，保证经济、文化活动顺利进行。

文化活动丰富了人们的精神生活，推动人类文明的发展，同时，文化活动中的一部分成果，也转化为社会产品、文化产业，成为经济活动的一部分。

可见，经济、政治、文化，三者是互相依存、互相促进的关系，这些活动推动了人类社会的发展。因此，观察社会、研究社会，要结合经济、政治、文化三方面因素，不能割裂看问题。

人们在从事经济、政治、文化活动的过程中，会产生大量的信息。这些信息中的一部分，构成了新闻信息，成为媒体关注和传播的对象。其中与物质文明有关的活动，被称作经济活动，并由此形成了经济系统。在经济系统中，也会产生大量的信息。

人类社会要生存和发展，出于自身的需要，自发地从事生产、分配、交换、消费社会再生产四个环节的活动。人类的经济活动为市场提供了物质财富和精神财富，同时，也产生了大量的需求。这些“供应”与“需求”形成了市场。市场“看不见的手”左右着人们的经济行为，人们受制于市场，也受益于市场。因此，人们分外关注市场的信息。在现实生活中，这些信息更直接表现为股市行情、期货、货币政策、汇率等经济现象。

现代经济中，除了市场“看不见的手”，还有一只可以对经济活动产生重大影响的“看得见的手”，那就是政府。政府通过经济手段、行政手段和法律手段，对社会经济产生巨大的影响，发挥着市场起不到的作用。同时，政府的行为也产生了大量的信息，这些信息也成为人们研判经济走势的重要依据，成为受众关注的焦点。

总而言之，经济系统的三个组成部分，都会产生大量的信息，其中，有一部分信息是与广大生产者、消费者和投资者息息相关的。这样，就不难得出财经新闻的定义了。

财经新闻就是经济系统运行过程中产生的，为广大受众所关注的具有新闻价值的信息。

四、财经新闻与经济新闻

在现实生活中，我们经常可以看到两种提法，即“财经新闻”和“经济新闻”。有关这方面的著作也是叫法不一，有的称“财经新闻”，有的称“经济新闻”。所以，我们有必要对这两个概念进行一下界定和分析。

前面我们已经推导出财经新闻的概念，这种推导对我们理解“财经新闻”和“经济新闻”的关系也很有参考意义。

我们把社会活动分为经济、政治、文化三部分，我们要研究的是其中的“经济”部分，即经济系统。所以，无论叫“财经新闻”也好，还是叫“经济新闻”也好，总之我们研究的，都是社会生活中“经济”这一部分，这是没有问题的。所以，从这个角度来说，“财经新闻”与“经济新闻”在本质上应该是没有区别的，都是对经济系统的反映，只是称呼不同而已。

在本质相同的前提下，二者侧重的角度是不同的。“经济新闻”中的“经济”一词更宏观、更全面，带有一定的政治色彩。称“经济新闻”的，一般以党报、党刊居多，但是，往往离普通百姓的生活远了一些。而“财经新闻”突出了一个“财”字，更侧重于为百姓投资理财、生活消费服务，新闻性更强。我们可以通过下面两篇新闻稿件来比较一下“经济新闻”与“财经新闻”的不同。

长春工业总产值首月同比增长5.9%

17日，长春市经济委员会发布：1月，长春市规模以上工业完成总产值138亿元，同比增长5.9%，为全年生产任务的完成奠定了良好基础。

今年，全市工业战线围绕市政府提出的工作目标和实施“十一五”发展战略，在去年超额完成省里下达的目标任务的基础上，在1月节日集中、有效工作日少的情况下，努力克服困难，精心组织生产，强化协调服务，加大煤、电、油、气、运等生产要素的保障力度，促进了全市工业经济的稳定增长。

1月，全市工业经济呈现如下特点。

轻工业增速远远高于重工业。1月，全市轻、重工业产值分别增长16.9%和3.2%。轻工业增速高于重工业增速13.7个百分点。轻工业增速比全市规模以上工业平均增速也高出11个百分点。

非公经济呈快速增长态势。1月，全市非公有制企业完成产值94.1亿元，同比增长17.8%。其中：股份合作制企业、股份制企业和私营等企业产值增幅分别达到了184.3%、28.1%和96.6%。

重点行业带动作用突出。1月，在全市“十一五”期间重点发展的六大工业行业中，除汽车及零部件和光电子信息产业外，食品工业、生物医药、材料制造业和能源等四大重点产业都实现了快速增长，四个重点产业产值同比增长15.3%，高于全市工业平均增幅9.4个百分点；净增产值4.4亿元，拉动全市工业增长3.4个百分点。

轿车产品销售形势趋好。1月，全市销售各种轿车22006辆，同比增长123.5%。其中：马自达销售3981辆，同比增长111.2%；高尔夫销售1290辆，同比增长1287.1%；捷达销售9514辆，同比增长129.5%；奥迪销售4492辆，同比增长68.2%；宝来销售2199辆，同比增长35.6%。

（《长春日报》2006年2月19日。记者贾瑛，通讯员郭建华）

在这条新闻中，报社发布了长春市经济委员会的有关数字资料和工业发展情况，可谓是对经济活动的反映。对于关注地方经济发展的政府官员、学者来说，会有参考价值，但是对大多数普通百姓来说，可能意义并不大。哪怕是对于长春市市民来说，他们也不一定会十分关注当地经济的这些数字指标，至少不会关注到如此细致的程度。

杭州将发非红利性消费券　单位和个人自愿认购

记者从杭州市政府获悉，杭州市将再发放6亿元消费券，并创造性地提出“非红利性消费券”，单位和个人可自愿“认购”。政府对下岗失业人员的培训、高新科技企业的税收减免等都可能用消费券来代替。

据了解，即将发放的消费券包括“政府消费券”“旅游消费券”“社会消费券”“教育培训消费券”“转移性消费券”五类。政府消费券除面向退休人员、困难家庭、中小学生之外，还把优抚对象、持失业援助证人员等几类群体纳入发放范围。教育培训券主要使困难家庭学生、失业下岗人员、刚毕业的大学生等群体受益。社会消费券由单位和个人按照自愿原则认购。转移性消费券是从财政预算内安排的各种产业发展扶持资金和企业扶持奖励资金中，提取一部分以消费券形式拨付。除政府消费券之外，其他四类消费券体现了“非红利性消费券”的特点。

今年1月，杭州市曾面向退休工人、困难家庭和中小学生发放1亿元带有红利性质的消费券，拉动内需效应明显，但由于以财政资金发放，引发了公众关于“这笔财政资金使用是否经人大同意”“会不会增加财政负担”“会不会对现有财税金融秩序造成冲击”等各种疑问。

据悉，即将推出的新的消费券鼓励全社会自愿“认购”，而且是用税后可装入个人腰包的钱认购。提倡行政事业单位带头认购，领导先行。

据了解，杭州市正在构思的消费券发放计划包括：对政府帮扶企业资金和一些不违反现行预算规定、政策的财政预算支出，将其中一部分转化为消费的资金变成消费券，比如帮企业减负增收渡难关的财政资金，考虑将其中一部分用消费券代替，用于增加企业员工的工资收入，或增加劳动岗位。这项政策要优先考虑承诺不裁员的企业。其他财政拨付资金中可能变成个人收入的部分也考虑用消费券代替，比如部门和事业单位申请的科研经费中被提取返还作为奖金收入的部分。税收优惠政策也可转化为一部分消费券，比如高新科技企业认证通过后可享受的税收减免部分，考虑让企业认购消费券。下岗失业人员的培训原本由政府用再就业资金解决，现在用培训券代替。通过这些举措，尽量将潜在消费转化成即期消费。

（新华网2009年2月24日。记者方益波、孙金霞）

这也是一篇与地方经济相关的新闻稿，是报道2009年杭州为消除金融危机的影响，采取的发放“消费券”的举措。但与前一篇不同，这篇新闻稿所反映的内容与杭州市市民的切身利益息息相关。作为普通的市民，他们也会从自身利益出发来关注这篇报道。

通过以上两篇报道，我们可以清晰地看出，“财经新闻”与“经济新闻”并没有本质的区别，都是对经济领域的反映，只是不同场合的不同提法。

“经济新闻”一般是比较传统的说法，带有一定的政治色彩，媒体中的党报多采用这种提法。这种做法沿用了传统媒体按照“各条战线分工报道”的模式，将有关经济活动的报道归口为“经济新闻”。也有学者认为，财经新闻可以分为广义的财经新闻和狭义的财经新闻，广义的财经新闻反映整个经济活动，狭义的财经新闻重点关注资本市场。按照这种分法，经济新闻与广义的财经新闻其实是一回事。经济新闻的受众一般为官员、学者及生产者。

“财经新闻”突出一个“财”字。有人认为“财经”中的“财”指财政、金融，这恐怕不太合理。因为财政、金融，虽然地位十分重要，但也是经济活动的一部分，人们单独提“财经”二字，肯定还是与百姓生活联系更大一些。从这个角度来说，这个“财”字，应该理解为“理财”。理财，就不仅与官员、学者、生产者相关，更与作为投资者和消费者的千千万万普通百姓有关。投资者和消费者，才是财经新闻的受众主体。而百姓的理财不能凭空做，要与整个经济背景相联系，要从新闻中找出对未来经济走势判断的资料，这就需要财经新闻来帮忙了。从这个角度来说，我们也可以将财经新闻理解为“和理财有关的经济报道”。

总结一下，“经济新闻”与“财经新闻”都是对经济活动的反映，但二者在侧重点上有所不同。“经济新闻”范围更大，更侧重于反映经济的整体风貌，运用“经济新闻”这一表述的，大多是党报等传播媒体，受众多为官员、学者和生产者。而“财经新闻”更贴近普通百姓，侧重于与理财有关的宏观经济政策、金融市场尤其是资本市场的报道，新闻性更强，受众多为普通的投资者和消费者。

但是，也必须指出，有的媒体并不刻意区分这两个概念，采用的提法是“经济新闻”，但所报道的内容其实也是“财经新闻”。

第三节　财经新闻的独有特性

财经新闻是一个独特的新闻门类，它首先要符合新闻的一般特征，比如“时效性”“客观性”等。但财经新闻具有一些一般新闻门类所不具备的独有特性。要研究财经新闻传播，必须先了解其独有的特性。

一、专业性

专业性是财经新闻最重要的特性。

财经新闻反映的是与投资理财有关的经济领域，这一领域本身就错综复杂。人们为了能够解释说明这一复杂的系统，形成了不同流派的经济理论，创造了大量的专业术语，这使得财经新闻传播具有非常鲜明的专业性特征。可以说，财经新闻是专业性最强的新闻门类。

中国台湾学者郑贞铭认为：“经济新闻的编辑工作与其他各版的编辑比较之下，应是属于最专门性的，因为经济新闻内的专门术语、专门知识最多，若由一个不熟悉经济知识的人经手编经济新闻，他可能连记者的稿子都无法看懂，当然更谈不上把经济新闻编得很好，所以经济版的编辑要较其他各版编辑具有更多的专门知识，才能胜任编辑经济版的工作。一般而言，一个经济记者要对经济学、财政学、市场学、银行学、货币学、国际贸易、企业管理等知识，有深度的造诣，作为一个经济版的编辑对这些知识更应苦攻，以深入研究其理论与实务。”①

国外著名的老牌财经新闻机构如路透社、彭博新闻社、道琼斯通讯社等通常会向受众提供专业化的数据分析，这些数据分析往往建立在大规模的信息搜集的基础上，从事数据分析的记者通常要达到“二级”经济分析师的水平。②

二、程式性

大多数的财经新闻，都是程式性发布的，也就是在固定时间规律性很强地定期发布，这是财经新闻独有的一大特性。资本市场的信息，诸如每日的股市收评、期货市场行情等，都是程式化传播；宏观调控信息，诸如消费者物价指数（Consumer Price Index，CPI）、采购经理指数（Purchasing Managers' Index，PMI）等宏观数据，甚至央行公开市场操作状况等，都是在固定时间以固定形式发布传播的。我们可以把这部分新闻报道称为常规性报道。这些信息每天都以程式化的方式更新传播，但又是为广大受众所时时关注的，具有典型的新闻的特征。

三、前瞻性

财经新闻是对现实已经发生的新闻事件的报道。但是，人们接收财经新闻并不只是为了了解事物现在是怎样的，而是想要通过对已发生新闻事实的了解，对未来有一个预测。财经新闻的受众往往从投资参考的角度来关注财经新闻，财经新闻要反映对未来的影响才有意义。因此，财经新闻一定要具有前瞻性。财经新闻的前瞻性来源于“借嘴”，也就是说，财经新闻传播不能满足于基本新闻事实的报道，还要采访有关专家、官员等具有一定社会影响的人士，对未来的走势谈谈看法，给受众更具前瞻性的信息。

---

① 张柏兴. 经济新闻新编教程［M］. 杭州：浙江大学出版社，2012：73.

② 赵智敏. 财经新闻报道实务教程［M］. 北京：中国传媒大学出版社，2018：40.

四、精准性

财经新闻要大量运用数字，用数字说话，这就要求财经新闻必须高于一般新闻所言的“客观性”，实现精准性。因为一般所言的“客观性”，是强调基本事实的准确。而财经新闻所运用的数字，不能只是基本事实清楚，而必须达到精准化传播，一点差错也不能出。

五、通俗性

财经新闻的受众是普通的投资者和消费者，并不是经济学家，他们没有能力，也没必要掌握大量的经济学专业知识。因此，财经新闻在传播时要尽量通俗，把内容的专业性与表现的通俗性统一起来。《华尔街日报》就将其读者的阅读理解力定位于“八年级以上的学生”。讲财经新闻的通俗性，并不是主张不去挖掘新闻的深刻内涵，而是要在表述上注意通俗。用通俗的语言讲述深刻的道理，才是真正的高手。

第三章　财经新闻传播

第一节　财经新闻的传播过程

财经新闻是经济信息的一部分，是经济信息中具有新闻价值的那部分信息。财经新闻传播，也是整个经济信息系统运行中的一部分，是经济信息系统运行中大众传播的那一部分。在了解经济信息系统的基础上，就可以研究财经新闻的传播过程了。

一、财经新闻传播与经济信息系统

在国民经济三层系统的运行过程中，会产生大量的信息，这些信息中的大多数，如个人进行购物或投资的信息、企业的管理信息、政府制定政策的研究信息等，是没有必要在社会广泛传播的；还有一些信息虽然是公开信息，甚至信息发布者希望广泛传播，如企业产品广告，但是这些信息并不为社会大众所关注；只有三层系统运行中产生的少数信息，与普通百姓的生活息息相关，或者能够满足受众的某种猎奇心理，能够为广大受众所关注，因而具有新闻价值，才能进入财经媒体的视野，被加工整理，通过财经媒体广泛传播。可见，财经新闻是国民经济系统运行产生的海量信息中的一小部分；财经新闻传播，是经济信息系统运行的一个子系统，是大众传播。

既然财经新闻是经济信息系统的一部分，那我们就有必要探讨一下财经新闻与经济信息系统各个部分的关系。这对于我们认识财经新闻的传播规律是很有意义的。

（一）财经新闻与人内传播

经济人的人内传播往往和经济决策有关，需要他们对经济环境及市场走势做出判断，从这个意义上来说，财经新闻是人内传播赖以进行的基础，是思想的“原料”。消费者要进行大宗消费，比如买房、买车等，要反复权衡、选择，这就需要从财经新闻中了解市场信息，对未来做出研判；生产者组织生产活动，选择市场空白点，需要对国家政策、经济环境、市场状况等资讯有比较多的了解，这些信息需要通过接收财经新闻来获得；至于投资者，更要时时关注财经新闻，才能了解资本市场的走势，把握投资机会。

人内传播对于财经新闻非常重要，从某种意义上来说，它也是财经新闻赖以产生的基础。财经新闻对于个人采访所得到的信息，尤其是对经济学家进行采访所得到的信息，一定是被采访者高度复杂的人内传播的结果，而这部分信息是财经新闻的重要来源之一。财经新闻的采写，也是要通过财经记者的人内传播来完成的。

财经新闻传播的最终目的是要将新闻信息传播到受众那里，让这些信息成为受众人内传播的资料。因此，财经新闻采写，应该多多考虑受众的需求和感受，这是做好财经新闻的重要条件。

（二）财经新闻与人际传播

在人际传播中，财经新闻可以成为人们的谈资，有些时候会成为人际传播中的重要资讯。投资者在交流投资问题时，会比较多地引用财经新闻，并成为达成投资共识的基础。人们在从事经济活动的时候，要经常与人沟通交流，说服别人接受自己的观点，如果没有财经新闻做支撑，就难以服众，合作便难以达成。相反，一些占有较多财经新闻资讯的专家，则可能成为在人际传播中具有强大影响力的“意见领袖”，对他人产生巨大影响。

财经新闻是大众传播，主要通过网络、电子信号或发行渠道传播。但在主流的传播途径之外，人际传播也是财经新闻传播的一个重要途径。对于比较重要或有趣的财经新闻，受众会通过人际传播广泛传扬。尤其是在当今社交平台全民普及的背景下，人们通过分享来对财经新闻进行人际传播，效果相当惊人。

做好财经新闻，使之成为人们口口相传的信息，应该是财经新闻采写人员较高层次的追求。

（三）财经新闻与群体传播

群体具有不稳定性，因此，群体中产生的信息往往不能成为财经新闻的来源。但在某些特定情况下，比如，某些群体为了维权开展一些活动或传播一些信息，有新闻价值，就可能成为财经新闻的素材。当群体发生集合行为，为了某些诉求出现非常态聚集，甚至有流言产生时，需要由政府或权威部门来澄清事实，化解危机，用正能量的、符合事实的信息来抵消负面影响。

在社交平台高度发展的今天，财经新闻通过分享的方式进行群体传播，是比较常见的现象。财经新闻采编传播人员应该适应这一趋势，遵循群体传播规律，制作适合群体分享传播的标题和传播内容，让财经新闻的大众传播与群体传播高度融合。

（四）财经新闻与组织传播

组织是财经新闻最主要的来源。无论是政府，还是企业、行业协会、学术机构，都会产生大量广大受众关注的信息。宏观经济政策、上市公司重大变故、重要经济数据等新闻信息，都是经由组织传播后，转为财经新闻大众传播的。

组织传播中的组织内传播，大部分内容不具备新闻属性，不能成为财经新闻。但有些重要组织的重要活动可能对经济政策或经济走势产生影响，比如，央行党组的学习会能够透露一些货币政策走向的信息。这些组织内传播信息，也可能成为财经新闻。组织外传播的传播信息，是财经新闻的重要来源。组织出于自身利益的考虑，或者为了扩大社会影响力，希望引起财经媒体的关注，进行广泛的大众传播，具有比较强的传播意愿。财经媒体可以与组织的正常渠道对接，保持良好的关系，及时掌握新闻线索。同时，也要坚守“把关人”的职责，不要让新闻价值不高的信息在财经新闻中出现。

从组织传播的角度来看，财经新闻是组织传播的重要信息来源。企业要进行经营决策，就要充分研究外部环境，了解市场走向和国家经济政策的变化趋势，这些都要靠财经新闻来提供参考资料；政府在制定宏观经济政策时，要开展调查研究，掌握国内外经济环境，这些也要利用财经新闻来提供依据；行业协会、学术机构更要时时关注财经新闻。

二、财经新闻的传播过程

按照施拉姆的理论，传播至少有三个要素：信源、信宿和讯息。这三要素是传播的基础，却还不能形成传播的整个过程。财经新闻信息在经济信息系统中产生，还要经过媒介的连接，将信源和信宿联结在一起，并形成反馈。

（一）信源

信源，又称传播者，是传播行为的引发者，传播者发出信息并引起整个传播过程。传播者既可以是个人，也可以是组织或群体。财经新闻是大众传播，是经济信息系统的一部分，因此，财经新闻的传播者指形形色色的专业财经媒体。

经济系统在运行过程中会产生大量的信息。经济系统的主体为企业、个人、市场中介组织和政府机构，它们在运行中会产生人际传播、群体传播和组织传播，形成经济信息。其中，有一部分是财经新闻受众感兴趣的，具有新闻传播价值，便构成财经新闻。财经新闻信源的一个显著特点，就是这些信息通常会以数字的形式来表现。无论是宏观经济指标，还是企业的经营成果，抑或是市场的供求关系，都是以数字的形式存在的。数字是一个重要的资源。对财经媒体来说，数字还可以做成品牌或王牌产品，形成竞争力。在这方面，最常见的三种形式即排行榜、指数和数据库。[①]

经济系统的三个层次都有自己的诉求，都希望引起媒体的关注，产生传播的需求。在传统媒体时代，这些诉求通过主流媒体实现。专业的财经媒体通过对经济系统主体的采访，获取新闻线索，采集新闻信息，经过专业的编码加工，通过广播、电视、纸媒、网站等传播媒介将财经新闻发布出去。而在新媒体时代，除了这些传统的主流媒体外，国民经济三层系统中的个体还可以利用社交平台，建立自己的公众号、微博等新媒体，同样成为财经新闻的传播者。此外，一些具有财经专长的个人，也可以建立自己的自媒体，一旦这些自媒体超越了普通“朋友圈”的传播范围，也就成了财经新闻的大众传播者。

（二）信宿

信宿，又称受传者，指信息的接收者和反应者。财经新闻的受传者，就是财经新闻的受众。消费者、投资者和生产者，既是财经新闻信息的来源，也是财经新闻的受传者，即财经新闻的受众。他们进行消费、投资和生产方面的决策，需要财经新闻信息来做支撑。

在传统媒体时代，财经新闻的受众往往是信息的被动接收者，尽管也有参与互动的活动，但总体上是单向传播。在互联网时代，新闻传播具有更强的交互性，财经新闻受众参与度更高，可以通过社交平台直接参与话题讨论，也可以通过转发、分享等方式参与传播过程。

（三）讯息

讯息是指由一组相互关联的有意义的符号组成，能够表达某种完整意义的信息。[②] 讯息是信息的一种，特指那些能够在传播者和受传者之间进行顺畅交流、具有双方都能接受的明确的意义的信息。

---

① 贺宛男．财经报道概论［M］．上海：复旦大学出版社，2012：30.

② 郭庆光．传播学教程［M］．北京：中国人民大学出版社，2011：49.

人们传播讯息的介质是符号，符号具有表述、理解、传达和思考的功能。英国学者特伦斯·霍克斯认为“任何事物只要它独立存在，并和另一事物有联系，而且可以被‘解释’，那么它的功能就是符号”。[①] 声音语言是人类掌握的第一套完整的听觉符号体系，文字是人类创造的第一套视觉符号体系，也可以称为语言符号体系。

著名语言学家罗曼·雅各布森指出，语言符号不提供也不可能提供传播活动的全部意义，交流的所得，有相当一部分来自语境。[②] 财经新闻传播的语境是由经济学和管理学的术语，以及经济学原理构成的。财经新闻传播要在这样的专业语境下进行。一些经济学和管理学的术语会直接进入财经新闻，甚至直接以英文缩写而不是汉字出现，这是财经新闻传播最为特殊的地方。财经新闻讯息内容一般并不复杂，但其背后蕴含的意义非常深远，所以，通过“解读”“访谈”的方式来揭示财经新闻的意义，也是财经新闻传播的一个重要任务。

符号组成讯息，可以表达完整的意义。人们以符号为介质从事信息传播，其目的是达到意义的交流和互动，传播者通过符号来表达意义，而受传者通过符号来解读，传播者与受传者之间得以进行确切意义上的交流。经济学是研究“不确定性”的科学，而财经新闻的受众常常希望从财经新闻的字里行间来窥测政府宏观调控的政策动向，或预测市场的走势，这就使得传播者和受传者之间面对同样的传播符号会有不同的意义。

（四）媒介

媒介是讯息赖以传播的渠道或手段。麦克卢汉认为任何一种媒介都变成了人体的延伸，是“人体的延伸或自我截除”。[③] 广义的媒介指能使人与人之间产生联系或发生关系的物质，狭义的媒介指传播意义上的能够利用媒质存储和传播信息的物质工具。在当代社会，人们所称的媒介指书籍、报刊等纸质媒介，广播电视电波媒介和互联网数字媒介。媒介将讯息携带到受传者那里，实现传播者与受传者的交流。

在互联网时代，网络平台的盛行，打破了传统媒体的界限，媒体融合的趋势越来越强烈。媒体融合并不只是技术方面的变迁这么简单。融合改变了现有的技术、产业、市场、内容风格以及受众这些因素之间的关系。融合改

---

① 特伦斯·霍克斯．结构主义与符号学［M］．上海：上海译文出版社，1987：132.

② 特伦斯·霍克斯．结构主义与符号学［M］．上海：上海译文出版社，1987：83.

③ 曾一果．西方媒介文化理论研究［M］．北京：学习出版社，2017：12.

变了媒体业运营以及媒体消费者对待新闻和娱乐的逻辑。①

财经新闻通过专门的财经媒体来传播，这些媒体建立在大众传播媒介基础上。在如今的互联网时代，越来越多的财经新闻通过社交平台进行传播。财经媒体同样要以内容取胜，这一点与其他媒体并无区别。但是，财经媒体能够更多地满足受众功利性的需求，娱乐性则偏弱许多，这也决定了财经媒体具备一些其他类别的媒体所不具备的特征。比如，财经媒体未必需要庞大的采编队伍，但从业者的专业性要求远高于其他媒体。

（五）反馈

反馈指受传者对接收到的讯息的反应或回应，也是受传者对传播者的反作用。反馈能够反映受传者对传播者发出信息的接收情况，也能反映受众对媒体的认可度，因此，传播者总是极其重视受传者的反馈。受传者拥有完全的选择权，因此，受传者才是主动的一方，可以通过反馈来影响传播者。

与其他新闻门类不同，财经新闻传播与受众的经济利益直接相关，尤其是对于投资者来说，更与其收益息息相关。在很多时候，财经媒体与财经新闻的受众是“商家”与“客户”的关系，有的财经媒体甚至采用收费的方式来传播，这种关系就更为明显。在新媒体时代，交互式传播特征越来越明显，传播者和受传者的界限开始变得模糊，反馈也已经突破了传统传播理论的界定，成为传播活动的一部分。受传者不是被动地接收信息，之后再反馈，而是主动采取“私人定制”的方式，定制或直接参与信息的生产。比如，在直播平台上受众与财经媒体的直接交锋，“反馈”与传播几乎同时发生，甚至先于传播发生。

第二节　财经新闻的受众

受众是财经新闻的接收者，他们通过对财经媒体的“消费”来获得对自己有价值的资讯，因此，我们也可以把受众看作财经新闻的消费者。财经新闻传播要以吸引受众、满足受众的需求为目标。

一、财经新闻的受众

人在社会中扮演着不同的角色，不同角色的人对新闻有着不同的取向。

---

① 亨利·詹金斯．融合文化：新媒体和旧媒体的冲突地带［M］．杜永明，译．北京：商务印书馆，2012：51.

按照经济学的观点，所有的人都是经济人，自然都有经济上的诉求，但这种诉求的角度和力度是不一样的。这与人们在社会中的分工和价值取向有关。有的人从事的就是经济工作，或者是自己创业当老板，他们自然会对经济产生更加浓厚的兴趣。而大多数人只是作为经济活动普通参与者的身份，来关注经济、市场，他们更关心的是自己的生活，是自己财富的增值或贬值。

财经新闻反映的是社会的经济生活，那么，所有参与社会再生产，形成经济活动一部分的个体，都有可能成为财经新闻的受众。在社会经济生活中，个体作为经济人参与社会的活动。

作为经济人，个体扮演着三重角色：生产者、消费者和投资者。这“三者”既是人们在社会再生产过程中的三种角色，也是财经新闻的受众。

其中，生产者指在社会再生产过程中，独立从事生产或流通的经营性活动的人员，即现实生活中的“老板”或“经理层”。消费者自然就是所有从事消费活动的人。可见，社会的每一个成员，都会扮演这“三者”的角色，至少要扮演“消费者”的角色。投资者指在金融市场上从事投资活动的人，“股民”“基民”就属于这一范畴，而投入大笔资金进行项目开发的，应该算作“生产者”范畴。

二、财经新闻的受众需求

按照“使用与满足”理论，受众是文本的使用者。这一理论提出了以下假设：人们在介入文本时受到某种“需求”的驱使，就好像在社会交往中出于某种“需求”与他人打交道一样。这种需求包括以下几个方面：

- 信息需求。
- 个人需求（如维持自身的身份认同）。
- 社会需求——通常以社会交往的形式表现出来。
- 娱乐需求——包括对各种消遣的需求。①

“虽然我们身处一个混乱的、充斥新闻的时代，但只要正确选择‘有责任’的‘专业’的新闻提供者，如果我们能静下心来，我们还是会发现，仔细读一读蕴含在新闻中的财富信息，或许我们不会输的。”② 财经新闻的受众群体不同于其他新闻门类的受众。作为投资者和生产者，他们更多的需求体现在信息需求、个人需求和社会需求上；即使作为消费者，也更多地是为了

---

① 格雷姆·伯顿．媒体与社会：批判的视角［M］．史安斌，主译．北京：清华大学出版社，2007：91.

② 袁熙．财经新闻经济学［M］．北京：人民邮电出版社，2014：210.

满足关于物价、市场走势方面的需求。从总体来看，财经新闻的受众并不是为了满足好奇或娱乐的心理来接收财经新闻，而是带有一定功利性的目的，通过对财经新闻的解读，掌握投资或消费方面的信息，从而为生产、投资或消费行为提供参考。

调查表明，读者最关心的财经新闻内容主要有三方面，从高到低分别为：个人理财的实用资讯、财经类知识、商务和经营资讯。而且，这种层次递进关系很明显。其中，有41.9%的人明确表示，阅读财经新闻的目的就是获得“个人理财的专家建议”。如果接下来问，这些人读了财经新闻后在哪些方面达到了这种目的呢？按照人数比例高低，收益最大的体现在如下三个方面：“帮助个人理财”“了解消费品和服务信息”“了解企业市场动态”。①

财经新闻的受众因其社会角色不同，对财经新闻有不同的需求。

（一）寻求和经营有关的信息

生产者出于经营的需要，对宏观经济形势、产业政策、市场环境等方面的内容比较感兴趣。生产者对财经新闻的需求往往更专业，更倾向于对某一特殊市场领域的关注，比如某种商品的市场行情等。这部分需求是小众的、专业的。

（二）寻求和投资有关的信息

这一部分受众需求又可分为两个部分：一部分是对于广大专业投资者来说，他们需要了解国内外最新的财经资讯，以便更好地掌握经济走势和市场动向，让投资行为领先一步。这部分受众更在意时效性，主要关注基本的新闻事实，他们自己就有分析判断的能力。当个人理财的需求成熟时，推动财经新闻发展的力量才真正水到渠成。② 另一部分是散户股民、基民等普通投资者，他们在满足基本事实需求的同时，更渴望得到专家的解析和指导。

（三）寻求和消费有关的信息

对于广大普通百姓而言，他们往往是以消费者的身份对财经新闻产生需求。他们的投资行为，可能只限于储蓄、买保险、买理财产品等风险小又比较简单的活动。这些受众更喜欢了解社保政策变化、物价指数变化等信息。

---

① 严行方．看懂财经新闻［M］．厦门：厦门大学出版社，2013：3.

② 周乃菱．国际财经新闻知识与报道［M］．北京：清华大学出版社，2013：2.

（四）出于爱好，对财经新闻产生的需求

也有一些人喜欢阅读或收看财经新闻是出于爱好，而非完全的功利性需求。这些受众除了前面所提到的需求，还对创业故事、中国经济发展水平、企业并购尤其是外资对中国企业的并购等信息感兴趣。这些信息并不能直接影响他们的生产、投资或消费行为。他们关注财经新闻，完全是出于爱好，或者是出于对国家或家乡的关心的情感。

将以上受众对财经新闻的需求加以归纳，财经新闻内容生产，应该从“事”“知”“说”三个方面来满足受众的需求。

“事”，就是基本的新闻事实。新闻要用事实说话，财经新闻也不例外。财经新闻首先要满足受众对基本事实的需求，在第一时间将新闻事实加以播报。及时了解这些基本新闻事实，是财经新闻受众的最基本的要求。第一时间为受众提供最新的基本新闻事实，也就成了财经新闻采编人员的基本任务。大多数的财经新闻，缺少故事性，没有吸引人的情节，但也有一些财经新闻稿件，可以满足普通受众的好奇心，比如，名人财产分割、知名企业重组等。对于这类财经新闻，对基本事实信息的采访传播，也是很重要的。

“知”，指围绕基本财经新闻事实而产生的有关知识背景。这是财经新闻比较特殊的地方，因为在传播财经新闻基本事实的过程中，会涉及许多财经术语等专业知识，需要给受众以适当的解说，让受众对新闻事实有更深入的理解。

“说”，指专家学者或官员，对基本的财经新闻事实进行解说和点评，发表观点。“经济新闻对公众的影响实际上会超出‘反映真实的经济状况’这一层次。”① 对于财经新闻的受众来说，只了解新闻事实本身，是远远不够的。他们更希望透过新闻事件，了解更深层次的背景以及新闻事件可能产生的影响，从而为自己的投资行为找到依据。所以，财经新闻工作者还必须深入解读财经新闻事件，寻求事物之间的联系，提示新闻背后的背景信息，解释经济现象，告诉受众还可能会发生什么。

三、财经新闻的受众类型

（一）生产型

生产型受众是受众在新的信息环境下，不仅仅是信息的接收者、使用者和消费者，更参与了传播过程，甚至成为信息的生产者（如“迷文化”中的

---

① 陈力丹．谈谈当前经济新闻的作用和特点［J］．新闻知识，2000（6）：14.

受众）；全民新闻和公民记者因博客的出现而出现，因微博和微信的普及而热化。[①] 在财经新闻领域，这种生产型的受众尤其典型。这是由财经新闻特有属性决定的。财经新闻由于具有非常强的专业性，又涉及经济的不确定性，因此更需要进行解读。财经新闻的基本新闻事实，经过权威部门发布后，就会引来众多自媒体去解读、分享，进行第二次传播。这些传播者已经打破了媒体与受众的界限，既是财经新闻的受众，也是财经新闻的生产者。

这些生产型受众，我们可以视其为传播学理论中的“意见领袖”，他们对于财经新闻的接触频度和接触量都远远高于一般受众。财经新闻的大众传播，往往是先被这些“意见领袖”接受，再经由他们二级传播，进入普通受众的视野。

（二）专业型

一些财经领域的从业人员，比如证券分析师、基金经理等，其工作性质决定了他们必须每天阅读大量的财经新闻，分析经济形势从而为其投资决策做出正确研判。这些人虽然并不生产财经新闻，却是财经新闻最主要的消费者。他们是从职业需要，而非兴趣爱好出发，来接收财经新闻的。他们并不需要“意见领袖”的引领，所接收的基本都是权威媒体发布的经济数据，或者是国际资本市场的报道。接收财经新闻是他们工作的重要部分。

（三）忠诚型

专注于投资的普通百姓，出于对股票、基金等投资活动的需求，或者生产者从企业经营的角度，同样会每天关注财经新闻，成为忠诚的财经新闻受众。他们虽然不是专业人士，但是对于财经知识有比较深入的了解，往往有自己的主见，所接收的财经新闻也以主流媒体的权威报道和专家解读为主。

（四）偶尔型

为数众多的普罗大众，并没有经常阅读、收看财经新闻的习惯，他们往往觉得财经新闻晦涩难懂，难以理解宏观经济与个人生活之间的关联，他们更感兴趣的可能是娱乐新闻和体育新闻。但是，并不能说这部分人就绝对不是财经新闻的受众。作为消费者，他们也会关注消费品价格的变化，偶尔还是会关注专业性不太强，但与百姓生活联系更紧密的财经新闻，或者从非专业的新闻栏目中接收一些财经新闻。这些受众更容易受到生产型受众的影响，接收他们二级传播的财经新闻。

---

① 孙祥飞．新闻传播学热点专题 80 讲［M］．北京：人民日报出版社，2016：30.

第三节　财经新闻媒体

传播学意义上的媒介是传播行为中承载信息符号的中介物，媒体是专门从事信息传播的机构。[①] 专门从事财经新闻信息传播的机构，就是财经新闻媒体。

一、财经新闻媒体的发展历程

财经新闻媒体的出现，是在经济系统进入高度发达的市场经济模式，产生了足够多的信息需求的背景下产生和发展的。公元前500年的古罗马已经出现了以撰写新闻信为业的人，他们专门给不在首府的上层人士和商贾写信，提供、传递首都的政治变动信息和经济行情。中世纪时期，新闻信十分流行，欧洲上层人士主要靠它获得外地的重要信息。后来，随着资本主义的兴起以及航海等交通技术的发展，新闻信被一般商人和平民用来传递各种商情。[②] 这种活动尽管比较初级，但已经具备了大众传播的性质，可以视为最早的财经新闻媒体。16世纪诞生于意大利威尼斯的《威尼斯新闻》，被认为是世界上最早的财经新闻的雏形。[③]

1843年诞生的英国的《经济学人》，是全世界首家正式的财经新闻媒体。

1888年创刊的英国的《金融时报》，1889年创刊的美国的《华尔街日报》，1872年创刊的日本的《日本经济新闻》，是最早的一批财经媒体。随着财经媒体的发展，上述这些传统财经媒体逐渐被打造成权威的品牌。最具影响力的财经通讯社是路透社、道琼斯通讯社和彭博新闻社。

中国的财经媒体起步较晚，改革开放以来，形成了一些较有影响力的财经媒体。主要的财经报刊有《经济日报》《中华工商时报》《中国经营报》《财经时报》《21世纪经济报道》《经济观察报》《财经》《证券市场周刊》《新财富》等。

中央人民广播电台于2002年开设《经济之声》，将其定位为专业的财经广播。

中央电视台二套（以下简称“央视二套”）财经频道和第一财经频道，是中国最具影响力的电视财经频道。

---

① 方玲玲，韦文杰．新媒体与社会变迁［M］．上海：复旦大学出版社，2014：2.

② 叶青青．网络与新媒体财经报道［M］．上海：复旦大学出版社，2018：35.

③ 莫林虎．财经新闻概论［M］．杭州：浙江大学出版社，2014：22.

伴随着互联网的普及，财经新闻媒体开始转向网上传播。美国《华尔街日报》于1993年推出电子版“华尔街日报在线”。在中国，1995年10月，《中国贸易报》开办了网络版，这是国内报纸上网的第一家，也成为国内第一家财经网站。①

伴随着新媒体时代的到来，一些以“两微一端”为载体的财经新媒体如雨后春笋般涌现出来。在四大门户网站的财经频道之外，由胡舒立团队分别于2008年和2010年创办的“财经网”和“财新网”成为财经新媒体标杆式网站。随着移动互联网技术的突破与发展，国内颇有影响力的市场化财经媒体都开始加入“两微一端”的移动新媒体话语权争夺战。上海集团斥资数亿美元的财经新媒体项目“界面”在2014年底上线。②

自媒体呈现出独有的特性移动化、服务化、个性化、社交化、圈地化等，使它成为迅速消解老牌财经媒体的利器。2011年之后，传统媒体从报纸、杂志到电视，渐次进入收入和利润的拐点，传统媒体人才流失、停止发行、减薪等事件屡见不鲜。传统的财经媒体人也成批涌向互联网创业者当中。③ 从这一年开始，移动互联已经成为从电信运营商到终端厂商的最重要战略，脸谱网宣告了社交网络时代来临，2009年上线的微博风头仍劲，2011年上线的微信却在昭示一个新纪元的开始。④

“财经早餐”“华尔街见闻”“吴晓波频道”“光远看经济”等相继问世。这些财经新媒体，有的是传统财经媒体创办的，也有一些是社会资本注入创办的，还有一些就是财经评论员的自媒体。值得指出的是，财经新闻以其专业性和前瞻性等特征，非常适合新媒体传播。因此，新媒体时代的到来，对于财经新闻来说，是一个发展机遇。微信公众号、新浪微博、腾讯视频、优酷视频、爱奇艺视频、喜马拉雅电台和蜻蜓电台，以及百度、搜狐、今日头条等平台，都成为财经自媒体的阵地。

二、财经新闻媒体的功能与运营

（一）财经新闻媒体的功能

信息不对称，指交易过程中的个人拥有的信息不同。在社会的政治、经济等活动中，一些成员拥有其他成员无法拥有的信息，因此会出现信息不对

① 叶青青．网络与新媒体财经报道［M］．上海：复旦大学出版社，2018：46.

② 叶青青．网络与新媒体财经报道［M］．上海：复旦大学出版社，2018：绪论3.

③ 赵智敏．财经新闻报道实务教程［M］．北京：中国传媒大学出版社，2018：40.

④ 叶青青．网络与新媒体财经报道［M］．上海：复旦大学出版社，2018：46.

称现象。简而言之，就是“我知道的信息你不知道”“你知道的信息我不知道”。财经新闻媒体就是要在生产者、消费者和投资者之间，架起信息沟通的桥梁，尽量消除信息的不对称。

具体来说，财经新闻媒体具有如下功能。

1. 为生产者提供市场信息

财经新闻媒体从一诞生，就具有鲜明的功利性特征。财经媒体直接参与经济生活，这是与其他媒体不同的地方。比如，道琼斯公司就是以为客户提供商业信息为主营业务，1884 年编制了道琼斯指数，直接反映美国股市的变化情况。道琼斯指数是世界上历史最悠久的股票指数，涵盖金融、科技、娱乐、零售等多个行业，能够反映美国股票市场的总体走势。

2. 让不同的经济角色能够沟通交流

在经济学中，信息对称性研究一向受到人们的广泛关注。被誉为信息经济学大师的哥伦比亚大学教授、前世界银行（World Bank，WB）首席经济学家约瑟夫·斯蒂格利茨所倡导的一些前沿理论，如逆向选择和道德风险，已成为经济学家和政策制定者的标准工具。[①] 财经新闻媒体使得经济活动的参与者、研究者和宏观经济的调控者，能够在相同的话语体系下进行沟通，让经济参与者获得信息和指导，让经济学家的学说得以传播，并对宏观政策产生影响，让宏观决策者得到决策依据。在财经新闻的传播过程中，专家的传播既可能“自上而下”，也可能“自下而上”，流动的走向取决于哪里需要他们的技术专长。权威人士更多的是“自上而下”传播，更多的信息从他们向下流动，而不是从下面流向他们。政府向公民流动的信息多，公民向政府流动的信息少。[②]

3. 为投资者投资理财提供资讯

财经新闻是伴随着现代经济发展而产生的新闻门类，是在投资理财成为普通百姓生活的一部分的前提下应运而生的。只有财经新闻的受众达到一定的规模，才会有传播财经新闻的媒体诞生。随着经济的发展，财经新闻价值不断提升，一些综合性媒体也开始辟出专门的版面或时间来发布财经新闻。由此可见，发布财经新闻信息的媒体，大体可以分为两种：一是专门的财经媒体；二是发布财经新闻的综合性媒体。

---

① 周乃菱．国际财经新闻知识与报道［M］．北京：清华大学出版社，2013：14.

② 威尔伯·施拉姆，威廉·波特．传播学概论［M］．北京：中国人民大学出版社，2018：103.

（二）财经新闻媒体运营的独特之处

1. 受众即用户

与其他新闻门类不同，财经新闻直接与人们的生产、投资和消费行为相关，甚至可以直接为人们带来财富。因此，财经新闻媒体的受众对财经新闻的需求具有一定的刚性，受众群体相对比较稳定，忠实度较高，受众具有“用户”的特征。一些财经新闻媒体，打破“二次销售”的传统传播模式，采取收费的方式有偿传播。财经新闻往往与财经资讯联系密切，二者往往根据受众的不同可以相互转换，像汤森路透、彭博、道琼斯等公司就既是财经资讯公司，又是财经新闻机构。[①]《华尔街日报》网络版是全球最大的付费财经新闻网站，拥有付费用户近73万人，它和道琼斯通讯社、《华尔街日报》共同构成道琼斯的新闻发布平台。[②]

2. 财经新闻媒体运营具有多层次特点

伴随着新媒体时代的来临，财经新闻媒体呈现多层次特点。中国以财经服务为主要内容的网络服务主要分为以下五类：传统媒体的财经新闻板块或者传统的专业财经媒体利用互联网平台提供在线财经资讯服务，如央视二套的财经频道、中央人民广播电台的经济之声频率，或《经济日报》、《财经》杂志、21世纪经济报道等官方网站；门户网站的财经及理财频道，新浪、搜狐、腾讯、网易等综合性商业门户网站都纷纷开辟“财经+理财”频道；随着网络经济的发展，垂直财经门户网站慢慢浮出水面，如金融界、和讯网等，此类网站主要是提供专业财经信息和专业理财产品的独立运营；金融投资理财专业服务机构的服务网站，主要是各大商业银行、证券期货交易所、金融服务和中介等机构的网站；依托于社交平台，如微信公众号、微博，由独立个人或非专业团体进行财经内容生产的财经自媒体。[③]

3. 财经新闻媒体难以体现地域性

财经媒体的地域分布不均衡，区域性财经媒体发展后劲不足。目前，具有影响力的财经媒体几乎都位于北京、上海、深圳、广州，其他地区财经媒体发展实力薄弱。[④]

---

① 莫文虎．三天读懂财经新闻［M］．北京：中国法制出版社，2015：5.

② 谭云明．在中财讲财经新闻［M］．北京：中国经济出版社，2016：43.

③ 叶青青．网络与新媒体财经报道［M］．上海：复旦大学出版社，2018：158.

④ 周根红．财经新闻报道［M］．武汉：武汉大学出版社，2013：53.

三、财经媒体融合发展趋势

麦克卢汉说："每当我们使用或感觉到自己的技术延伸时，都必须要拥抱这一延伸……除非我们逃避这种技术延伸，逃亡到一个隐居的洞穴里躲藏起来，否则，我们就不能逃避对日常技术的永恒的拥抱。"① 互联网时代的媒体革命颠覆了传统的媒体界限，媒体融合已是大势所趋。网络上盛传这样一段描述：微博上，粉丝超过 100 人，就是本内刊；粉丝超过 1000 人，就是个广告栏；粉丝超过 10000 人，就是本杂志；粉丝超过 10 万人，就是一份都市报；粉丝超过 100 万人，就是一份全国性报纸；粉丝超过 1000 万人，就是一家电视台；粉丝超过 1 亿人，就是中央电视台了。

所谓媒体融合，是指在互联网技术支持下，传统的媒体形态融合在一起，呈现出的多功能一体化的趋势。媒体融合有狭义和广义两种理解。狭义的媒体融合，指传统的纸媒、广播媒体、电视媒体融合在一起，生成新的媒体形态，如电子杂志、博客新闻等；广义的媒体融合，则指一切媒体及其相关要素形成的大融合。2003 年，美国学者李奇·高登在《"融合"一词意义与内涵》一文中总结了媒体融合在不同传播语境下的六类含义，即媒体科技融合、媒体所有权合并、媒体战术性联合、媒体组织结构性融合、新闻采访技能融合以及新闻叙事形式融合。② 正是因为看到互联网的强大生命力，中外财经新闻机构都不约而同地走上了媒体融合的道路。国外的彭博新闻社、汤森路透，国内的第一财经、和讯财经、财新传媒等走的都是这条道路。③

2014 年 8 月召开的中央全面深化改革领导小组第四次会议审议通过了《关于推动传统媒体和新兴媒体融合发展的指导意见》。习近平总书记在会上强调："推动传统媒体和新兴媒体在内容、渠道、平台、经营、管理等方面的深度融合，着力打造一批形态多样、手段先进、具有竞争力的新型主流媒体，建成几家拥有强大实力和传播力、公信力、影响力的新型媒体集团，形成立体多样、融合发展的现代传播体系。"这标志着中国的媒体融合已经成为国家行政层面的直接干预，这也为财经新闻媒体的发展指明了方向。

在财经新闻媒体的融合发展过程中，传统新闻媒体的转型效果不尽如人意，互联网财经媒体却迅猛发展并抢占了先机，财经网站信息的准确性、及

---

① 弗兰克·秦格龙．麦克卢汉精粹［M］．何道宽，译．南京：南京大学出版社，2000：397.

② 叶青青．网络与新媒体财经报道［M］．上海：复旦大学出版社，2018：绪论 14.

③ 莫文虎．三天读懂财经新闻［M］．北京：中国法制出版社，2015：16.

时性实现了用户的注意力从传统媒体到新媒体的转移。①

2011 年 3 月，日本核电站发生核泄漏事故，手机短信、网络新闻与微博平台开始出现“海水污染以后生产的盐都无法食用”的谣言，引发了我国各地百姓疯狂抢购食盐的现象。权威人士和专家通过主流媒体发声，3 月 20 日，商务部宣布事态得到控制，抢购食盐的风潮才得以平息。这说明，新媒体具有裂变式快速传播的能力，而主流权威媒体是稳定舆论的关键。虽然传统媒体有成熟的运作模式、专业的采编生产、优质的内容输出，可信度、公信力、权威性高，但传播形式比较单一，传播效果较弱。虽然新媒体传播速度快，覆盖用户范围广，但“标题党”现象严重、假新闻不断，还涉及新闻版权问题。“新闻中蕴含着真理的同时也弥漫着谎言，媒介系统到了数字时代，似乎呈现出了高速进化的状态。”② 在这样的时代背景下，财经新闻传统媒体与财经新闻新媒体要相向而行，发挥传统媒体的资源优势和新媒体的传播优势，一方面可以规范新闻转载机制，激励原创内容生产；另一方面可以拓展内容分发渠道，增加用户数量。③

第四节　财经新闻与几种主要的传播理论

一、财经新闻与议程设置理论

“议程设置”作为一种理论假说，最早见于美国传播学家 M. E. 麦库姆斯和 D. L. 肖于 1972 年在《舆论季刊》上发表的一篇论文，题目是《大众传媒的议程设置功能》。这一理论认为：大众传播具有一种为公众设置“议事日程”的功能，传媒的新闻报道和信息传达活动以赋予各种“议题”不同程度的显著性方式，影响着人们对周围世界的“大事”及其重要性的判断。

议程设置理论将传播效果分为认知、态度和行动三个层面，这三个层面也是一个完整意义上效果形成过程的不同阶段。议程设置理论所考察的，不是某家媒体的某次报道活动产生的短期效果，而是作为整体的大众传播具有较长时间跨度的一系列报道活动所产生的中长期的、综合的、宏观的社会效果。媒体所从事的传播活动，不是“镜子”式的反映，而是一种有目的的取

① 吴玉兰．财经媒体传播影响力研究［M］．北京：社会科学文献出版社，2020：29.
② 袁熙．财经新闻经济学［M］．北京：人民邮电出版社，2014：210.
③ 吴玉兰．财经媒体传播影响力研究［M］．北京：社会科学文献出版社，2020：27.

舍选择活动；并不只是把客观世界反映出来，还是对“环境再构成作业”。在现代社会里，由于大众传播是人们获得外界信息的主要渠道，不管这种“再构成”是对现实环境的客观反映还是歪曲反映，都会影响人们对周围环境的认识和判断。

财经新闻传播似乎比其他新闻门类更具有典型的“议程设置”特征。财经新闻的受众希望从财经新闻中获取有价值的信息，从而更加准确地对市场环境加以“认识和判断”。而财经新闻的传播者，则更希望通过有效的传播，来影响受众对经济环境的“认识和判断”。财经新闻媒体恰恰是两者中间的媒介，是议程设置者。财经新闻发布者应该利用议程设置理论，按照受众需求，通过新闻发布会等形式，把握好新闻发布时机，产生良好的传播效果。财经新闻的传播者应该按照议程设置理论，顺应市场大势和政府宏观经济调控的大局，营造对经济发展有利的舆论环境。例如，2021 年两会期间，各网站在头条位置或显要位置发布《资本市场“十四五”要点出炉》的文章，总结出“要点一，多渠道增加居民财产性收入”，围绕这一议程找专家解读，分析对资本市场的影响，坚定投资者对资本市场的信心。

二、财经新闻与沉默螺旋理论

沉默螺旋理论是德国女社会学家伊丽莎白·诺尔-诺依曼提出的。她在研究德国竞选问题的过程中，发现选民对竞选双方的支持率原本不相上下，但是到了最后的某一时刻，选民突然倒向其中一方。通过对这一现象的研究，她发现“周围意见环境的认知”会给选民形成压力，导致许多人改变了原来的想法。诺依曼据此提出了“沉默螺旋”假说：个人意见的表明总是力图获得周围环境的支持，避免陷入孤立状态。当某种意见表现出强于相反意见的优势时，就会产生一种螺旋效应，“优势”意见会越来越强势，相反意见会越来越“沉默”，便形成了一个“一方越来越大声疾呼，而另一方越来越沉默下去的螺旋式过程”。大众传播通过营造“意见环境”来影响和制约舆论。根据诺依曼的观点，舆论的形成不是社会公众的“理性讨论”的结果，而是“意见环境”的压力作用于人们惧怕孤立的心理，强制人们对“优势意见”采取趋同行动这一非合理过程的产物。

在经济领域，这种“沉默螺旋”的现象是普遍存在的。从 17 世纪荷兰“郁金香狂潮”到 2008 年国际金融危机，可以说，每一次市场的疯狂，都是伴随着人们对市场判断的沉默螺旋效应发生的。当某一产品市场走向高潮时，击鼓传花的鼓声便会急促地敲响，人们对市场的乐观情绪会被不断放大，理性的“泼冷水”的声音则越来越“沉默”，直到市场走向疯狂，泡沫越来越大；而当泡沫破裂后，人们的情绪又会一落千丈，悲观的声音越来越响亮，理性的“树立信心”的声音越来越“沉默”。

政府宏观调控者应该深入了解沉默螺旋理论，在适当的时候，发出理性的声音，做好舆论引导，预警危机的产生。主流财经新闻媒体应该配合国家的大政方针，坚持有利于经济健康发展的舆论导向，引导受众冷静客观地看待市场走势。

三、财经新闻与培养理论

培养理论也称“培养分析”“教化分析”“涵化分析”，是由美国传播学者格伯纳提出。这一理论源自格伯纳等在 20 世纪六七十年代开展的关于美国电视暴力内容对受众影响的研究。格伯纳认为，在现代社会传播媒介提示的“象征性现实”对人们认识和理解现实世界有着巨大的影响。比如，经常收看有关暴力电视节目的受众比那些很少看或者不看这类节目的受众更担心自己遭受暴力袭击。媒体通过其影响力，可以“培养”受众形成一些刻板印象，甚至会“培养”出他们的世界观。

格伯纳的研究主要是针对那个年代最具影响力的电视媒体的。我们今天来研究和利用这一理论，重点是突出其强调的媒体对人们世界观的影响作用，而不是单纯地指电视媒体。在这个自媒体爆炸式发展的今天，财经新闻的主流媒体更要把好关，发挥其“培养”作用；要坚持客观报道的原则，真实、全面地报道财经新闻事实；在涉及有关“解释”“深度解说”“专家观点”的报道时，要坚持全面平衡的原则，减少媒体自身的感情色彩，不要去渲染“一夜暴富”“股神”等观念。

四、财经新闻与框架理论

“框架”的提法，最早见于人类学家贝特森于 1955 年发表的论文《一项关于玩耍和幻想的理论》中。在这篇论文中，贝特森提出了“元传播”的概念。所谓“元传播”，是指人们为了传播而进行的传播行为，包括对所传递符号的定义及其诠释规则的约定。不过，对新闻框架产生了直接影响的，是社会学家 E. 戈夫曼于 1974 年出版的《框架分析》一书。在这部著作中，戈夫曼明确为框架做出了这样一个定义：“框架指的是人们用来阐释外在客观世界的认知结构，人们对于现实生活经验的归纳、结构与阐释都依赖一定的框架，框架使人们能够定位、感知、理解、归纳众多具体信息。”①

框架理论并不是十分成熟的理论，也不仅仅应用于传播学。通俗地说，框架理论应用于财经新闻传播，就是要规定好在进行某项报道时，媒体应该选取怎样的框架，这个框架就是媒体将挑选哪些新闻事实加以重点报道，并把这些内容在传播文本中置于最显著的位置。无论是相对于整个媒体来说，还是针对某一项具体传播选题来说，传播者都必须十分明确自己的定位（框架），并通过具体的词语来实现这个定位。比如，“中国向发展中国家援助新冠疫苗”这个新闻事实，我国和受援国的媒体框架是“人民的疫苗”，而西方某些媒体的框架则是“疫苗外交”。另外，从传播效果的角度来看，财经媒体应该非常明确自己的受众究竟是谁，他们的需求是怎样的。受众也有自己选择信息的框架，即受众框架。媒体应该尽量保持媒体框架与受众框架相一致。

五、财经新闻与第三人效果理论

第三人效果理论最早由美国哥伦比亚大学教授戴维森在 1983 年发表的论文《传播中第三人效应的作用》中首次提出。这一理论认为，人们在接收到媒体信息时，往往会认为其他人比自己更容易受到这些信息的影响。换句话说，人们倾向于低估大众媒体对自己的影响力，或高估大众媒体对他人的影响力。例如，在第二次世界大战期间，日本向美国军队投放传单，传单的内容是劝告军队中的黑人士兵不要为了白人的利益而冒着生命危险来参战。结果第二天美军果然撤兵了。后来，历史学家研究发现，日军的传单其实并没有对黑人士兵产生什么影响，倒是白人军官认为黑人士兵会相信这些话，主动下达了撤军命令。

第三人效果理论提出了两个基本假说。

- 知觉假说：人们感到媒体传播的内容对他人的影响大于对自己的影响。
- 行为假说：作为第三人认知的后果，人们可能采取某些相应的行动，“先下手为强”，以免他人受媒体传播内容影响后的行为再影响到自身的权益和福利；人们可能支持对媒体传播内容有所限制，以防止媒体传播对他人的不良影响。

对于财经新闻媒体来说，消除第三人效果的不良影响，是其重要职责。由于人们的这种“第三人效果”心理影响，常常为谣言的流传创造条件。

---

① 郭庆光．传播学教程［M］．北京：中国人民大学出版社，2019：209.

2011 年发生的“抢盐”事件，2017 年发生的雄安新区“抢房”事件，以及股市中经常发生的受某一消息影响股市大跌（大涨）的现象，其实都是这种“第三人效果”心理在作怪。主流财经新闻媒体在应对公共危机事件或资本市场的某些不理智现象时，应该充分保障受众的知情权，快速地传播权威信息和科学知识，以消除谣言的干扰，维护市场稳定。

第四章　财经新闻的采写编

在了解了作为财经新闻报道对象的经济系统，并对财经新闻传播规律进行探讨的基础上，我们将对具体的财经新闻实务展开研究。本章将财经新闻传播理论与财经新闻从业者的基本业务结合起来，探究财经新闻采访、写作、编辑的基本规律。

财经新闻具有极强的专业性，财经新闻采访、写作、编辑都要体现经济学原理，运用一些经济学、管理学术语，但是又不能玩弄理论让财经新闻的文本过于晦涩难懂。因此，财经新闻的采写编具有特殊规律。这对财经新闻从业者来说，具有一定的难度，需要经过专门的学习和训练。据《华尔街日报》《日本经济新闻》等国际财经大报的高层介绍，打造一名财经记者通常需要八年，培养一名政治记者需要三年，而培养一名社会新闻记者只需要一年。①

第一节　财经新闻采访

采访是传播的源头。财经新闻的传播，自然也要从采访开始。财经记者要从经济系统中发现有价值的新闻信息，通过细致的工作，获得第一手材料。财经记者的工作质量，直接决定财经新闻的传播质量，正所谓“七分采，三分写”。

一、财经记者的职责与职业道德

（一）财经记者的职责

1. 财经记者是受众的信息员

俗话说，“买的没有卖的精”。在交易过程中，参与者在客观上存在着信息不对称的问题，在买者和卖者之间，有着一条信息鸿沟。人们早几分钟得

---

① 张柏兴. 经济新闻新编教程［M］. 杭州：浙江大学出版社，2012：76.

到某个重要的市场信息，可能就会获得丰厚的超额利润；反之，晚一点获得市场信息，或者被某些传言误导，就可能造成难以想象的损失。因此，与其他新闻门类不同，财经记者的首要任务，就是要为生产者、消费者和投资者提供有价值的信息，做受众的信息员，帮助其跨越信息鸿沟，减少信息的不对称性，让受众更准确地把握市场走向。

财经新闻从诞生之日起，就担负着这个使命。出现于16世纪的威尼斯的手抄小报，主要内容为商情、价格、船期，以及对商贸能够产生影响的政局和战事报道。1566年诞生的印刷报纸《威尼斯新闻》被认为是世界上财经新闻媒体的雏形，为其搜集物价、船期等商情信息的人，成为最早的财经新闻"采访者"与"报道者"。① 财经新闻可以促进市场经济中信息的有效流通，为参与市场经济的社会公众服务。

2. 财经记者是受众的"解码器"

有的学者认为，财经记者应该发挥"解码器"的作用。"所谓'解码器'，是指记者应当为普通读者解析那些包含在经济专业知识中难懂的密码，应当对经济动态、经济事件、经济政策、经济改革措施等内容中对普通读者而言难以理解的专业术语、难以知晓的经济背景、难以深入的专业思考、难以预测的未来趋势等进行详尽的分析、解说、阐释。"②

财经新闻的新闻事实往往比较简单，有的可能只是几个数字或者一段讲话，但是其中暗含的意义和蕴藏的价值可能极为丰富。财经记者不仅要当信息员，还有责任把新闻事实背后的东西挖掘出来，呈现给广大受众。这就要求财经记者本身具有相当的经济学、管理学方面的造诣，具备发现价值的眼睛，要在记者的头脑中首先"破译"这些新闻信息的价值"密码"，了解所要报道的新闻事实对经济系统的影响，才能有的放矢地确定采访的方向和具体问题，为受众"解码"。

3. 财经记者应该成为受众的"稳压器"

任何经济危机都是心理危机，经济过热是投资者心理上的疯狂所致，同样地，经济萧条也是人们心理上恐慌的结果。2006年诺贝尔经济学奖获奖者费尔普斯提出了人们的预期对经济的影响。他提出，所有的经济活动都是由人们的预期决定的。在经济活动中，重要的不是通货膨胀本身，而是人们对通货膨胀的预期，人们会因此改变自己的消费习惯，进而影响整个经济的

① 叶青青．网络与新媒体财经报道［M］．上海：复旦大学出版社，2018：36.

② 方琦．经济新闻实务［M］．成都：西南财经大学出版社，2012：54.

发展。①

经济具有周期性，没有永远的“繁荣”，也没有永远的“萧条”。其实，“危”与“机”是在不断地互相转化的。财经记者要超前地将“转化”的信息告知受众，让生产者、消费者和投资者获得全面、客观的市场信息，在狂热时泼些冷水，在低迷时“加一把火”，这样做不仅对市场和受众有好处，而且有利于财经记者及其所代表的财经媒体传播真正有价值的信息，从而提升自身的权威性。

伴随着市场的变化，政府宏观调控会采取相应的经济政策，财经记者要客观、积极地对新出台的政策进行报道和解读，帮助受众了解政策走向，放大经济政策的作用，这对市场、政府、企业和个人来说，都是有益的，是多赢的。

（二）财经记者的职业道德

陈力丹、张建中所著的《新闻理论教程》中，把新闻职业道德概括为以下八方面②：

第一，维护新闻自由，具有独立精神。

第二，献身正义、人道，为公众利益服务。

第三，恪守新闻报道的真实、客观、公平、平衡等工作标准。

第四，为新闻来源保密。

第五，不诽谤、侮辱他人。

第六，不侵犯公民的隐私权。

第七，拒绝收取馈赠和贿赂，以及其他影响客观报道的酬谢。

第八，不参与商业和广告活动。

财经记者的工作就是把市场中的重要信息公之于众，把深藏在数据和文件堆里的有效信息挖掘出来并解释给普通读者，把利益集团竭力掩盖的事实曝光，从而消除市场信息不对称性与不确定性，以达到减少信息落差的目的。③ 财经记者能够在很大程度上影响人们的预期，因此财经报道经常受到各方面的影响及压力，各利益集团都想利用财经媒体来达到自己的目的。④ 与其他新闻门类的记者相比，财经记者受到的诱惑要多得多，财经新闻与有偿报道之间只是“一墙之隔”。财经记者更要恪守新闻职业道德，公正客观地进行

---

① 周乃菱．国际财经新闻知识与报道［M］．北京：清华大学出版社，2013：16.

② 陈力丹，张建中．新闻理论教程［M］．北京：中国人民大学出版社，2017：206.

③ 周乃菱．国际财经新闻知识与报道［M］．北京：清华大学出版社，2013：14.

④ 同①.

采访报道，不做利益集团的代言人，否则很容易走上危险的歧途。

二、财经新闻采访的基本要求

新闻采访有其一般规律，财经新闻采访也必须顺应这些一般规律的要求，诸如要善于沟通、倾听、利用开放式或封闭式问题提问、观察细节、发现新闻线索等。这些新闻采访的一般性要求，自有众多的新闻传播学书籍对其进行深入全面的探讨，在这里不再赘述。我们只探讨财经新闻有别于其他新闻门类采访的基本要求。

（一）以生产者、消费者和投资者的身份去采集信息

财经记者是代表媒体进行采访的，目的是满足媒体受众的需求。因此，财经记者在采访时，一定要跳出记者本人主观意识的局限性，从媒体受众的需求出发去采集信息。具体来说，就是要站在生产者、消费者和投资者“三者”的立场进行采访，采集他们渴望了解而自己无法从现实中了解到的信息。知名财经评论人、《华夏时报》总编辑水皮认为，财经报道应为更广大的公众服务，“财经记者应该成为公众的眼睛。用公众能够接受的语言把相对专业的东西表达出来”。

要“成为公众的眼睛”，首先应该比公众更懂财经新闻所涉及的经济学知识，从经济大势中发现可能为公众带来机遇的信息。其次在与被采访者交流、提出采访的问题时，要非常专业，这样才能准确捕捉到生产者、消费者和投资者真正需要的东西。最后在与被采访者接触时，要注意根据不同的采访对象采取不同的策略，不要采用过于专业的语言而使受访者一头雾水。

（二）注意搜集数字，用数字说话

财经报道也要用事实说话，在经济领域，数字就是最基本的新闻事实，“用数字说话”就是用事实说话。财经记者在采访时，要尽可能多地搜集数字资料，用数字进行定量分析比定性分析更有说服力，也更符合财经新闻客观性的要求。否则，忽视数字的作用，不注意在采访中搜集数字，就会给以后的写作、编辑工作带来麻烦，影响传播效果。这需要财经记者具有强烈的使命感和责任感，有耐心和毅力，不辞辛苦地去挖掘信息。《青年报》记者张飒为见证“公积金贷款的首单房”，为核实一个门牌号码，跑了六家单位，为其

采写的文章增色不少。①

（三）要注意“跟踪”和“算账”

财经新闻与百姓的生活息息相关，对百姓投资理财活动有参考价值，而百姓在日常生活中，在逛商场、买菜的过程中，其实也能了解一些市场信息，造成他们信息鸿沟的是他们无法深入和全面地了解经济信息，无法从源头去探究经济现象的成因与走势。比如，他们能感受到物价上涨，却无法了解物价上涨的机制和过程，不知道在哪个环节出现了问题，更无法了解应对通货膨胀的办法。因此，财经记者一定要帮助他们跨越信息鸿沟，了解事情的真相。财经新闻报道要有一定的深度，要注意报道受众无法了解的经济活动幕后的东西，“跟踪”经济活动的全过程。同时，要通过请专家“算账”的方式，让受众了解新闻事件对生活的影响。

一些重要的财经新闻由于涉及的关系、人员、利益复杂，其真相往往隐藏在扑朔迷离的假象中，这种新闻的采写，更像是侦探破解复杂的案件，需要时间、耐心、严谨的态度和努力的工作。新华社河南分社记者谢登科，为了调查郑百文造假上市、内部管理混乱问题，花了近两年时间，采访上百次，接触 100 多人，收集了 6 本笔记本的资料，在此基础上，他写出了《假典型巨额亏空的背后——郑百文跌落发出的警示》一文。此文播发后，引起了强烈的社会反响。中央有关部门领导对“郑百文事件”高度重视，由国家有关部门组成的调查组对郑百文巨额亏空问题展开调查，并进行了查处。②

2001—2002 年，曾经被认为是美国上市公司奇迹的安然公司，在美国著名财经期刊《财富》的揭露下，因财务数据严重造假，被美国司法部立案调查，最终破产。揭露这一惊天黑幕的是《财富》杂志记者贝塔尼·麦克莱恩。麦克莱恩做的事情正是财经新闻的本分：搞清楚安然的钱是怎么赚的、怎么花的、怎么赔的，而作为上市公司，股民投资到安然公司的钱又是怎么被偷的。当麦克莱恩把这些问题逐步厘清的时候，安然的黑幕也就自然暴露在阳光之下了。③

（四）要学会“借嘴”

财经新闻的特性决定了财经新闻既要讲究客观性，又要具有前瞻性。财

---

① 尹学顺，吕继红．财经新闻采写与评析［M］．上海：上海世纪出版股份有限公司远东出版社，2010：5.

② 莫林虎．财经新闻概论［M］．杭州：浙江大学出版社，2013：71.

③ 莫文虎．三天读懂财经新闻［M］．北京：中国法制出版社，2015：3-4.

经新闻的受众往往需要通过财经新闻来把握市场的走向，预判宏观经济政策的变化趋势。财经记者不仅要告知受众基本的新闻事实，更要将有关新闻事实的专业评析和对市场走势的预测信息传播给受众。这就要求财经新闻记者擅长“借嘴”——通过在采访中获得采访对象的说法来解决问题。财经记者的职责，就是尽量消除在对未来研判方面的信息鸿沟，客观地把有关专家学者或政府官员的观点，原原本本地呈现给受众。这就要“借”专家或官员的“嘴”，来阐释观点。

三、财经新闻的采访对象

财经新闻的信源是经济系统，经济系统是由人组成的。财经新闻的采访对象，就是经济系统中的人，即承担着三层系统功能任务的个人。具体来说，财经新闻常规的采访对象包括“官、学、产、投、消”五个方面。

“官”，指政府官员。在三层系统中，政府承担着宏观调控的职能。宏观经济政策会对经济产生重要影响，改变市场走势，也会直接影响企业和个人的经济决策。政府官员是经济政策的制定者和执行者，自然就成为财经记者经常打交道的采访对象。记者要代表生产者、消费者和投资者对官员进行采访，以获得对有关政策的权威解读，让受众了解政策的确切含义，同时也可以在对官员的访谈中获取把握未来的信息。

“学”，指专家学者。一般来说，专家学者并不是经济系统运转的直接参与者，但是由于其具有专业知识，对经济活动、经济政策进行长期专门的研究，有些专家学者还有机会参与经济政策的制定或文件的起草过程，因此，他们的观点对受众具有重要的参考意义。专家学者的专业性解读，可以让受众对经济现象有更深入的理解；专家学者也可以从专业性的角度，给受众以前瞻性的建议；此外，那些作为政府智囊机构成员的专家学者，会直接或间接地参与了解经济政策的制定过程，他们的见解就更具有参考价值。记者要善于和专家学者打交道，从其只言片语中发现有价值的信息。市场预测是根据过去已发生的事实，参照目前的情况，来推测未来的可能性。其中有一些基本规律，如周期性、物极必反等原则。经济学家往往擅长卖关子，似乎只有他们才能掌握民生命脉的奥秘。其实经济规律是用来解释日常生活现象的，并不是某些人的专利。最重要的是记者要把问题问到点子上，这取决于记者的素质与准备工作。①

“产”，指生产者（经营者）。生产者（经营者）是财经新闻的重要来源

① 周乃菱．国际财经新闻知识与报道［M］．北京：清华大学出版社，2013：4.

之一，也是身处经济一线的当事人，财经新闻采访不能排除他们的声音。在这五大类采访对象中，生产者无疑是最乐于接受财经记者采访的。因为财经记者可以帮助他们发声，替他们呼吁曝光一些在经营中遇到的社会问题，他们更希望财经记者能够在写作时替他们宣传自己的企业和产品。对生产者的采访，财经记者必须保持清醒的头脑，稍不注意，就有可能跌入他们制造的“信息陷阱”。财经记者希望从生产者那里得到的，一般是有关某种商品未来供求关系变化的信息，而生产者希望传播的，常常是产品销售信息。财经记者一定要把握住两者的区别，采访到真正对有关生产者、投资者、消费者需要的信息。

“投”，指投资者。投资者是财经新闻最大的需求者，同时，其本身也是财经新闻的重要信源。通过对投资者的采访，可以了解投资者对资本市场走势的总体认识情况，也可以了解他们的需求。在财经新闻的三类受众中，投资者是比较特殊的群体，他们往往拥有一些财经知识，但又不是很深入。在经济活动中，他们往往处于信息不对称的劣势中。财经记者在采访中，要多倾听他们的声音，从对众多投资者的采访中，发现和总结共性的东西，这样可以更全面、深入地反映资本市场的现状，让新闻更有价值。

“消”，指消费者。在整个经济活动中，消费者是最弱势的群体，同时，他们也是为数最多、影响最大的群体，更是财经新闻重要的受众群体。财经记者采访消费者的任务之一，是通过对消费者的采访，获得消费者的消费需求状况，从而提供判断市场走势的信息。此外，财经记者要勇于为消费者维权，利用媒体的力量保护消费者的合法权益。

第二节　财经新闻写作

财经新闻也是新闻，财经新闻写作也要遵循“及时”“准确”“平衡”“文字通顺”“形式活泼”等新闻写作的一般性原则。然而，由于财经新闻的专业性以及其受众独特的功利性的需求，使财经新闻写作从一开始就具有与其他新闻门类不同的特点。

一、财经新闻写作的特点

（一）财经新闻更具时效性

新闻是“易碎品”，新闻写作讲究时效性，这是新闻写作的一般规律。而对于财经新闻来说，由于其传播往往与商机有关，关系到生产者、消费者和投资者能否及时做出正确决策，因而，财经新闻对时效性的要求更高。在财经媒体诞生伊始，尽管受众群体十分狭小，传播手段也极其原始，但基于商情信息的特点，以及当时信息传播的技术条件，采用了当时最快捷的传播方式。如路透社创业之初曾使用信鸽充当亚琛—布鲁塞尔邮路的“信使”，由此可知早期的财经新闻以短、平、快为特色。而这种特色在今天的快讯中仍被沿用，为了保证时效，路透社快讯的稿子一般比较短，通常一篇稿子只报道一个动态。①

时间就是金钱，时间就是财富，在财经报道领域，这已不是一句口号，而成为一条规则、一条纪律。特别是，在证券市场上，由于证券交易每时每刻都在进行，而股价高低的重要依据就是信息，谁先得到信息（哪怕早几分钟）谁就能“赚大钱”，或规避重大风险，因而《证券法》明确规定，凡一切影响股价变动的重大信息，必须在第一时间予以公告。所谓“第一时间”，通常是指“两个交易日”。②

（二）财经新闻要兼具专业性与通俗性

专业性，是财经新闻最显著的特征。失去专业性的特征，财经新闻就会变得毫无参考意义，无新闻价值可言。然而，财经新闻也是大众传播，其受众除了专业经济人士，更有数以亿计的普通股民、消费者，因此财经新闻还具有通俗性的特征。失去了通俗性，再有价值的财经新闻也无法传播，当然就达不到传播效果。专业性与通俗性，是财经新闻传播的基本矛盾。

在财经新闻写作方面，一直存在着三个境界。

- 浅进浅出：写作者基本没有学习过财经专业知识，不懂财经，文章只是浮于表面，缺少基本的解读，对受众没有什么帮助。
- 深进深出：写作者“太懂”财经，常常喜欢卖弄经济学知识，过多地使用术语和理论，把新闻稿写得像学术论文。
- 深入浅出：在熟知财经理论的前提下，以平常人喜欢的视角，用通俗的语言来写财经新闻。

财经新闻写作，应该追求“深入浅出”的境界。

写作财经新闻稿件，首先要坚守财经新闻的专业性，对经济背景有深入理解，能够提出为受众进行市场决策可供参考的信息，对未来市场走势提出有深度的见解。我国著名新闻学者甘惜分主编的《经济学大辞典》中，对经

---

① 莫林虎．财经新闻概论［M］．杭州：浙江大学出版社，2013：25.
② 贺宛男．财经报道概论［M］．上海：复旦大学出版社，2012：32.

济记者的职业要求做了说明："专门报道经济新闻的记者为经济记者。经济记者必须具有广博的经济知识，对经济形势、经济动态、经济前景应有深入的了解和准确的把握，并能较为准确地分析现状，解释趋势，预测未来。经济记者应善于把非事件性的经济新闻及枯燥的经济数字用生动通俗的形式反映出来。"①

同时，财经记者在写作上应采用受众喜闻乐见的风格、通俗易懂的语言。

（三）财经新闻写作鲜有情节

一般的新闻，如娱乐新闻、体育新闻或者社会新闻，都具有较强的事件性，有吸引人的故事情节，具有一定的娱乐性。而财经新闻极少有事件性报道，常常只是"统计局公布 CPI 数据""创业板跌逾 3%""市场波动将是常态"等资讯类报道。新闻事实常常极其简单，基本没有吸引人的情节或场景，往往比较枯燥乏味。财经新闻不是靠娱乐性，而是靠功利性来吸引受众。

二、财经新闻写作须注意的要点

（一）擅用故事

财经新闻的受众往往是出于功利性的目的来接收财经新闻信息的，因此，财经新闻一定要具有专业性，这是毫无疑问的。但是，我们也不能忘记，财经新闻也是大众传播，要面向普通的生产者、消费者和投资者，在坚持专业性的同时，要突出通俗性，让受众在面对财经新闻枯燥的数字和专业术语时，也能感到趣味性和可读性。

"讲故事"，是一个很好的方法。所谓"讲故事"，就是用典型事例来解读财经信息，用讲故事的方法来提高文章的可读性。其实，财经新闻虽然具有专业性，但是它所反映的经济现象是与百姓生活息息相关的。因此，财经记者的任务，就是把枯燥乏味的经济信息与百姓的实际生活联系起来，用百姓故事来演绎枯燥的经济理论，用身边小事来说天下大事。"讲故事"是财经媒体通用的手法。《财经时报》宣称：我们希望新闻事件化、事件数据化、数据形象化。而《21 世纪经济报道》宣称：在报道内容上侧重于经济新闻的融化和深度分析。②

（二）简洁通俗

除了要运用故事外，财经新闻报道的语言也要简洁通俗。财经新闻要探

---

① 甘惜分．新闻学大辞典［M］．郑州：河南人民出版社，1993：151.

② 周根红．财经新闻报道［M］．武汉：武汉大学出版社，2013：19.

讨经济问题，这与经济学论文其实没有多大的区别。但是，经济学论文的受众是极少数的专家学者，是小众的，而财经新闻要面对的则是普通百姓。因此，财经新闻写作的语言一定要简洁通俗，便于理解。《华尔街日报》定位要“让小学八年级学生看得懂”。要让人看得懂，就要在语言风格上简洁明快，尽量使用贴近日常生活的语言。

（三）适度使用数字

财经新闻要用数字说话，但也要适可而止，过多地使用数字会引起受众的视觉疲劳，反而不利于说明问题。使用数字要与文字相结合，要为说明问题而使用数字。使用数字时还要注意，单个数字没有意义，只有用不同时期或类别的数字做比较才有意义。数字要尽量简短，能进位的尽量进位。如“12300”应该用“1.23 万”来表示。小数点后面最多保留两位数字。英国汤姆森基金会编著的《新闻写作基础知识》中指出：“他（或她）最容易理解他个人经验范围内的事。当他读到他的国家收支赤字是 1 亿美元或国民生产总值是 50 亿美元时，他并不太清楚这是怎么回事；但当他听到国家的债务摊到每个男人、妇女和小孩头上是 2 美元时，就明白是怎么回事了。”①

（四）多一点直接引语

在新闻写作中，常常要引用被采访者的话，引用的方法有两种：一种是直接引用原话，并用引号标注，叫作“直接引语”；另一种是由记者来转述，叫作“间接引语”。财经新闻因为要为受众预测市场和经济政策未来的走势提供判断依据，常常要采访官员、专家，提出一些观点或见解，应该多使用直接引语。生动活泼的直接引语是财经报道必不可少的一部分，直接引语关系到新闻报道的准确性、可信度和可读性。②

三、华尔街日报体

“讲故事”，是财经新闻写作的一个重要法宝，而“华尔街日报体”，就是将这一法宝固化，形成一个便于掌握的具体模式。作为全球最有影响力的财经日报，《华尔街日报》“讲故事”的方法在财经新闻领域具有广泛的影响，并广受模仿。

《华尔街日报》由于第一次资本主义经济危机而引发发行量大幅度下滑的时候，其经营者克拉伦斯·巴伦开始注重对财经新闻写作的要求，提出优良

① 周根红．财经新闻报道［M］．武汉：武汉大学出版社，2013：68.
② 胡润峰．财经新闻报道与写作［M］．上海：复旦大学出版社，2006：85.

报道与写作的七大要点，包括勇敢无畏、无我、句法简单、抓住正确的要点、清楚易懂、说一个故事、开头重于一切。这些建议的提出迅速提高了新闻写作的水平。同时，巴伦也对采访复杂的金融圈提出了自己的建议，即写作的灵魂是要有力、有用和有美；不要以自己的意志来撰写，要站在读者的立场来考量；节省读者的时间，尽量将最重要的事实和有决定性的因素浓缩在一起。他的建议首先使日报的财经新闻简洁、易读、公正，敢于报道一些内幕，抓住经济的热点、焦点问题，预测经济走势。①

1941 年，原来担任《华尔街日报》主编的巴纳德·基尔戈尔出任道琼斯公司董事长。基尔戈尔认为，要改变过于沉闷、枯燥的写作风格，推行散文式的文字风格，以讲故事的形式着力写好财经事件的原因及影响，读者一定会乐意阅读。概言之，用精雕细刻、优美流畅的散文式文字来报道抽象的财经事件。基尔戈尔从其他出版公司挖来一些有写作专长的人，构成“写作线”。“写作线”的工作就是把记者粗略的采访稿改写为流畅的散文，见报时把采访记者与撰稿人的名字并列。

从传播心理学的角度来看，受众阅读除了求知层面的需求，还有消遣和娱乐的需求。“华尔街日报体”借鉴了文学写作中的故事描绘手法，把枯燥、干瘪、索然无味的硬新闻变得生动活泼、通俗有趣，故事性增强了新闻的趣味性、可读性。

“华尔街日报体”的文章，在结构上一般由四部分组成：

第一部分，人性化的开头，即与新闻主题有关的人物故事。

第二部分，过渡，即从人物与新闻主题的交叉点切入，将新闻推到读者眼前。

第三部分，展开，即集中而有层次地阐述新闻主题。

第四部分，回归人物，即重新将人物引入新闻，交代此人与新闻主题的深层关系。

“华尔街日报体”在研究问题的长篇报道中应用较多。

四、财经类消息的“三段式”写作手法

“华尔街日报体”结构主要应用于非动态性新闻，即所谓特写或通讯，尤其适用于“长的”“研究问题的”文章。但对于财经记者常常面对的动态消息的写作来说，就不太适合了。

财经新闻的消息写作也有独特之处。财经新闻中的消息，“事件性”比较

---

① 叶青青．网络与新媒体财经报道［M］．上海：复旦大学出版社，2018：39.

弱，一般没有什么情节和悬念，多是信息发布等资讯类内容。这些新闻事实本身并不复杂，但其背后相关的经济背景以及对未来经济的影响是十分复杂的。所以，财经新闻的消息，不能止于新闻事实本身，要进一步解释、引申。

梅尔文·门彻在《新闻报道与写作》中总结出这样的报道结构：“导语—解释性和详述性材料—背景（如有必要）—次要材料（如果有的话）。”财经新闻消息的写作也要按照这样的结构来安排素材，而且要把财经消息的特点融汇其中。在“导语”之后，要安排“解释”的内容，要体现围绕新闻事实引申的内容，通过“借嘴”来阐释新闻事实对未来经济走势的影响，即“引语”。

这样，我们就可以总结出财经新闻传播中比较常见的消息写法——“三段式”写作手法：

第一段，导语，引出新闻事实。

第二段，解释，在说清新闻事实的基础上对新闻事实加以解释。

第三段，引语，“借嘴”来引申说明新闻事实的影响。

如果消息中还有次重要内容，则可以将上述三段加以重复。下面这篇消息稿，就是“三段式”写作手法应用的范例。

央行暗示：未来降息可能性不大

本报讯（张小乐　顾晨颖）中国人民银行日前发布《2008 年第四季度货币政策执行报告》指出，我国与美国的利率水平比较接近，部分利率品种还低于美国，欧元区银行间市场和商业银行存贷款利率总体也高于我国。市场据此普遍认为，这暗示未来进一步降息的可能性不大。（**导语**）

业内人士普遍认为，上述表述暗示着存在降息空间，但短期内降息的可能性不大。央行副行长易刚日前在北大表示，对抗通货紧缩威胁是央行短期内最关心的事情，但未来降息空间不大，零利率区间并不是最优选择。（**解释**）

央行研究局局长张健华上周在上海也表示，如果降到零区间，货币政策操作等于失去了作用。（**引语**）

（《解放日报》2009 年 2 月 25 日）

五、大数据与财经新闻写作

2015 年 9 月，腾讯财经网启动机器人 Dreamwriter 撰写财经新闻，推出的国内第一篇机器人新闻《8 月 CPI 同比上涨 2.0%创 12 月新高》，引发各方关注。[①]

数据新闻是指“基于数据抓取、挖掘、统计、分析和可视化呈现的新型新闻报道方式”。[②] 大数据指信息爆炸时代的海量信息。经过对大数据的加工，可以直接生产出财经新闻。因为人们接收财经新闻，就是要对经济的未来走势进行研判，而大数据生成的产品，可以更为清晰地帮助受众看清市场趋势。华尔街的资本市场通过分析数以亿计的自媒体账号留言，就可以判断出股市的走向，作为新闻信息提供给客户或受众。面对海量的信息，财经记者除了要具备传统媒体所需要的采写编能力，还要运用社会统计研究方法，对数据进行大量重复性的挖掘和分析。

早在 20 世纪 60 年代，美国学者、新闻记者菲利普耶就提出了“精确新闻学”的概念，即运用调查、实验和内容分析等社会科学研究方法来收集资料、查证事实，形成更真实反映社会现实生活的报道方式。但是，精确新闻学更侧重于对数据精确度和因果关系的分析，存在着基于样本选择和因果判断上的误差可能。大数据新闻学的出现是对精确新闻学的量化提升，它通过对全样本数据的相关性进行挖掘获取传统方法范式下无法得到的量化新闻因素，对事件进行全景式呈现和揭示。传统精确新闻学范式下，获取到的信息彼此分立，维度相对单一，而基于大数据的信息处理平台则可以获得包括数字、行为、情感、心理和关系等多维度的复合信息，让财经新闻的报道能够穿越社会表层现象而深入社会发展的内部机制，同时也为围绕财经媒体价值链进行数据产品的多元开发提供了丰富的想象空间。[③]

大数据也为财经新闻报道在信息呈现方式方面提供了巨大的创新空间。过去长期困扰财经记者的一个问题就是如何把复杂的财经图表、庞杂的财经数据及其背后的深度背景关联以浅显易接受的方式传递给目标受众。大数据技术的应用不仅可以通过对多维数据的整合深挖触及以前新闻报道所无法触及的群体行为分析、情感分析和社会分析等层面，而且在数据的呈现方面越来越朝着“趣味、动态、交互”方向发展。[④]

大数据时代，一部分财经新闻稿件可以由机器来“代劳”。这是财经新闻程式性和精准性特征的体现。但是，财经新闻不止这两个特征。财经新闻的专业性、前瞻性、通俗性，必须由财经新闻采编者的创造性劳动才能实现。

---

① 叶青青．网络与新媒体财经报道［M］．上海：复旦大学出版社，2018：36.

② 方洁，颜冬．全球视野下的“数据新闻”：理念与实践［J］．国际新闻界，2013（6）：73.

③ 谭云明．在中财讲财经新闻［M］．北京：中国经济出版社，2016：53.

④ 同③.

机器代替人写作，只是一个辅助工具，它可以帮助人更好地进行财经新闻的传播，而不能完全取代人。

第三节 财经新闻编辑

财经新闻编辑也有一些独特之处，这是由财经新闻的特性决定的。

一、财经新闻编辑应具备的几个意识

（一）财经新闻编辑人员应具备专业意识

财经新闻的专业性，决定了财经新闻编辑人员除了要掌握一般编辑所必需的文字功底和传播学知识外，还必须具有一定的经济学和管理学知识，对经济形势背景有所了解。同时，在日常编辑工作中，要时刻保持专业敏感，在处理稿件或音视频文件时，除了修正文字错误外，还要保证不出现财经专业方面的错误。事实上，在这方面很容易出现失误。例如，某媒体曾经在刊发的文章中出现“张朝阳花400万回购股票”“控股27.3%成为绝对控股的股东”这样的话语，乍看起来并没有什么错误，语法、字词都没问题。但是，从财经专业的角度来看，问题就比较明显了。“回购股票”是指上市公司的核心层为了防止恶意并购，举债大量收购本公司股票并注销，个人花400万元购买股票，完全是个人行为，构不上“回购”。而“绝对控股”要占该公司股份50%以上，“控股27.3%”不属于“绝对控股”。如果负责这篇稿件的编辑人员能够具备基本的财经知识素养并认真编辑稿件，就不会出现这样的错误了。

（二）财经新闻编辑人员应具备“翻译”意识

财经新闻具有超强的专业性，同时，大众传播的属性又要求其具有通俗性。把专业的财经术语和经济学原理“翻译”成通俗易懂的、适合大众传播的语言，是财经记者的任务，更是财经新闻编辑人员的任务。在内容生产过程中，编辑人员是最后的把关人，要对传播质量做最后的把控，要对记者的稿件进行修改甚至二度写作，使稿件变得更加通俗易懂，同时，还要通过策划和版面布局让财经新闻的新闻价值彰显出来。

（三）财经新闻编辑人员应具备“功利”意识

财经新闻受众接收财经新闻，具有一定的功利性，他们希望从中获取对判断市场走向起到参考作用的信息。这种功利性的需求往往要通过财经新闻

编辑人员的努力来得到满足。财经新闻编辑人员对新闻作品的最终传播质量负责，在工作时，要时刻想着受众，即生产者、消费者和投资者，把他们的功利性需求体现在稿件的修改、版面的布局等各个方面。财经新闻所反映的新闻事实一般都比较简单，有的甚至只是一个数字。财经新闻编辑人员要通过版面的安排突出“事实延伸”，报道不能只局限于新闻事实本身，而是要通过材料的安排和背景资料设计，突出新闻的前瞻性，给受众以专业的解读和预测。

（四）财经新闻编辑人员应该具有媒体意识

财经媒体数量众多，在新媒体时代，筹办一个财经媒体门槛很低，财经媒体的数量更是以雨后春笋之势迅速增加。在这样的背景下，财经新闻编辑人员一定要树立媒体意识，清楚地了解自己媒体的总体定位和目标受众，在具体的编辑工作中予以体现。

（五）财经新闻编辑人员应该具有分享意识

新媒体传播与传统媒体传播方式相比，已经发生了革命性的变化。过去那种以媒体为中心的“广播式传播”正在被以分享为特色的“病毒式传播”取代。财经新闻编辑人员要适应这一潮流，树立分享意识，增强传播内容的可复制性，努力引起受众的兴趣，吸引其进行“转发”“分享”，扩大传播范围。在新闻正文页之后设置互动功能，让受众发表自己的感受、观点和意见，靠受众的力量吸引更多的受众。

二、财经新闻传播的内容与形式

任何新闻传播都存在内容与形式的关系问题。内容决定形式，形式反作用于内容。财经新闻的传播内容是对国民经济系统运行状况的反映，具有很强的专业性；而财经新闻又是面向广大的生产者、消费者和投资者，在形式上必须具备通俗性的特征。了解财经新闻的传播内容与形式，是做好编辑工作的前提。

（一）财经新闻的传播内容

从内容上来看，财经新闻涵盖三层系统和外部环境，企业与个人的经济活动，中间层（市场、产业和区域经济），政府宏观调控，国民经济系统的外部环境，都在其报道的范围中。具体来说，包括以下内容：

- 个人的经济活动中有新闻价值的信息。
- 企业的经济活动中有新闻价值的信息。

- 市场供求异动（价格波动）信息。
- 产业（行业）发展中的重大变化。
- 区域经济发展中的重大变化。
- 国家总体战略部署。
- 财政政策和货币政策的变化。
- 国际贸易供求关系重大变化及事件。
- 国际金融重大变化及事件。
- 跨国公司及国际投资的重大变化及事件。
- 政治（军事）环境、自然（生态）环境中对经济有巨大影响的重大变化及事件。

从受众需求的角度来看，可以把上述内容分为两大部分：专业财经新闻和泛财经新闻。

生产者、消费者和投资者都是财经新闻的受众。财经新闻采编人员所做的一切，说到底，都是为这三者服务的。但这三者的需求是存在差别的。投资者尤其是专业投资者，他们对股票、期货、外汇等市场信息格外重视，关注的都是专业性很强的信息。生产者关注的，也是比较专业的、某个市场领域的信息。我们可以把这部分内容称作“专业财经新闻”，是给比较专业的人看的。而广大的消费者和一些偶尔参与投资的“准投资者”，往往更关心和自己生活联系比较紧密的财经新闻，这些新闻专业性并不强，较少使用经济学、管理学术语，可以称为“泛财经新闻”。

（二）财经新闻的传播形式

从形式上来看，财经新闻的传播样式也是比较丰富的。从传统媒体的角度来看，财经新闻传播包括文字、图片、图表、广播音频、电视图像、网页等所有传统媒体的传播形式。而新媒体的表现手法更为多样，H5（第5个版本的描述网页的标准语言）、MG（动态图形）动画、VR（虚拟现实）、AR（增强现实）等能够更加直观、生动、逼真地传播财经新闻。

财经新闻的文字表现形式表现在体裁上。财经新闻的体裁主要有以下几种。

1. 动态消息

动态消息是直接反映最新新闻事实的新闻体裁，也称“纯新闻”“硬新闻”，是最常见的消息类型，能够迅速及时地报道国内外正在发生或新近发生的财经新闻事实。

2. 财经通讯（特写）

财经通讯是以叙述、描写、议论、抒情等多种手法，对财经新闻事件、财经人物、财经问题进行比较详细、生动的报道的新闻体裁。

3. 财经评论

财经评论是社会各界对财经新闻事件发表的言论的总称。由于财经新闻具有前瞻性，所以财经评论是财经新闻传播中运用比较多的体裁。

4. 深度报道

深度报道是一种系统性地反映财经领域重大事件或某一经济问题，深入挖掘和阐明事件的因果关系以揭示其实质和意义，预测对未来市场影响的报道方式。

三、财经新闻编辑要点

（一）用数据说话

新闻报道要“用事实说话”，对于财经新闻来说，数据就是重要的新闻事实，所以从某种意义上来说，财经新闻就是要“用数据说话”。在财经新闻编排上，有意识地、科学地使用数据，可以提高财经新闻的权威性，达到理想的传播效果。2015 年 10 月，中央电视台推出大型数据新闻节目《数说命运共同体》，节目依托国家权威数据库挖掘数据超过 1 亿 GB，通过三维地图与主持人场景位移等技术手段，让沉默的数据“说话”，直观呈现“一带一路”沿线国家之间的联系图景，构建“一带一路”新知识体系。在长时段、大跨度的报道选题中，数据新闻更是以其跨时空的报道优势提示事态发展的历程和规律，展示历史进程主题中宏大叙事框架下的关系和脉络，显现不同于传统新闻报道的宏大叙事风格。①

财经新闻报道在运用数字时，一定要格外认真，财经新闻编辑人员除了一般性的文字校对，还要对数字进行反复核对，一定要全神贯注、如履薄冰、反复揣摩，杜绝数字错误的发生。深圳一家证券报曾出现过数字的错误，在一篇稿件中将“每股收益 3 元多”，错打成“每股收益 8 元多”，结果造成该股大涨，事后又迅速下跌，给股市和投资者带来麻烦，甚至使一些投资者造成经济上的损失。

---

① 叶青青．网络与新媒体财经报道［M］．上海：复旦大学出版社，2018：216.

（二）选题策划要有“卖点”

“卖点”是搜狐网前总编辑吴晨光在总结网络与新媒体新闻编辑规范时提出的概念。“卖点，指可读性。就是某一则新闻是否能吸引更多人阅读，是否能形成最广泛的传播。”① 财经新闻的受众是生产者、消费者和投资者，受众需求具有明显的功利性，其选题策划更要讲究卖点。要根据当前国内外的经济形势，结合重大财经新闻事件，策划对受众投资、消费行为具有指导意义的新闻选题。

（三）综合运用数字技术可视化传播

前面已经提到，新媒体时代，数字技术让新闻表现手法更加多样化，财经新闻编辑人员要积极采用先进传播技术，采用“中央厨房”的方式生产可供各种媒体传播的内容，促进财经新闻传播的可视化传播。

所谓“可视化”，是指将数据进行交互的可视表达，以更生动直观的方式开展财经新闻传播。将财经新闻利用信息图、互动图和可视化视频的形式呈现出来，而不是只用文字和数据表述。信息图在平面媒体已经应用了100多年，但是从来没有像今天这样被普遍运用过。现在的计算机和互联网技术，使信息图的生产非常容易。互动图表，是用计算机代码将数据转化成一个图形来帮助受众理解。互动图表完全是计算机技术的产物。可视化视频，是以视频的形式，利用动态的图表和图标来展现各种数据信息，配以音响效果和声音旁白，具有轻松、有趣的传播效果。

（四）多采用碎片化传播

微博、微信公众号等新媒体的出现，使传播的碎片化特点越来越突出。伴随着移动终端逐步占据传播主力地位，人们也越来越喜欢这种迅速了解新闻事实的传播方式。财经新闻的大部分内容并没有曲折的故事情节，非常适合碎片化传播。财经新闻编辑人员要主动顺应这一趋势，在具体编辑工作中，注意处理稿件或节目的长度，让受众在几分钟的时间里就能够了解新闻内容。

（五）标题制作要吸引眼球

在标题设计方面，要把吸引受众眼球放在首位。在新媒体时代，人们阅读速度加快，进入了“读题时代”。面对着浩如烟海的信息流量，受众往往只看标题，根据标题的诱人程度来决定是否点击阅读文章的内容或收听、收看音视频节目。财经新闻编辑人员应该在制作标题上多下功夫，认真提炼新闻

---

① 叶青青．网络与新媒体财经报道［M］．上海：复旦大学出版社，2018：39.

的核心价值，以最能打动受众的语言把新闻价值彰显出来。

（六）加强专业审核

财经新闻具有极强的专业性，编辑人员要格外小心认真，对稿件进行专业审核，尽量杜绝经济学、管理学方面的专业错误。因为财经新闻事关受众的切身利益，弄不好就会引起经济恐慌，给受众带来巨大的经济损失。

第五章　个人财经新闻传播

财经新闻是对国民经济系统的反映，企业与个人、中间层以及政府三层系统的经济活动是财经新闻的信源。要探讨财经新闻的传播规律，研究如何做好财经新闻的选题策划、采访写作、媒体传播，就有必要将经济学、管理学理论与传播理论相结合，对国民经济三层系统的各个组成部分以及它们共同参与的社会再生产活动进行分析探究。

从本章开始，我们将分别对国民经济系统的各个组成部分以及它们共同从事的社会再生产活动展开研究。本章将对作为国民经济"细胞"的个人及其经济活动展开经济学与传播学的考察，进而探讨如何做好有关个人的财经新闻传播。

第一节　个人的三种身份及其经济活动

在经济系统中，个人是最基本的因素，也是最活跃的因素。我们在这里所言之"个人"指自然人。所谓自然人，是指生物学意义上的人，是基于出生而取得民事主体资格的人。一个自然人要做很多事情，我们这里所讨论的是自然人的经济属性，是探讨作为一个独立个体的人在社会再生产活动中扮演的角色、承担的责任和享有的权利。

一、个人以三种身份参与社会再生产

按照西方古典经济学中的经济人假设，人具有完全的理性，可以做出让自己利益最大化的选择，利益驱动会让个人自主地融入社会再生产过程。在整个社会再生产过程中，个人既是生产者也是消费者，人们共同创造了社会财富，也要获得属于自己的那一份财富。人们在获得社会财富后，不会全部消费掉，剩余的那份财富就可以用来投资理财。从大的方面来说，个人在社会再生产过程中，扮演着"生产者""投资者"和"消费者"三重角色。

（一）生产者

关于“生产者”有狭义和广义两种理解。

狭义的“生产者”，是指在社会再生产过程中，独立从事生产或流通的经营性活动的人员，即现实生活中的“老板”或“经理层”。

狭义的生产者可分为两种情况：

一种情况是企业的领导人，即以董事长或厂长、经理、CEO 等身份出现的个人。他们凭借企业家才能，将生产要素组合在一起，形成企业。企业作为一个独立的经济组织，参与社会再生产活动，而这些领导人是自然人，但他们是企业经营的决策者，是企业人格化的代表，自然也就成了“生产者”。

另一种情况是作为自然人的个人自己就构成了“生产者”。这些生产者指个体工商户、家庭承包经营户和合伙人，他们以自然人的身份经过市场监管部门的批准，依法登记，从事个体工商业经营。或者，农村集体经济组织的成员依法取得农村土地承包经营权，从事家庭承包经营的，为农村承包经营户。这些自然人就是生产的基本单位，是直接的生产者。

广义的“生产者”，是指所有通过某种职业来承担社会再生产过程中的某种职责、参与社会再生产的活动并获得相应回报的个人。

这样的划分标准，不仅可以把那些直接参与社会总产品的生产和流通活动的个人划到生产者的行列，也把那些间接参与社会再生产活动的人，比如，政府官员、教师划到生产者的行列。他们虽不直接参与物质或精神产品的生产过程，但是在整个社会再生产过程中，也参与了管理和培养劳动力等活动，也是生产者。

专门从事证券交易的股票交易员、证券分析师等虚拟经济职业的人，虽然其日常工作是专门从事投资活动，但他们是以其职业活动来参与社会再生产，是一种经营活动，承担着社会再生产过程中满足资金需求的职责，这些从事投资活动的个人，也不算投资者，而要算作广义的生产者。

总之，所有参与社会再生产的个人，都是生产者。换言之，只要是有工作、有收入的个人，都是生产者。

生产者从自身利益出发，关注财经新闻，他们需要从财经新闻中了解国家政策的走向，关注与就业和收入分配有关的信息。同时，他们的活动也构成财经新闻的一个重要来源。狭义的生产者对财经新闻关注的程度要更高一些，也更专业一些。狭义的生产者是财经新闻重要的受众群体。

（二）投资者

个人的“投资者”角色，特指炒股的“股民”、购买基金的“基民”、储蓄的储户等投资于虚拟经济的自然人。具体来说，投资者就是自己出资进行投资理财活动的人。他们出于利益的考虑，把自己闲散不用的钱投入金融机构，以期换来收益，从而使金融活动得以开展，为那些有资金需求的企业和个人提供资金服务。在现代社会，大多数个人会成为投资者。

投资者是财经新闻最忠实的受众，大多数财经新闻是直接或间接为投资者服务的。我们将在后边有关金融市场，尤其是关于股票市场的部分，对投资者的需求做进一步分析。

（三）消费者

个人的“消费者”角色，是指通过消费行为参与社会再生产活动的人。《中华人民共和国消费者权益保护法》第二条规定了“消费”的定义为“为生活消费需要购买、使用商品或接受服务”的行为。根据这一规定，消费者的定义就应该是“为满足生活需要而购买、使用商品或接受服务的个人”。不言而喻，所有活在这个世界上的人都是消费者。消费者往往更关注与自身合法权益相关的财经新闻。

二、个人的经济活动

从社会再生产的角度来看，每个个人都是这部机器上的一个小零件，承担着整个社会再生产过程中的某个小职能，将这些“小职能”汇总到一起，庞大的社会再生产机器就运转起来了。但从个人的角度来看，人们从事经济活动，参与社会再生产，并不是自觉地投身社会再生产系统，主观上是从自身利益出发，为了获得生存和发展的各种物质资料和精神资料，才去从事经济活动，客观上承担着社会再生产的一个职能。所以，作为经济人的个人，其经济活动可以概括为“挣钱”“花钱”“生钱”三类活动。

（一）与“挣钱”有关的经济活动

在货币作为一般等价物的现代市场经济条件下，人们要获得所需要的生活资料，就必须通过与他人交换劳动成果换回货币，再用货币换回自己所需要的一切。所以，人们要挣钱，首先要成为一个“生产者”，或者去求职，或者去创业，在社会上谋得一份职业，才能获得基本的收入来源。人们通过上班或创业的方式，融入社会再生产过程，付出劳动、从事经营活动，都是和“挣钱”有关的经济活动。一方面，人们出于“挣钱”的目的，要了解一些经济信息，构成了对财经新闻的需求；另一方面，在“挣钱”的过程中，产生的一些具有新闻价值的信息，又构成了财经新闻的信源。

（二）与“花钱”有关的经济活动

“花钱”，就是消费。人们要生存，就必须进行消费。在现代市场经济条件下，消费，就要花钱。所以，与“花钱”有关的经济活动，就是个人的消费行为。财经新闻可以为消费者提供助其合理消费的市场信息和商品知识，人们在消费过程中产生的具有新闻价值的信息，也构成财经新闻的信源。

（三）与“生钱”有关的经济活动

人们在取得一定的收入之后，除了消费，还会有所剩余。人们可以拿剩余的钱去进行投资理财，以换取更多的收入。这些活动，可以算是“生钱”的活动。投资理财客观上虽然也能挣钱，但通过这个渠道挣来的钱，并不是人们参与社会再生产活动，通过交换劳动挣来的，而是依靠投资虚拟经济，“钱生钱”挣来的，所以我们把这种活动单独列出来。个人在投资理财过程中所扮演的社会角色，不是生产者，而是投资者。人们进行投资理财，是一种虚拟经济活动，决策的依据主要是市场信息，因而对财经新闻产生强烈的需求。人们在投资理财活动中产生的新闻，也是财经新闻最重要的信源。

三、有关个人的财经新闻报道选题

有关个人的报道，是指作为个人的受众，按他们的需求来策划选题，满足他们的需要。同时，财经新闻也要直接对个人进行采访报道。这部分选题就围绕着财经新闻的采访对象，即“官、学、产、投、消”来展开。

（一）采访官员，进行政策解读

政府官员是经济政策的制定者和执行者，来自政府官员的采访信息是财经新闻的来源。例如，《刘鹤：完全可以实现今年经济发展目标》（2021 年 10 月 21 日，第一财经）。

（二）采访专家学者，对财经新闻加以解读

从事经济学研究的专家学者也是财经新闻重要的信源。一方面，他们的研究对象也是经济系统，他们的学术观点对于人们投资理财会有启发作用；另一方面，他们中的很多人是政府的“智囊”，能够为宏观调控出谋划策，甚至直接参与经济政策的制定，因此，他们的言论也成为财经新闻的来源。例如，《吴晓求、李稻葵呼吁警惕金融风险：地方债务高企，“最可怕是没应对措施”》（2021 年 10 月 21 日，证券之星官方账号）。

（三）采访生产者，讲述财富故事

这里所说的“生产者”指狭义的生产者，即以经营者身份参与社会再生产的自然人。他们既是社会财富的创造者，也是社会财富的占有者。围绕他们的财富故事或富豪排行榜，是财经新闻的来源。例如，《2020 胡润全球富豪榜出炉！马云及其家族再次登顶中国首富》（2020 年 2 月 27 日，澎湃新闻）。

（四）采访投资者，交流投资体会

投资是一项高度复杂且充满变数的活动。人们进行投资操作，最主要的依据就是财经资讯，并凭借这些资讯对未来市场进行研判。因此，他们特别喜欢倾听投资意见领袖的观点，交流投资经验。因此，采访投资者获取的投资体会，是财经新闻的来源。例如，《老艾侃股：外资狂扫逾百亿，内资要珍惜筹码》（2021 年 10 月 21 日，新浪财经）。

（五）采访消费者，倾听消费体验

社会上的每一个人都是消费者，人们的消费行为也需要得到指导，希望能倾听他人的消费经验，这也构成财经新闻的来源之一。例如，《唐彬森谈消费：时代大趋势是降低渠道成本，把钱花在产品上》（2021 年 6 月 23 日，凤凰网财经）。

第二节　收入财经新闻传播

一、个人收入的定义

人类的经济活动，就是为了满足人们的物质文化需求，获得生存和发展所必需的生活资料。人们参与社会再生产，提供劳动、资本或土地等生产要素，直接或间接地为创造社会财富做贡献，自然也可以从这个过程中获得自己的收入。

个人收入是指个人从各种途径所获得的收入的总和，包括工资收入、财产性收入及社会福利收入。

工资是个人通过一定的工作岗位，付出劳动，参与社会再生产获得的劳动报酬。对于大多数人来说，这是收入的主要来源。

财产性收入是指人们将属于自己的一部分财产进行投资，形成了可以从事生产经营活动的资产，直接参与到创造社会财富的过程中，凭借资产的所有权而获得收益权，在企业获得盈利后，将经营利润的一部分变为自己的个人收入。投资兴办企业，当老板，自然会获得财产性收入，即所谓的“所有者权益”。购买股票、出租房屋、参加保险等所获得的收入，包括到银行储蓄所获得的利息，都是凭借自己所有的财产获得的收入，而非劳动所得，都是财产性收入。继承遗产，也可视为财产性收入。经济发展水平越高，人们的财产性收入占总收入的比重就越大。

在现代社会，政府建立了社会保障制度。社会保障是指国家通过立法，积极动员社会各方面资源，对社会成员特别是有特殊困难的社会成员的基本生活权利给予保障的社会安全系统或制度。公民可以享受政府提供的医疗、养老、生育等方面的福利，形成个人收入的第三个来源。这部分收入来源并非劳动所得，也与个人拥有的财产无关，是社会为个人提供的基本保障。社会保障性收入通常和经济发展水平高度相关，经济发展水平越高，社会保障体系就越健全，人们在这方面获得的收入就越高。

当然，除了以上三种途径，也有一些个人可以获得额外的收入，如买彩票中奖、获得赠予等。但这些收入都是个别人偶然获得的收入，不构成主要的收入来源，自然也不在我们的讨论范围内。

二、个人收入的经济学意义和新闻价值

社会主义初级阶段，实行的是多种分配方式并存的分配体制。工资收入是按劳分配的实现方式，是社会主义社会主要的分配方式；财产性收入属于按资分配，人们将剩余财产投入经济活动，对社会也是有益的；社会保障收入则具有按需分配的性质，给劳动者以基本的保障。三种分配形式在社会中占有怎样的比例，如何既体现社会主义按劳分配原则，又能调动各方积极性，促进社会生产力的发展，是重要的经济理论问题，也是广大财经新闻受众所关注的问题。劳动者会从维护合法权益和社会公正的角度，关注国家分配政策的变化，对劳动者维权方面的报道比较关注。经营者会从保护投资者利益和安全的角度，关注国家政治经济形势，对一些学术讨论也会比较感兴趣。

个人收入分配是社会总产品分配的一部分，这就涉及积累和消费的比例关系。在社会总产品既定的前提下，积累和消费是此消彼长的关系。这一比例关系通常可以从个人收入占国内生产总值（Gross Domestic Product，GDP）的比重来考察。个人收入占 GDP 比重小，就意味着积累所占的比重越大，人们个人收入水平过低，会影响劳动力价值的实现，人们生活水平提高不快，就难以通过教育等手段提升劳动力素质，也会造成内需不足，购买力下降，东西卖不出去，社会产品价值难以实现。反之，如果个人收入占 GDP 比重过

大，则意味着积累所占的比重较小，这样会增加社会成本，影响投资规模，加大财政负担，甚至导致政府债务危机。因此，政府宏观调控的一个重要内容，就是通过制定最低工资标准，调整社会福利制度、调整所得税率或财政转移支付等方式来对个人收入进行调节。人们会从自身利益出发，关注国家经济发展，也会直接关注最低工资标准、养老金标准、个人所得税起征点等方面的政策变化。

在现实经济生活中，由于人们的天赋秉性存在差别等，人们的收入会产生差异，这就会产生公平与效率的矛盾。如果收入差别太小，那么实行平均主义，就不利于调动人们的积极性，影响生产效率的提高；如果收入差别过大，那么会产生分配不公、贫富差距过于悬殊等社会矛盾，导致消费畸形发展，影响社会稳定，也不利于经济健康发展。

基尼系数是国际上用来综合考察居民内部收入分配差异状况的一个重要分析指标。基尼系数是由意大利经济学家基尼提出的，指在全部居民收入中，用于进行不平均分配的那部分收入占总收入的百分比。基尼系数最大为1，最小等于0。前者表示居民之间的收入分配绝对不平均，即100%的收入被一个单位的人全部占有了；而后者则表示居民之间的收入分配绝对平均，即人与人之间收入完全平等，没有任何差异。但这两种情况只是在理论上的绝对化形式，在实际生活中一般不会出现。因此，基尼系数的实际数值只能介于0~1，而不会真的等于0或1。由于基尼系数给出了反映居民之间贫富差异程度的数量界限，可以较客观、直观地反映和监测居民之间的贫富差距，预报、预警和防止居民之间出现贫富两极分化，因此得到世界各国的广泛认同和普遍采用。国际上通常把基尼系数值0.4作为收入分配差距的“警戒线”，超过这一标准，就表明收入差距悬殊，财富分配非常不均。

人们对收入差别有着天生的敏感，因此，对于基尼系数的有关报告数据、富豪的收入排名、明星天价片酬等新闻会比较关注。

三、个人收入方面的报道选题

（一）对统计数据的解读

政府有关部门会对收入分配方面的数据加以公布。人们会从关心自己利益以及社会公平的角度来关注这些数据。对这些数据进行分析，请专家或官员解读，是财经新闻的重要来源。例如，《国家统计局：2021年前三季度全国居民人均可支配收入26265元》（2021年10月18日，新华网客户端）。

（二）劳动和社会保障政策方面的报道

每个人都会涉及社会保障问题，绝大多数人会涉及劳动者权益问题。劳动与社会保障政策方面的问题，会牵动每一个老百姓的心。财经媒体要帮助受众解决劳动和社会保障政策方面的疑惑，围绕劳动和社会保障方面政策的解读来策划选题，解决受众的实际问题。例如，《新就业形态劳动者权益如何保障？全国多地构筑“保护网”》（2021 年 8 月 29 日，人民网）。

（三）收入分配维权方面的报道

在现实生活中，围绕收入分配会产生一些纠纷，这些纠纷既与劳动者的合法权益有关，也与劳资关系有关。财经媒体客观中立地报道分配维权事件，维护各方的合法权益，构成财经新闻报道的重要组成部分。例如，《学而思拖欠工资老师拉横幅维权？回应：系商务合作纠纷》（2021 年 10 月 15 日，东方财富网）。

（四）税务方面的报道

税收是调节分配的重要杠杆，所得税直接与人们的收入有关，人们自然会十分关注。所得税以外的税种出现税率调整等方面的变化，也会直接或间接触及人们的分配问题。因此，与税务相关的报道成为反映个人收入的财经新闻报道的重要部分。例如，《房地产税重磅！全国人大常委会授权国务院在部分地区开展改革试点》（2021 年 10 月 24 日，中国网）。

第三节　消费财经新闻传播

一、消费的类型

消费是人类通过消费品满足自身欲望的一种经济行为。消费者是指出于个人目的购买或使用商品和接受服务的社会成员。在现代社会，每个人都生活在经济社会中，谁都离不开消费，所有人的所有需求，都要通过购买商品或服务以及消费来实现。

消费者的需求数不胜数，但从根本上来说，消费者的生活消费包括两类：一是物质资料的消费，如衣、食、住、行、用等方面的消费；二是精神消费，如旅游、文化教育等方面的消费。

人们的消费行为可以分为不同的类型，大致有以下三种分法。

- 按消费对象，可以分为有形商品消费和劳务消费。

- 按交易方式，可以分为钱货两清的消费、贷款消费、租赁消费。
- 按消费目的，可以分为生存资料消费、发展资料消费、享受资料消费。

二、消费者权益

消费者所享用的消费品是生产者制造的。生产者提供这些产品的目的是获取利润。在客观上存在着损害消费者利益，而使生产者利益最大化的动因。随着商品经济的发展，保护消费者的合法权益成为社会的共识。

消费者权益是指消费者在有偿获得商品或接受服务时获得的，以及在以后的一定时期内依法享有的权益，是在一定社会经济关系背景下适应经济运行的客观需要，赋给商品最终使用者享有的权利。

1962 年 3 月 15 日，时任美国总统约翰·肯尼迪在美国国会发表了《关于保护消费者利益的总统特别咨文》，首次提出了著名的消费者的“四项权利”：有权获得安全保障；有权获得正确资料；有权自由决定选择；有权提出消费意见。

肯尼迪提出的这“四项权利”，在以后逐渐为世界各国消费者组织所公认，并成为最基本的工作目标。1983 年国际消费者联盟组织确定每年的 3 月 15 日为“国际消费者权益日”。

三、消费活动的经济学意义和新闻价值

按照经济学理论，人类所有的经济活动都源于需求，而消费正是满足需求的活动。需求是消费者具有货币支付能力的实际需要，消费者愿意拿出钱来消费，需求才能得到满足。所以，只有消费行为发生了，供给与需求才有可能趋于平衡。可见，消费是决定社会经济健康平衡发展的基础。

按照马克思社会再生产理论，只有生产生产资料的第一部类与生产消费资料的第二部类保持合理的比例关系，两大部类的交换得以顺利进行，社会总产品的价值才能实现，社会再生产才能顺利进行。在社会再生产“生产、分配、交换、消费”四个环节中，消费是一个周期的终点，其实也可以看作下一周期的起点。生产、分配、交换都以消费为最终目的。只有消费环节顺畅进行，整个社会再生产才能顺畅进行。

消费是拉动经济增长的重要力量。消费和出口、投资是拉动经济增长的“三驾马车”。强劲而健康的消费在满足需求的同时又刺激产生更大的需求。出口是为了满足“外需”，而中国国内市场的需求则形成“内需”。消费作为

拉动经济发展的“三驾马车”的作用，是通过内需来实现的。在面对来自外部的压力时，内需就是保证经济稳步发展的“定海神针”。2020 年 7 月 30 日召开的中共中央政治局会议指出，“必须从持久战的角度加以认识，加快形成以国内大循环为主体、国内国际双循环相互促进的新发展格局”。这是党中央基于国内外形势做出的重大战略部署，也反映出消费在增加中国经济韧性方面的重要作用。

消费如此重要的经济意义促成了同样重要的新闻价值，广大财经新闻受众对消费领域的新闻十分关注。

首先，消费状况是判断经济形势的重要观测点。消费在社会再生产过程中的重要作用，在现实经济生活中会有所体现，人们的消费意愿直接影响经济走势。每当经济危机爆发时，都是人们捂紧钱袋子不敢花钱的时候。而当消费需求旺盛时，市场一片繁荣景象，一般就是经济高涨的先兆，新的危机也许正在酝酿中。人们（尤其是生产者）可以通过“消费景气指数”“商品零售额”“CPI”等指标来观测消费状况。

其次，消费状况会对宏观经济政策产生重大影响。政府宏观调控会针对市场情况出台相应的政策。经济萧条时，出台积极的财政政策、宽松的货币政策；经济过热时，则会调整政策，增加税收、减少财政支出，实行紧缩的货币政策，给经济降温。宏观经济政策变化，尤其是货币政策的变化，会对资本市场产生极大影响，从而影响股市走向，投资者会格外关注。

最后，消费者自己也会十分关注消费领域的新闻。消费习惯发生改变、商品价格异动这类的财经新闻，是消费者比较感兴趣的话题。消费者可以根据这些信息来了解消费趋势，做出正确的消费决策。同时，消费者对于维护消费者权益的报道自然也是十分热衷的。

四、消费方面的报道选题

（一）消费维权方面的报道

消费维权方面的选题一般以曝光为主，对产品质量问题，尤其是食品质量问题的曝光，可以帮助消费者远离假冒伪劣商品；对于不良商家运用欺诈手法蒙骗消费者的行为，予以揭露；配合有关部门，帮助消费者解决消费纠纷；等等。消费者是人数最多的受众，因此，有关消费维权的报道就成了财经新闻的重要来源。例如，《8000 多元收藏酒刚到手就漏酒　快递员自行签收导致消费者陷入维权困境》（2021 年 10 月 25 日，《扬子晚报》）。

（二）报道有关部门打击侵害消费者权益的活动

政府部门打击不法商家侵害消费者权益的活动，是深受百姓欢迎的报道选题。财经媒体应该及时报道政府的有关举措，让普通百姓了解活动的意义。例如，《“明星都在用”的“亮晶灵”挤眼贴翻车！消保委调查发现……》（2021 年 10 月 25 日，《中国消费者报》）。

（三）对消费中存在的问题进行提醒式报道

在商品交换过程中，消费者处于弱势地位。对于商品知识、价格状况等信息，消费者是比较欠缺的。而一些不轨商家为了利益会巧立名目，在市场上布下各式各样的陷阱，财经媒体针对市场上出现的形形色色的“消费陷阱”，要进行曝光，予以警示和揭露。例如，《又见双十一，说出你遭遇的消费陷阱，我们一起维权！》（2021 年 10 月 19 日，新浪财经）。

第四节　就业和创业财经新闻传播

一、就业与创业

（一）求职就业

个人要想在社会立足，获得自己生存和发展所必需的生活资料，就必须参与到社会再生产过程中。对于大多数人来说，参与的方式，就是找到一个工作岗位，通过从事某种职业的方式为社会提供某种服务，从而获得收入。因此，求职就业就成了个人一项重要的经济活动。为了获得一份好的工作，个人要投入资金和时间，通过教育培训，掌握一定的劳动技能，找到理想的工作。

（二）创业

有些人选择创业，自己当老板。他们将自己的一部分财产投入创业项目中，将资本和生产要素结合，创办一家企业，自主进行经营决策，为社会提供某种产品或服务，如果得到市场的认可，产品适销对路，企业就能进入良性循环，获得盈利，创业者个人就会获得财产性收入。当然，创业也要承担风险，对自己的经济行为负责。

二、就业与创业活动的经济学意义和新闻价值

就业是指在法定年龄内的有劳动能力和劳动愿望的人所从事的为获取报

酬或经营收入进行的活动。从经济系统论的角度来看，人，是最重要的生产要素；就业，是人们通过从事某种岗位参与社会再生产而获得报酬的活动。就业是有效需求产生的源泉，只有尽量追求充分就业，社会经济才能发展。因此，就业率（失业率）是评价宏观经济状况的重要指标。就业是最大的民生，是和谐社会的重要“稳定器”，促进就业有助于提高人民生活水平，有利于人民安居乐业，社会和谐稳定，为全面建成小康社会提供重要支撑。

创业是指创业者将资源进行有效整合，以经营活动的组织者身份参与社会再生产，承担市场风险，享受市场收益的活动。创业也是就业的一种方式，但与普通就业方式相比，创业要承担很大的市场风险。创业是一种创新活动，需要创业者以企业家身份才能发现市场空白点，找到企业的生存空间，并能通过自己的组织整合能力，有效地进行生产经营活动，获得收益，实现人生的价值。国民创业意识强不强，是否具备良好的鼓励创业的环境，是一个经济体是否充满活力的重要标志。“大众创业，万众创新”是我国大力提倡的国策。

从新闻传播的角度来看，就业与创业都是和普通受众的生活息息相关的，自然就成为其关注的内容。有择业需求的受众，尤其是年轻受众，会对社会总体就业状况、国家促进就业的政策、劳动力供给情况等信息比较关注。有创业意向的受众，会对创业故事、财富故事比较有兴趣，对国家促进“大众创业，万众创新”方面的优惠政策格外关注。即使没有就业、创业需求，广大受众也会出于对经济状况的关注，对就业、创业方面的新闻比较有兴趣。

三、有关就业与创业方面的报道选题

（一）国家统计局等部门公布的相关数据

有关就业的数据，是宏观经济重要观测指标，也是经济形势风向标；而创业方面的数据，则是经济是否具有活力的重要体现。广大受众不仅关注就业和创业本身的信息，而且会从预判经济形势走向的角度，关注就业、创业方面的相关数据。财经新闻要及时报道这些数据，并结合数据来策划选题加以解读。例如，《前三季度全国城镇新增就业 1045 万人》（2021 年 10 月 19 日，光明网）。

（二）政府扶持政策的报道

政府扶持就业和创业的有关政策，是保障民生的重要手段，也是刺激经济的有效途径。受众会从自身利益出发关注这些信息。对于政府出台的优惠政策，要第一时间让百姓知道，而且有相关解读，用通俗的语言让受众了解政策。例如，《国务院再推保就业减负大礼包，关注平台企业责任》（2021 年 5 月 13 日，第一财经）。

（三）对就业市场资讯的报道

随着经济的发展，就业市场对人力资源的需求会发生变化。财经新闻要时时关注就业市场的这些变化，为受众提供可供其参考或警示的信息，为他们的求职、就业提供指导。例如，《这些专业多年被教育部亮红牌！现在知道还来得及》（2021 年 6 月 30 日，搜狐财经）。

第五节　理财财经新闻传播

一、投资理财

投资理财是个人重要的经济活动。人们在获得收入后，通常不会把赚来的钱全部用于消费，而是会有一定的盈余。于是，便有了另一种经济活动——投资理财。所谓投资理财，是指投资者通过合理的财务安排，将自己的财产投入社会再生产过程，获得财产性收入的活动。投资理财的基本公式为：

收入-支出=盈余

投资理财就是把盈余的钱拿出来，通过一定的金融产品，投入社会再生产过程中，参与社会财富的创造过程。投资会有回报，个人可以通过投资理财活动，让手中的余钱“钱生钱”，牺牲眼前的享受，换取未来更丰厚的回报。

随着经济的发展，个人收入的增多，人们的“闲钱”会越来越多。与此同时，金融业也会获得空前发展，创造出更多的金融产品，为人们的投资理财提供更多的机会。

可供选择的理财方式如下。

（一）储蓄

个人将盈余的钱存到银行，银行为储户按一定的利率支付利息。这是最简单、最保险的理财方式。

（二）购买银行理财产品

银行的理财产品，原理与储蓄是一样的，都是把储户闲散的资金集中起来，投给资金紧张的企业，企业赚钱后支付一定的利息。但理财产品又不同于储蓄，一般周期比较长，要长期占用资金，虽然利息可能会多一些，但要承受风险。

（三）购买保险

保险具有保障和理财双重功能。保险的保障功能，可以使保民增强抵御风险的能力，让生活更安定，其实也是一种理财活动。而保险的理财功能，就是保险公司会为保民提供具有理财属性的保险产品，其实与理财产品差不多。

（四）购买基金

这里所说的基金是指投资基金，是专门把个人闲置的资金集中起来，由专业人士进行投资，再将收益的一部分分给购买基金的人。在互联网时代，购买基金变得非常便捷，起点也更低。

（五）购买债券

政府和企业为了解决资金问题，都会发债券。债券的本质就是“借条”。一般“借期”都比较长，回报也比较高，但是因为未来有比较强的不确定性，购买债券也是有风险的。

（六）收藏

收藏名画等艺术品，待收藏品升值。从事收藏需要有相当的专业知识，还要禁得住时间的考验。

（七）投资贵金属

马克思说“金银天然不是货币，但货币天然是金银”。金银等贵金属，化学性质稳定，产量有限，在历史上曾经作为货币来流通，具有比较强的保值增值属性，十分适合用作投资理财。贵金属包括黄金、白银、铂金、钯金等，其中以黄金占比最大。

投资黄金主要有以下途径：

（1）投资金块、金币、黄金饰品等实物黄金，保值功能强，但要长期占用资金，有一定的交易成本。

（2）投资纸黄金，即记账黄金，通过赚取买卖差价获取利润，并不进行实物交割，只需在黄金账户记录买卖交易，并在指定资金账户收付款项，操作简便、资金流动性强，但具有一定投机性。

（3）投资黄金股票，即投资于金矿公司向社会公开发行的股票，间接投资黄金市场，这种投资方法技术性比较强。

（4）投资黄金基金，即购买专门以黄金或黄金类衍生交易品作为投资媒介的一种共同基金。

（八）投资股票

股票就是“投资凭证”，是股民通过股市购买股票，将资金注入企业，可以获得分红，可以在二级市场低买高卖赚钱。有关股票的内容，本书有专门章节进行研讨。

（九）投资期货

期货是相对于现货交易的一种交易方式，是指由买卖双方通过交易所签订合约进行交易，并指定在未来的某一特定时刻交割的货物。进行期货交易的商品必须具备下列条件：一是流通量大，有大量的买主和卖主；二是价格多变、波动频繁；三是商品的品质、等级、规格便于区别，容易划分；四是可储藏，能保存一定时期。

期货交易具有价格发现和套期保值的功能。价格发现功能是指通过期货市场买卖双方不断对期货合约交易转让，使交易价格不断趋向各方共同接受的价格；套期保值功能是指投资者在期货市场与现货市场进行相反的操作，实现盈亏相抵，进而使自己的商品达到保值的目的。

由于期货市场就是一个价格博弈的场所，因此期货投资具有相当的投机性，投资者根据自己的判断买进或卖出期货，预测正确就会获利，预测错误就会亏损。

（十）投资房地产

房地产作为不动产，具有一定的稀缺性，购买房产可以满足个人居住的需要，同时，也可以将房地产作为投资品，以期房价进一步上涨而从中谋利。在房价不断上涨周期，购房可以获得巨大的回报。但是，房地产投资周期长，占用资金多而流动性较差，一旦判断失误，赶上房地产价格下跌的周期，就会使投资者陷入危机，甚至引发全社会的经济危机。2008 年的国际金融危机，其导火索就是美国房价的大幅下跌。

（十一）投资外汇

投资外汇是指从外汇市场利用汇率的涨跌，赚取差价。

既然是投资，就是有风险的。上述 11 种金融工具的风险，从上到下，越来越大。最保险的是储蓄，最难操作、风险最大的是投资外汇。所有的理财方式原理都是一样的，即将闲散的资金集中起来，用于社会再生产过程，从所创造的社会财富中分出一部分回馈给投资者。但是，在现实生活中，投资理财活动是充满了陷阱和“忽悠”的。虚拟经济可以脱离实体经济进行自我循环，零和博弈，普通投资者要时时小心为好。

二、投资理财活动的经济学意义和新闻价值

投资理财项目众多，但其基本原理是一致的，即将过去和现在的收入留存下来一部分，形成资产，通过投资的方式参与到社会再生产过程中，以期未来获得财产性收入的活动。投资行为可以分为直接投资和间接投资两种情况。投资股票等资产，投资者明确知道自己的资金去向，这属于直接投资；储蓄、购买基金等投资，投资者并不知道自己的资金用于哪里，这属于间接投资。投资理财行为可以扩大社会再生产规模，有利于集中社会财富发展经济。但这些活动都是虚拟经济活动，存在一定的风险。

从新闻传播学的角度来看，现代社会大多数人都会不同程度地参与投资理财活动，因此与之有关的内容，就成为重要的财经新闻来源。投资者和生产者都是这部分财经新闻的忠实受众。

投资理财涉及的面比较广，这方面的信息内容十分庞杂，受众的需求也是多方面的。前面提到的 11 种投资理财项目，每种都是一项专门的学问。人们对这一领域出现的典型案例，尤其是一些对普通投资者具有警醒作用的投资骗局，更是极为关注的。

三、有关投资理财方面的报道选题

（一）“投资陷阱”的警示报道

投资理财是金融专业人士与普通百姓之间的交集所在。双方存在着明显的信息不对称。对于投资理财方面存在的各种“陷阱”，财经新闻要及时予以曝光，提醒广大受众远离“投资陷阱”。例如，《辨别理财陷阱：收益高于黑社会高利贷的都是骗子》（2015 年 11 月 16 日，东方财富网）。

（二）规范理财产品的法律法规出台

投资理财市场鱼龙混杂，但绝不是法律盲点。政府针对投资理财界会出台一些监管法律法规。财经新闻要及时报道法律法规的出台信息，同时要做好解读。例如，《资管新规过渡期延长？银保监会：将根据实际情况研究》（2019 年 12 月 20 日，新浪财经）。

（三）理财故事

人们总是对财富传奇故事比较好奇，这也是一个永恒的话题。这类选题难免落入俗套，但人们总是乐此不疲、津津乐道。财经新闻要注意在传播这类内容时做好解释说明。例如，《80后夫妻晒6年理财生活：总资产从零到250万》（2011年2月16日，中国新闻网）。

第六章　企业财经新闻传播

在经济系统中，处于最基层、构成经济“细胞”的是企业和个人。他们是社会财富的创造者和消费者，也是财经新闻重要的信源。在第五章，我们探讨了个人财经新闻传播，本章要考察企业的经济行为以及由这些行为产生的财经新闻传播。

第一节　企业的本质

一、企业的概念

企业是以营利为目的的独立的经济组织。

企业是一个组织。它是许多自然人的集合，但它并不是自然人的简单相加，而是具有独立法律地位的法人。作为组织，企业有严密的组织结构和由法律规定的章程。有些自然人的组合，比如家庭，就不具备“组织”的特点，也就不能称为“企业”。尽管有的时候个人以家庭为单位来进行商品生产和流通的活动，比如，农村家庭联产承包经营，但仍然是以独立的自然人身份组合到一起的，不具有法人地位，自然也不是企业。

企业是一个经济组织。与政府、社团、慈善机构等组织不同，企业是以独立的法人身份直接参与社会再生产，并专门从事社会总产品的生产或流通活动的经济组织。

企业是独立的经济组织。企业须经过国家市场监管部门的审核依法注册方可成立，享有独立法人资格及相应的权利和义务，进行自主的经营决策。而一些从事生产和流通的机构，比如，工厂中的车间、产品销售部等，如果没有独立注册，没有取得法人资格，即使具有比较强的独立性，也不能称为“企业”。

尽管在财经新闻写作传播过程中并不会直接引用“企业”的概念，但是，财经新闻采编人员应该对这一概念有比较深入的认识，这样才能了解企业的本性，做好关于企业的财经新闻报道。

二、企业的分类

根据《公司法》《合资企业法》《中外合作经营企业法》《外资企业法》《个人独资企业法》等法律法规，针对设立条件、资金来源的不同等条件可以将企业进行如下分类。

企业法定分类的基本形态主要是独资企业、合伙企业和公司。

独资企业指一人投资经营的企业。独资企业的投资者对企业债务负无限责任。基本是以自然人身份参与市场经营。尽管独资企业在法律上属于企业范畴，但在国民经济系统分类中，其实是以“个人”身份出现的。

合伙企业指由各合伙人订立合伙协议，共同出资，共同经营，对企业债务承担无限连带责任的企业。合伙企业也具有某些自然人的属性，也属于“个人”的身份。

公司指由股东共同出资，依法注册成立，以盈利为目的的企业法人。与前两种企业形式不同，公司完全失去自然人的属性，是具有民事权利和负责民事义务的组织。公司制企业主要有两种形式：

（1）有限责任公司。《公司法》规定公司出资人为2~50人，经营规模较小，组织机构比较简单，不能公开发行股票。

（2）股份有限公司。指注册资本由等额股份构成，股东以认购股份承担有限责任。可以发行股票融资。股东人数众多，无上限，实现了所有权与法人财产权的分离。

在理论界，出于研究问题的需要，也可以按所有制进行分类，将企业分为国有企业、集体所有制企业、私营企业和混合所有制企业。

国有企业指由国家出资兴建、产权归国家所有的企业。在现实生活中，由政府代表国家来对国有企业进行资产管理。地方政府也可以投资兴建国有企业。政府对国有企业影响比较大。

集体所有制企业指财产属于劳动群众集体所有，企业成员共同劳动，实行以按劳分配为主体的社会主义经济组织。

私营企业是由一名自然人投资经营，投资者对企业债务承担无限责任的企业。

混合所有制企业是由公有资本与非公有资本共同参股组建而成的新型企业形式，是经济体制改革的产物。

了解企业的分类，也是做好有关企业财经新闻报道的前提条件。企业所有制关系的变化，有时也具有新闻价值，可以直接作为财经新闻选题。

三、企业的创立与破产

（一）企业的创立

一家企业的创立，首先要有自然人作为发起人，确定一个能够满足某种市场需求的项目，动员人、财、物资源，获得资金等各种经营要素，就可以算是经济上的创立了。

在开展具体业务之前，企业必须完成法律上的设立，要根据《个人独资企业法》《合伙企业法》《公司法》等企业法，在市场监管部门注册，这样才能具备法人资格，自主地开展经营活动。

合伙企业的合伙人至少为 2 人以上，承担无限责任，由各合伙人协商制定合伙协议，以书面形式决定相互间的权利和义务。个人独资企业为一个自然人，且只能是中国公民，投资人可以个人财产出资，也可以将家庭共有财产作为个人出资，承担无限责任。

要创办公司，发起人在募集到必需的资金，确定好营业场所、公司名称及营业范围的前提下，就可以到市场监管部门进行登记设立。有限责任公司的股东一般在 50 人以下，股东可以用货币出资，也可以用实物、知识产权、土地所有权等作价出资；股份有限公司发起人既可以是自然人，也可以是法人，发起人应当在 2 人以上 200 人以下，公司注册资本的最低限额为人民币 500 万元。

公司设立指公司的设立人根据《公司法》等相关法律的规定，依照法定的条件和程序，为组建公司并取得法人资格而必须采取和完成的法律行为。公司设立的方式有发起设立和募集设立两种。

发起设立指公司的全部股份或首期发行的股份由发起人自行认购而设立公司的方式。有限责任公司只能采取发起设立的方式，由全体股东出资设立。股份有限公司可以采用发起设立的方式，也可以采取募集设立的方式。

募集设立指发起人只认购公司股份或首期发行股份的一部分，其余部分对外募集而设立公司的方式。募集设立既可以通过向社会公开发行股票的方式设立，也可以通过不发行股票而只向特定对象募集而设立。由于募集设立的股份有限公司资本规模较大，涉及众多投资者的利益，故各国公司法均对其设立程序进行严格限制。

（二）企业破产

企业在经营过程中会产生债务，当企业的债务超过资产，即出现资不抵债的现象时，或者虽然企业没有出现资不抵债的情况，但是由于某种原因无力偿还债务，该企业的生命就走到了尽头，无法再继续存活下去了，这就是经济学意义上的破产。法律意义上的破产指相应的法律手段和法律程序，是债务人不能清偿债务时适用的偿债程序和该程序终结后债务人的身份地位受限制的法律状态。

《公司法》规定，依法宣告破产的公司，由法院依照有关法律，组织股东、有关机关及有关专业人员成立清算组，对公司进行破产清算。公司清算后，清算组应当制作清算报告，报股东会或者有关主管机关确认，并报送公司登记机关，申请注销公司登记，公告公司终止。

对于已经无力回天的企业来说，申请破产可以免除债权人追讨债权的烦恼，企业的股东可以避免承担因对企业财产管理失职的法律责任；对员工来说，可以得到妥善安置，优先补缴欠缴的各项社会保险费用、补发工资，并得到解除劳动合同的补偿金；对国家来说，可以优先收回欠缴的税金；对债权人来说，有的债权（如银行的担保债权、建筑工程施工款等）可以优先得到偿还，普通债权可以得到平均清偿。

企业破产过程中，还可能会起死回生，进行破产重组。破产重组，指企业无力偿还债务而资不抵债时，管理层可以向法院申请破产重组。法律允许该企业管理层向债权人提出一个重组方案，延期归还债务，停止发放股息。

债权人从自身的利益出发，有可能会同意债务重组。因为，一旦立刻让企业破产，实施财产清算，最后的残值可能所剩无几，而经过债务重组，企业有可能度过萧条期，重新焕发活力，产生丰厚的利润，在后现金流中得到偿还债务的资金。破产重组的方式，主要是债务重组，即债权人放弃全部或部分债权，进行“债转股”，即把债权转化为股权。如果，债权人综合权衡利弊，充分考虑企业状况和市场前景，愿意进行债务重组，企业就可能得以保留；如果没有债权人乐意接受重组方案，企业就只能走上破产的道路了。

一般来说，一家企业创立或破产，并没有多大的新闻价值，也就不构成财经新闻，但如果是具有影响的企业创立、转制或破产，对整个经济系统有重大影响，就可以作为财经新闻选题来传播。

四、企业的经济学意义与新闻价值

企业是国民经济的“细胞”，是社会再生产的主要承担者、社会财富的主要创造者。企业具有“经济人”的属性，天生就具有追求利益最大化的本能冲动，会自主地开展经济活动，通过满足市场的某种需求，谋求利益最大化。

（一）企业产权

企业一旦设立，就具有独立的产权。产权是经济所有制关系的法律表现形式，是财产所有者对合法财产的占有权、使用权、处置权和收益权的总和。在市场经济条件下，产权的属性主要表现在三个方面：产权具有经济实体性、产权具有可分离性、产权流动具有独立性。

产权的功能包括激励功能、约束功能、资源配置功能、协调功能。激励功能指通过产权的界定，可以让投资者获得收益权，从而激励其投资并搞好企业的经营；约束功能指产权制度通过法律法规对产权主体形成约束；资源配置功能指在市场机制下，资本会流向那些市场稀缺供应相对短缺的领域，以获得最大的经济效益，从而实现资源的合理配置；协调功能指通过明晰产权，使产权主体能够自主而高效地运转，从而形成整个社会再生产体系的有序运转。

以法权形式体现所有制关系的科学合理的产权制度，是用来巩固和规范商品经济中财产关系，约束人的经济行为，维护商品经济秩序，保证商品经济顺利运行的法权工具。

社会对企业产权的尊重和保护程度，是社会进步的标志，也是有效调动企业积极性从而使其更好地为社会经济发展做出贡献的保障，这方面的有关活动具有新闻价值，可以成为财经新闻选题的方向。

（二）竞争与垄断

营利是企业的天职。企业出于营利的目的，自发地进行生产、流通或服务活动，为社会提供产品和服务，从社会中获得回报。企业应该承担一定的社会职责，但企业最大的社会职责就是为社会提供社会财富，否则社会经济将难以运转。至于非营利性的社会责任，要视企业状况量力而为，不能影响主业。

微观经济学的研究重点就是企业。按照西方经济学的观点，企业被称作“厂商”，厂商是市场经济中生产要素的基本组织单位。厂商关注的是成本和利润。厂商为进行生产购买生产要素而支付的代价是厂商的成本。市场是从事某一特定商品买卖的场所或接触点。厂商为市场生产产品，产品销售出去，销售价格扣除成本，是厂商获得的盈利。厂商提供的产品差异性越强越稀缺，价格就越高，厂商获得的利润也就越多。

企业在市场经济环境中，应该靠提高劳动生产率，为消费者提供适销对路的商品来取胜。但是，企业趋利的本性也可能会使其采用不光彩的手段进行不正当竞争。所谓不正当竞争，指经营者以及其他有关市场参与者在与其他企业的竞争中采取违反公平、诚实信用等公认的商业道德的手段去争取交易机会，或者破坏他人的竞争优势等不当行为，如商业毁谤、商业贿赂、窃取商业秘密、虚假广告等。不正当竞争会损害消费者和其他经营者的合法权益，扰乱社会经济秩序。

企业自由竞争还会产生的弊端就是垄断。垄断指少数企业通过协议的方式形成对某一行业产品生产和销售的控制。随着社会经济的发展，资本会不断地集中，当一个市场上留下为数不多的企业时，这些企业就很容易达成协议，形成垄断。垄断会使企业失去发展的动力，靠垄断价格来获取超额利润。政府宏观调控应该防范垄断的发生，《中华人民共和国反垄断法》（以下简称《反垄断法》）就是一个有力的武器。在法律框架下，政府会采取处罚措施防止垄断的发生，情节严重时，甚至可以强制分拆构成垄断的企业。

根据产品差别程度以及对产量和价格的控制程度，厂商一般分为四类：完全竞争、完全垄断、垄断竞争和寡头垄断。完全竞争指一个市场中没有能够形成影响市场走势的企业，处于完全竞争状态；完全垄断指一个市场中自由竞争被严重破坏，与完全竞争市场呈对立状态；垄断竞争指介于完全竞争和完全垄断中间的状态，亦即垄断和竞争同时存在的市场；寡头垄断指少数几个企业就能控制整个市场。不正当竞争和垄断，是企业备受诟病的行为，会损害消费者和投资者的利益，自然也就成为他们关注的对象。这些方面的信息可以作为财经新闻选题加以报道。

（三）企业的外部性

企业是市场经济的主体，是社会财富的创造者。企业也是经济人，趋利是企业的本性，这一本性会驱使它自主地寻找市场空白点，千方百计地提升企业经营管理水平。从这一点来看，企业是社会再生产的主要力量，政府应该为企业服务。另外，企业具有外部性，外部性指的是企业或个人向市场之外的其他人所强加的成本或效益。① 亦即企业的行为会对他人和社会造成受损或受益的情况。企业的行为对社会产生正面影响，如参加募捐等公益活动，即正外部性；反之，企业的行为使他人或社会受损，如排出废水、污染环境，

---

① 保罗·萨缪尔森，威廉·诺德豪斯．经济学［M］．北京：人民邮电出版社，2008：31.

就是负外部性。

政府要为企业创造良好的外部环境，鼓励企业的正外部性行为，限制企业的负外部性行为。当今，政府对负外部性通常要比对正外部性更为关注。随着社会人口日益稠密，能源、化学和其他原料产量不断提高，负外部性或负的溢出效应已逐渐由微小的麻烦变成了巨大的威胁。这正是需要政府进行干预的地方。①

企业正负外部性有关的经济行为都是投资者、消费者所关注的，与此有关的一切行为，都具有新闻价值，可以在受众中广泛传播。

五、与企业本质有关的财经新闻选题

（一）产权纠纷

公司在内部或外部发生产权纠纷时，往往会引起广大受众的关注，特别是悬念比较多的时候，更会成为新闻热点。大多数的财经新闻故事性比较差，但这一类的财经新闻是个例外。例如，《万科之争：公司所有权与控制权的矛盾》（2016 年 12 月 6 日，新浪财经）。

（二）企业战略变化

上市公司进行重大战略调整属于重大的新闻事件，常常会引起广大财经新闻受众的关注。因为这种调整会让企业发生重大改变，对资本市场会产生一定的冲击。例如，《百世集团公布 2020 年第四季度及全年业绩　战略调整计划成效初显》（2021 年 3 月 11 日，东方财富网）。

（三）重要企业设立与破产信息

一些关系国计民生或国家重大战略的企业设立，以及一些知名企业的破产，都会给市场造成重大影响。财经新闻受众会从判断未来经济形势的角度关注这些新闻，也会从关心时事的角度来看待。例如，《又一个行业巨头倒下！国内最大家具企业破产》（2018 年 8 月 22 日，东方财富网）。

（四）企业不正当竞争

企业不正当竞争的行为，不仅会给相关企业造成损失，还会败坏市场风气，扰乱市场秩序，需要财经新闻予以关注。例如，《百度诉今日头条不正当竞争窃取搜索结果：索赔 9000 万》（2019 年 4 月 26 日，第一财经）。

---

① 保罗·萨缪尔森，威廉·诺德豪斯．经济学［M］．北京：人民邮电出版社，2008：31.

（五）企业垄断行为

企业的垄断行为，不仅触犯《反垄断法》，也会给消费者带来损害，需要财经新闻加以曝光。例如，《市场监管总局依法对阿里巴巴实施“二选一”垄断行为作出行政处罚》（2021 年 4 月 10 日，新华网）。

第二节 产品经营及企业管理财经新闻传播

一、企业经营

（一）企业经营的概念

企业经营指根据企业的资源状况和所处的市场竞争环境，对企业长期发展进行战略性规划和部署、制定企业的远景目标与方针的战略层次活动。按照系统理论，经营是保证企业系统适应外部环境，与外部环境进行产品和资金等资源交换，使之生存及发展的活动。它解决的是企业的发展方向、发展战略问题，具有全局性和长远性。

（二）产品经营与资本经营

在现代社会，企业不仅要与市场打交道，还要和其他企业打交道，资本市场更是为企业的重组活动提供了便利条件。因此，企业要求得发展，可以通过满足消费需求、提供产品来实现，也可以通过与其他企业的并购重组来实现经营目标。企业的经营，也就分成了产品经营和资本经营。

所谓产品经营，就是通过提高管理水平，让企业能够生产或销售适销对路的产品，满足某种消费需求，从而获得盈利的活动。资本经营则是通过资本市场，把企业的产权当作一种资源，利用产权的重新组合，进行并购重组活动，来实现企业生存和发展目标的活动。

在现代社会，产品经营与资本经营都是企业的经营手段。产品经营是基础，没有产品经营，就无法形成企业的产权，自然也就无法开展以产权为资源的资本经营。资本经营可以通过上市等资本运作，让企业资本迅速扩张，企业快速发展，解决经营难题。

在这一节，我们先来探讨产品经营，资本经营活动留待第三节专门研究。

（三）产品经营活动

产品经营，就是我们日常所说的“经营”，是企业的基本活动。现代企业具有明显的系统特征，如整体性、相关性、目的性和动态环境适应性等。因此，可以把企业看成一个“输入—转换—输出”的开放式循环体。其中，企业的输入就是企业从事生产经营活动所必需的一切资源要素；转换和输出就是企业合理地配置这些资源要素，运用物理的、化学的或生物的方法，按照预定的目标为消费者生产或提供新的产品或服务，实现物质变换和增值，满足社会需要，获得经济效益。①

企业要盈利，就必须为市场提供产品和服务，以满足某种市场需求。而要生产出产品和服务，就必须有人、财、物力的投入，获得基本的生产要素，通过这些生产要素的有机运动，来达到盈利的目的。

产品经营的步骤如下。

1. 企业家的投资活动

要创办一个企业，开始企业的经营活动，先要筹集资本，再由资本转化为人力、厂房、设备、原料等经营要素。企业的经营活动始于投资。企业家通过投资行为，形成企业的资产。

2. 获得经营要素

资本投入后，企业家就可以开始企业的经营活动。首先就是要获得生产经营所必需的经营要素。企业经营不可缺少的要素，可以概括为“人力、财力、物力、技术、信息、场地”。

人力，是企业第一经营要素。企业要经营，就需要有管理人才、技术人才和拥有技术专长的员工。

财力，指以货币形态存在的企业资金。尽管企业的一切都是由“钱”演变来的，但在企业经营中，必须有一部分资本以货币形式存在，以便随时可以购买企业运转所需要的一切。

物力，主要指劳动工具和劳动对象，即设备、原料等以实物形态存在的资本。

人、财、物力，是企业经营最基本的要素。此外，技术、信息和场地，也是企业经营必不可少的。

3. 生产出产品和服务

有了前边提到的六大要素，企业就可以把这些要素相结合，形成生产能力，生产出产品和服务。这里所说的产品，并不只是实物产品，凡是由企业生产的，能够满足人们某种需求的，都属于“产品”范畴。一个电脑游戏、

---

① 王关义．现代企业管理［M］．北京：清华大学出版社，2020：5.

一个险种、一张专辑……都是产品。

4. 销售产品和服务

企业经营最终的目的，还是要把产品卖出去。企业通过各种宣传促销手段，千方百计地把产品卖出去，换回货币，收回成本，获得利润，实现资金的良性循环。马克思称这一过程为“危险的跳跃”。“跳”过去，企业就能健康发展，否则，可能就面临生存危机了。

二、企业管理

按照《现代汉语词典》的解释，“管理”指负责某项工作使顺利进行。企业管理是对企业生产经营活动进行计划、组织、指挥、协调和控制等一系列活动的总称。一种被普遍接受的观点是：管理是一种过程，是一个组织或个人，为了实现一定的目标，所采取的最有效、最经济的行动，是对行动的计划、组织和控制。管理是为了达到组织目的而对组织内的各种资源进行合理配置的综合性活动。[①] 按照系统理论，管理实质上就是维护系统，使之能按照经营需要有效运转的活动。

“企业经营”和“企业管理”都是经常出现的词汇，还有相当多的时候，直接称“企业经营管理”。对于企业来说，经营与管理都是能够决定其命运的重要活动。

按照系统理论来看，企业也是一个系统，企业经营和管理都是为了维护这个系统，保证企业系统能够正常生存、运转、发展的活动。二者的目标肯定是一致的。

在现实生活中，“经营管理”一词常常是联用的，但二者又是有所区别的。“经营”面向市场，注重企业系统能够适应外部环境，满足市场需求，从而健康生存并不断发展。而“管理”则以对内为主，负责让企业系统保持有效运转，以满足经营的需要。

我们打一个比方，就容易理解这两个概念以及它们的相互关系了。我们把企业系统比作一艘远航的帆船。“经营”就是船长，它要对这艘船负全面的责任，它的主要任务是指引这艘船适应天气、海浪等外部环境要求，保证这艘船安全地沿着正确的航线前进；而“管理”，就是水手长，它既要听命于船长，又具有相当的独立性，其主要使命就是配合船长，让水手们有分工、有协作，处于积极有效的工作状态，让船长的要求能够得到满足。

---

① 王关义．现代企业管理［M］．北京：清华大学出版社，2020：5.

三、公司治理结构

在现代经济中，公司是占主导地位的组织形式。公司是依法设立的以营利为目的的法人组织。在现代公司制度下，自然人和法人的关系十分明晰，公司治理不再以自然人为中心，而是以机构来代替自然人经营管理企业。企业的所有者往往也不直接经营企业，而是通过“委托—代理”关系，通过经理阶层进行经营管理，所有权与经营权分离，公司内部设置互相制约的机构，形成现代企业制度。

现代企业制度是靠着公司治理结构来实现的。所谓公司治理结构，指为了企业系统实现资源有效配置，所有者（股东）对公司的经营管理和绩效进行监督、激励、控制和协调的一整套制度安排，通过形成有效的制约机制来保障企业能够科学地进行经营管理。根据国际惯例，规模较大的公司，其内部治理结构通常由股东会、董事会、经理层和监事会组成，它们依据法律赋予的权利、责任、利益进行科学分工，并相互制衡。典型的公司治理结构是由所有者、董事会和执行经理层等形成“三者”“三会”的框架，即代表所有者的董事会是公司治理的执行机构，代表管理者的经理层负责具体的经营管理，代表监督者的监事会负责行使监督的职能。

股东大会或股东代表大会是代表所有者的最高权力机构，但公司的具体操作者是董事会。董事会聘请经理层来管理企业，经理层对董事会负责。有些时候，高层管理者能架空董事会，形成“内部人控制”和“董事会失灵”的现象。这是因为董事虽然由股东选举，但是公司的高层管理人员（如CEO）和内部董事能对董事提名产生影响，这就使以高层管理人员为核心的利益集团可以长时期地占有公司董事会的控制权，从而使董事会在确定公司目标及战略政策等方面无所作为，丧失了监督经营者的职权。董事会失灵的主要原因在于公司被内部人控制，于是，在公司治理结构中引入了“独立董事”的角色。

独立董事又称作“外部董事”（Outside Director）、“独立非执行董事”（Non-Executive Director）。独立董事独立于公司的管理和经营活动，以及那些有可能影响他们做出独立判断的事务之外，不能与公司有任何影响其客观、独立地做出判断的关系，在公司战略、运作、资源、经营标准以及一些重大问题上做出自己独立的判断。他既不代表出资人（包括大股东），也不代表公司管理层。

四、企业战略

作为一个系统，企业要通过调整自身的资源和结构来适应外部环境。这就需要企业的决策者认真分析企业所拥有的资源，了解企业的结构状况，并结合企业的资源和结构状况，制定企业战略。企业战略指企业为适应未来环境的变化，对生产经营和持续发展中的重大问题进行的全局性、长远性、纲领性的谋划和决策。[①]

企业战略可以分为以下五种。

（一）定位战略

企业只有找到属于自己的市场空白，并努力填补这个空白才能生存和发展。企业要根据市场状况和自身情况，确定自己的目标市场，并制定产品策略来占领目标市场。

（二）品牌战略

品牌是由名称、符号或图案等元素构成的区别于其他产品或服务的标识。品牌战略是企业将品牌作为核心竞争力而制定的有关品牌推广的长期规划。

（三）融资战略

融资战略指企业为了有效地获得资金，而进行的有关融资渠道、融资方式等方面的长期规划。

（四）技术开发战略

技术开发战略是为了保持企业处于科技领先地位，而进行的对企业技术开发方面的长期规划。

（五）人才开发战略

人才开发战略是企业为了保持长期竞争优势，对吸纳人才所进行的长期规划。

五、企业文化

企业文化是企业在长期的生存和发展过程中形成的，为企业多数成员所共同遵循的经营观念或价值观体系。企业文化的内容包括价值标准、企业哲学、管理制度、行为准则、道德规范、文化传统、风俗习惯、典礼仪式以及

---

① 宿恺，袁峰．企业管理学［M］．北京：机械工业出版社，2019：24.

企业形象等。其中，共同的价值观是形成企业文化的核心。①

六、企业财务

（一）企业财务六要素

企业的财务工作实际上相当于给企业“记日记”，就是将前面提到的经营过程用“会计语言”，按会计制度记录下来。具体来说，财务工作的对象有六大要素：资产、负债、所有者权益、收入、费用、利润。

1. 资产

资产包括固定资产和流动资产。固定资产指企业使用期限超过一年的房屋、建筑物、机器、机械、运输工具以及其他与生产经营有关的设备、器具、工具等。流动资产（Current Assets）指企业可以在一年或者超过一年的一个营业周期内变现或者运用的资产。

2. 负债

负债包括长期负债和流动负债。流动负债也叫“短期负债”，指将在一年（含一年）或者超过一年的一个营业周期内偿还的债务，包括短期借款、应付票据、应付账款、预收账款、应付工资、应付福利费、应付股利、应交税金、其他暂收应付款项、预提费用和一年内到期的长期借款等。长期负债（Long-term Liability）指偿还期在一年或一个营业周期以上的债务，主要有长期借款、应付债券、长期应付款等。长期负债与流动负债相比，具有数额较大、偿还期限较长的特点。

3. 所有者权益

所有者权益指企业资产扣除负债后，由所有者享有的剩余权益。公司的所有者权益又称“股东权益”。所有者权益是所有者对企业资产的剩余索取权，它是企业的资产扣除债权人权益后应由所有者享有的部分，既反映了所有者投入资本的保值增值情况，又体现了保护债权人权益的理念。

4. 收入

收入指企业在日常活动中形成的、会导致所有者权益增加的经济利益的总流入。收入按企业从事日常活动的性质不同，分为销售商品收入、提供劳务收入和让渡资产使用权收入。

---

① 宿恺，袁峰．企业管理学［M］．北京：机械工业出版社，2019：24.

5. 费用

费用是企业在日常活动中发生的，会导致所有者权益减少的、与向所有者分配利润无关的经济利益的总流出。有投入才有产出。如要销售产品，必须先生产出产品，为此，要消耗各种材料、支付工人工资，生产车间为组织管理生产也要发生各项制造费用；行政管理部门要支付各种管理费用；为销售产品要支付销售费用；筹集生产经营资金要支付财务费用；还会发生与生产经营没有直接关系的营业外支出。此外，企业应缴纳的所得税也是一项费用……总之，费用的名堂可谓五花八门，令人应接不暇。

6. 利润

利润指企业在一定会计期间的经营成果，是一种收获。如果企业实现了利润，表明企业的所有者权益将增加，业绩得到了提升。反之，如果企业发生了亏损（利润为负数），表明企业的所有者权益将减少，业绩下滑。

企业的财务活动是围绕上述六大要素展开的。这六大要素之间的关系如下：

资产＝负债+所有者权益

所有者权益＝资本+利润

利润＝收入－费用

了解了财务六大要素是什么，了解了它们之间的相互关系，就可以说对企业财务略知一二了。

（二）三大报表

资产负债表、利润表、现金流量表是企业的基本财务报表。这三张财务报表不是孤立的，而是互相联系的。虽然企业的生产经营活动是持续不断的，但财务报表总是会定期呈现在我们眼前，以不同的方式和时间节点向我们展示企业的财务状况、经营成果和现金流量等信息。

资产负债表是企业财务状况的一张“快照”，所有的资产、负债和所有者权益都定格在某一特定时间。报表左边的资产代表企业的物质基础，右边的负债和所有者权益代表这些物质基础的来源。利润表就像一张期末考试成绩单，是企业在一系列经营活动结束之后的最终成果，不管结果好坏都将呈现在报表上。现金流量表是一张反映企业的资金从哪里来又到哪里去，及其增减变动的报表。①

① 夏冬林，秦玉熙．会计学原理与方法［M］．北京：中国人民大学出版社，2019：106.

1. 资产负债表

资产负债表是反映企业在某一特定日期（如月末、季末、年末）全部资产、负债和所有者权益情况的会计报表，是企业经营活动的静态体现，根据“资产=负债+所有者权益”这一平衡公式，依照一定的分类标准和一定的次序，将某一特定日期的资产、负债、所有者权益的具体项目予以适当的排列编制而成。

2. 利润表

利润表是反映企业在一定会计期间的经营成果的财务报表。由于它反映的是某一期间的情况，所以，又被称为“动态报表”。有时，利润表也称为“损益表”“收益表”。

3. 现金流量表

现金流量表指在一固定期间（通常是每月或每季）内，一家机构现金（包含银行存款）的增减变动情形。现金流量表的出现，主要是反映出资产负债表中各个项目对现金流量的影响，并根据其用途划分为经营、投资及融资三个活动分类。现金流量表可用于分析一家机构在短期内有没有足够现金去应付开销。

七、产品经营及企业管理的经济学意义和新闻价值

企业的产品经营及企业管理，就是日常所说的“经营管理”。科斯从交易成本的分析角度，提出企业的存在是为了减少市场交易的成本，即市场成本的企业内部化。有效的企业经营管理，能激发员工的积极性和创造性，有效组织各种资源使企业有效运转，从而使企业能低成本地生产出适销对路的产品，满足消费者需求的同时让企业获得可观的经济效益。企业的产品经营及企业管理，是企业核心价值的来源，也是企业资本经营的前提和基础。

企业日常的产品经营活动会产生大量的信息，但是这些信息琐碎而平淡，对于财经新闻受众来说并无新闻价值。只有企业的产品经营活动出现“异常”时，才有新闻价值。比如，企业取得了重大技术突破、产品严重供不应求或者产品质量出现重大问题等，才会引起财经新闻受众的注意。上市公司的产品经营活动，要按照规定进行披露。

八、与产品经营及企业管理活动有关的财经新闻选题

（一）技术重大突破，推出全新产品

企业产品生产方面的信息，主要通过广告宣传，而不能进入正常的新闻

报道。但是，如果企业有重大技术突破，产品具有革命性的意义，是为广大受众所关注的，可以正常报道。例如，《华为鸿蒙系统加速“上车”，主流车企认可与否成关键》（2021 年 10 月 29 日，新浪财经）。

（二）参与公益事业

企业参与公益事业，如为灾区捐款等，具有新闻价值，可以作为财经新闻进行报道。例如，《热搜第一！又是鸿星尔克，低调向山西灾区捐赠 2000 万！这些大厂也出手了》（2021 年 10 月 11 日，东方财富网）。

（三）公司人事变动

上市公司的人事变动，是股民们关注的焦点。一些非上市但影响较大的公司的人事变动，也是财经新闻受众所关注的。例如，《快手 CEO 宿华职位调整或因用户新增不利，未来发力社区》（2021 年 10 月 30 日，新京报）。

（四）各种丑闻

企业在经营中，触犯法律法规，损害消费者权益，自然会引起媒体的关注。例如，《固克节能 IPO 再曝产品质量问题和专利侵权纠纷》（2021 年 6 月 21 日，新浪财经）。

第三节　资本经营活动财经新闻传播

一、资本经营的主要活动

前面已经说过，企业在进行投资活动过程中，形成产权，企业可以利用产权来进行资本运作，在产品经营的同时，通过让渡或购买产权在资本市场开展资本经营活动，达到扩大企业经营规模、盘活存量资本、扩大销售渠道等经营目的。资本经营就是资本产权的主体以价值形态的资本为经营对象，通过调整、交易、优化重组等方式，以实现资本价值量保值增值的一系列市场行为。①

资本经营的主要活动包括以下八种。

（一）上市

公司上市指股份有限公司，通过证券交易所取得上市资格，出售本公司股票，以获取资金的资本经营行为。上市是资本经营最主要的方式，是企业

① 逄锦聚，洪银兴，林岗，等．政治经济学［M］．北京：高等教育出版社，2018：72.

迅速筹集资金、扩大经营规模的最有效途径。

（二）并购

并购是企业资本经营的重要方式，将作为一个独立问题来讨论。

（三）转让股权

企业可以通过转让股权的方式来换取资金、知识产权、销售渠道等经营资源，也可以通过股权激励来换取经理层及员工对企业的忠诚。

（四）股份制改造

股份制改造是对非股份制公司进行重组，通过一定的程序，吸收其他资本参股，增加所有者数量，将其改造成股份制公司。通过股份制改造，可以完善企业经营机制，增强企业活力。

（五）债转股

债转股指将债权转化为股权的资本运作活动。企业在经营过程中，会出现资产负债率过高的现象，造成债务危机。债转股的操作，可以有效化解债务危机，盘活企业资产。

（六）企业分立

企业分立指一个企业按照法律法规，分立为两个或两个以上企业的法律行为。企业分立可以优化资本结构，规避垄断嫌疑，增强竞争优势。

（七）租赁经营

租赁经营指企业将生产资料出租给承租人使用并收取租金的经营方式。租赁经营是将占有权和使用权分离，能够提高资产使用效率，提高企业的经济效益。

（八）托管经营

托管经营是指企业所有者或其代表，通过签订契约的法律形式，将企业的经营权委托给具有较强经营管理能力的企业法人或自然人。托管经营可以使陷入困境的企业增加一线生机，从而规避企业破产的风险。

二、公司并购

（一）并购的概念

公司并购是企业最常见、形式最多的资本经营方式。并购，其实是“并”

和“购”两种方式的统称。

“并”指合并，即两家或两家以上公司合并重新组合成新公司。合并又分为两种情况：一种是吸收合并，其一般含义是两个或两个以上的公司通过法定方式重组，重组后只有一个公司继续保留其合法地位；另一种是新设合并，指两个或两个以上的公司通过法定方式重组，重组后原有的公司都不再继续保留其合法地位，而是组成一个新公司。

“购”指收购。收购指一家公司在证券市场上用现金、债券或股票购买另一家公司的股票或资产，以获得对该公司的控制权，该公司的法人地位并不消失。

合并与收购的共同点是最终形成一个经济联合体，但合并是由两个或两个以上单位形成一个新的实体，而收购则是将被收购方纳入收购方公司体系中。但实际上，很少有被收购方进入收购公司体系后不发生重大结构变化的，也就是说，在现实生活中，合并与收购常常表现为相同的特征，因此，可以将两者统称为“并购”。

（二）并购的类型

并购类型很多，概括说，有如下几种：

（1）按产业关系可划分为横向并购、纵向并购和混合并购。横向并购指发生在同一行业内的并购；纵向并购指发生在产业链上下游企业的并购，如钢铁公司并购铁矿；混合并购指发生在完全不同经营领域的两个企业之间的并购。

（2）按并购交易方式可划分为现金并购、股权并购和杠杆收购，会对资本市场产生影响。现金并购就是直接以货币的形式并购，股权并购指用股权互换的方式并购，杠杆收购指大量借用外部资金贷款并购。

（3）按并购实现的方式可划分为协议收购、要约收购。协议收购是并购双方经过协调，达成并购条约从而完成并购；要约收购是收购方公开向被收购方的全体股东发出要约，待被收购的上市公司确认后，方可实行收购行为。

（4）按并购是否友好可划分为善意并购和敌意并购。收购过程既可能是友好的，也可能是恶意的。在友好收购过程中，目标公司的管理层欢迎收购，在某些情况下，甚至会帮助完成收购。在恶意收购中，目标公司管理层并不希望被收购。收购公司给出的价格要高于被收购公司收购前的市场价格，并要求目标公司的股东们沽出股权，卖出股票。

（三）与并购有关的几个概念

1. 杠杆收购

“杠杆”指公司通过借进资本或发行优先股而取得的金融资产。杠杆收购就是一个公司主要通过借债来获得另一个公司的产权，再从后现金流量中偿还负债的并购方式。

2. 购壳上市

“购壳上市”，又称“买壳上市”或“借壳上市”，指非上市公司收购上市公司，然后通过对壳公司注入自己的优抚资产与业务，实现自身资产与业务的间接上市。

3. 管理层收购

MBO 是英文 Management Buy-Outs 的缩写，意为“管理层收购”，主要指公司的经理层利用借贷所融资本或股权交易收购本公司的一种行为，从而引起公司所有权、控制权、剩余索取权、资产等变化，以改变公司的所有制结构。通过收购使企业的经营者变成了企业的所有者。

4. 股权激励和员工持股

股权激励也称“股票奖励计划”，指上市公司以本公司股票为标的，对其董事、监事、高级管理人员及其他员工进行的长期性激励，其目的是让高管报酬同公司的经营业绩挂钩。而员工持股计划主要针对非高薪员工。在美国享受税收优惠的员工持股计划至少需有 70% 的非高薪阶层的员工参与，实施员工持股的目的是保持员工队伍的相对稳定。

5. 股份回购

通过发行债券等手段，举债回购本公司股票，使其维持较高股价，使自己不再是收购目标，又称“股份回馈”。

三、资本经营的经济学意义和新闻价值

资本，在经济学意义上，指的是用于生产的基本生产要素，即资金、厂房、设备、材料等物质资源。资本经营，又称“资本运营”“资本运作”，是将公司所拥有的有形的和无形的存量资产，通过流动、裂变、组合，实现优化配置，有效运营，以最大限度地实现资本的增值。从社会角度来看，“资本”是为人类创造物质和精神财富的各种社会经济资源的总称。资本经营则是对社会经济资源更高效地运用与开发。

从产权经济学的角度来看，投资行为导致资本转化为产权，而产权是占有权、使用权、收益权和处置权的统一。由资本形成的产权，也可以转化为商品，通过交易行为，将产权的四种权利进行重新组合，从而达到资源优化配置，解决企业遇到的诸如债务危机等困难，实现经营目标。

资本经营活动主要在资本市场进行，和广大股民等投资者的切身利益关系密切。因此，企业的资本经营，会产生更多的财经新闻。因为资本经营涉及的面比较宽，往往是两家或两家以上公司的行为，对受众影响较大，尤其是上市公司的资本运作行为，往往会对股价产生巨大影响，所以更是深受股民的关注。

四、与资本经营有关的财经新闻选题

（一）股权结构的变化

公司核心层股权结构的变化，往往是财经新闻受众比较关注的。上市公司核心人物的变化，可能引起股民对该公司发展状况的联想，与股价联系较大。有较大影响的非上市公司股权结构的变化，也是为广大受众所关注的。例如，《阿里最新股权结构曝光，马云持股7%是第三大股东》（2017年6月24日，《北京青年报》）。

（二）公司并购信息

公司并购或被并购，都会引起受众的关注。上市公司并购或被并购，会直接引起股票供求关系的变化，对股价影响巨大；在市场上影响较大的非上市公司发生并购行为，也会引起受众关注；如果涉及海外并购，还会引起人们在爱国情绪方面的关注。例如，《中国乳业近年最大并购，伊利62.45亿港元成澳优乳业第一大股东》（2021年10月27日，经济观察网）。

（三）股票价格异动

上市公司股价出现暴涨、暴跌等异常变动，是与成千上万的股民的切身利益息息相关的。财经新闻需要密切关注报道，找到异动的原因。例如，《广汽集团9月9日盘中跌幅达5%》（2021年9月9日，东方财富网）。

（四）企业在资本经营方面的丑闻

企业在资本经营过程中，有机会通过发布假消息、操纵股价等方式牟取不义之财。关注和揭露企业在资本经营中的丑闻，是媒体的责任。例如，《汉能涉嫌市场操纵遭香港政府调查　今日股价暴跌近47%》（2015年5月20日，搜狐财经）。

（五）上市公司信息披露

上市公司须按照国家有关规定进行信息披露。根据所披露的信息进行解读，也是财经新闻的重要内容之一。《比亚迪前三季度净利同比降28%，分析师：受原材料涨价影响》（2021年10月30日，澎湃新闻）。

第七章　中间层财经新闻传播

中间层是企业和个人的集合。企业和个人交换关系的总和，构成了中间层的市场；生产同一类产品（或服务）的企业和个人聚合在一起，形成了产业；企业和个人在地理空间上集合，产生聚集效应，形成了区域经济。中间层是企业和个人自主开展经济活动的结果，因此，它又反过来通过“看不见的手”来影响企业和个人的经济行为，同时，也成为财经新闻的重要信源。

第一节　中间层的本质与构成

一、中间层的经济本质

国民经济系统的核心原动力，是企业和个人对利润的追求。企业和个人为了自身利益必须进行交换，在交易中出售产品和服务，获得所需要的生产资料和生活资料。这些活动使企业和个人聚集起来，中间层由此产生。

中间层的本质是企业和个人的聚集，是企业和个人作为主体与其他主体发生交换行为的产物，可以说，中间层是企业和个人社会经济关系的总和。市场是中间层的主体，是商品交换关系的总和。产业和区域经济，本质上也是因企业和个人的交换产生的，相当于是一个独立的市场系统。认识到中间层的这一本质，在做这方面的财经新闻报道传播时，就能够把握好尺度，把市场供求关系当作报道的重点。

中间层又称“中介层”，它不是政府，没有强制性干预经济活动的权力，但是，它拥有一只“看不见的手”，可以通过供求规律来对企业和个人的经济行为产生重要影响。中间层存在着一些具有极强中介性质的节点，这些节点也是企业，但与一般企业不同，它们的经济行为会对整个经济系统产生连锁影响，甚至会引发全社会的危机，处于“牵一发而动全身”的地位。银行、证券交易所、投资银行，都属于这样的节点企业。在财经新闻报道中，关于这些节点企业的报道占有比较大的比重。

有一些民间组织，如行业协会、企业家联合会以及一些研究机构，也会以中间层的身份对企业和个人的经济活动产生影响。这些民间组织的言论和观点是财经新闻关注的对象。

二、市场

经济活动需要配置各种资源，需要生产者相互交换产品，这些活动都是在市场中完成的。市场与每个企业和个人都有关系，是企业和个人赖以生存的基础。人们通过市场获得生产资料或生活资料，又要通过市场出售自己的产品。

狭义的市场指买卖双方进行商品交换的场所，广义的市场指商品交换关系的总和。

市场是财经新闻报道最核心的内容。

在市场经济高度发达的今天，整个社会形成了完整的市场体系。市场体系是相互联系的各类市场的有机统一体。在现代市场经济中，商品市场、金融市场和劳动力市场构成了市场体系的三大支柱。① 市场体系庞大而复杂，但归根结底是由需求决定的。需求从总体上可分为消费需求和生产需求，市场体系从总体上可分为两大部分，即消费品市场和生产要素市场。

三、产业

产业是具有某种同类属性的企业的集合。企业和个人的经济活动，会自发地产生行业协会等民间组织，这些民间组织对协调产业内经济主体的行为、保护其经济利益发挥作用。政府也会通过制定产业规划和政策等活动，促进产业的发展。

产业的分类大致有以下三种方法。

（一）三大产业

三大产业是产业最主要的分类方法，这是根据人类社会的产业发生顺序来分类的。按照三大产业的分类，第一产业主要指农业，包括直接以自然物为劳动对象的农、林、牧、渔等行业；第二产业主要指工业，包括制造业、建筑业等在内的对初级产品进行加工的行业；第三产业即服务业，如运输、通信、商贸、旅游、金融保险、医疗卫生、公用事业、文化娱乐、科技教育、

---

① 杨干忠．社会主义市场经济概论［M］．北京：中国人民大学出版社，2018：38.

新闻出版等行业。[①]

（二）按生产要素划分

产业按生产要素划分，可分为劳动密集型产业、资本密集型产业和知识密集型产业。

劳动密集型产业指大量使用劳动力，对技术和设备的依赖程度比较低的产业。劳动密集型产业是一个相对范畴，在不同的社会经济发展阶段有不同的标准。一般来说，劳动密集型产业指农业、林业、纺织、服装、玩具、皮革、家具等制造业。

资本密集型产业指资本投入量大、技术装备多、劳动力容纳较少的产业。如冶金工业、石油工业、机械制造业等重工业。

知识密集型产业指需要用复杂先进而又尖端的科学技术才能进行工作的生产部门和服务部门。这类产业设备、生产工艺建立在前沿科学技术基础上，资源消耗少，科技人员在职工中所占比重大，劳动生产率高。知识密集型产业状况反映着国家科学技术发展水平，为国民经济各部门提供先进的劳动手段和各种新型材料。在中国，电子计算机工业、飞机和宇宙航天工业、原子能工业、大规模和超大规模集成电路工业、精密机床、数控机床等高级工业均属该产业。

（三）按产生时间划分

按照时间维度，可以把产业分为传统产业和新兴产业。

传统产业通常指已经发展较长时间，供求关系相对比较平衡，甚至出现供过于求的矛盾，增长潜力相对较小，技术含量较低、劳动密集程度相对较高的产业。新兴产业则是指出现时间较晚，供求关系相对失衡，存在供不应求的状况，发展潜力巨大，技术含量高、劳动密集程序相对较低的产业。

传统产业和新兴产业是动态的概念。在不同时期，会有不同的传统产业和新兴产业。目前而言，所谓传统产业，指食品加工工业、纺织服装工业、农林畜牧业、建筑建材工业、机械设备工业、汽车工业、冶金工业等产业。所谓新兴产业，指节能环保、新兴信息产业、生物产业、新能源、新能源汽车、高端装备制造业和新材料等产业。

四、区域经济

区域经济是国民经济系统在地理空间上的子系统，是企业和个人在长期

---

① 逄锦聚，洪银兴，林岗，等．政治经济学［M］．北京：高等教育出版社，2018：84.

的社会经济活动中，在历史文化因素、地理环境因素以及产业布局规划因素等共同作用下，形成的具有相对独立性体系的经济系统。

行政区划也是一个区域经济系统，这个经济系统受地方政府行政管理和经济政策的影响，具有相对独立性。区域经济与行政区划相关，但往往并不局限于行政区划。企业和个人的经济活动，会打破行政区划的界限，按照资本的本性去寻求企业间的合作，从而形成产业链及相应的区域经济系统。区域经济虽然与行政区划不同，但是也不可避免地要受到政府的干预和影响。

区域经济系统甚至可以跨越国家界限，形成国际区域经济组织。本章讨论的是国内的区域经济。

第二节　市场财经新闻传播

一、市场的经济学意义与新闻价值

市场是社会分工的产物。人是社会动物，每一个个体都不能生产出自己需要的全部物品，因此要交换。市场就是商品交换的场所，也是商品交换关系的总和。人们只有在市场上成功卖出自己的产品，才能实现劳动和投入的价值。同样，人们也必须在市场上获得所需要的生活资料和生产资料，再生产才能顺利进行。

市场几乎是伴随着人类社会产生和发展的。最早的市场，完全是物理意义上的，就是商品交换的场所。随着社会生产力水平的提高，商品经济的发展，市场的物理属性越来越不明显，人们可利用的信息传递手段越来越方便、快捷，商品交换的范围越来越广，交换关系也越来越复杂，尤其是互联网虚拟空间出现以后，人们交换行为的物理属性越来越弱化，商品交换变成随时随地都可以进行的活动。

但是，不管交换形态怎样变化，市场的本质属性并没有发生改变，供求规律仍然是主导市场走向的最重要的因素。按照经济学的观点，市场由买卖双方构成，也就是由生产者和消费者构成。生产者在交易中，关心的是成本，希望商品售价越高越好，希望得到更多的生产者剩余；而消费者关心的是效用，希望价格越低越好，希望得到更多的消费者剩余。最终的交易价格是买卖双方博弈的结果，是供应曲线和需求曲线的交叉点。供求关系这只“看不见的手”在左右着市场的走向，同时也在引导着生产者和消费者的行为，实现社会资源的合理配置。

古典经济学把供求规律当作发展经济的法宝，相信“看不见的手”会自发地把经济活动安排得井井有条。但是，历史经验证明，市场也会失灵，市场解决不了企业“外部性”的问题，自由竞争也可能导致垄断。因此，宏观经济学提出“需干预市场”，强调要使用政府宏观调控这只“看得见的手”与市场机制一同调节经济。

在现代社会，每个人都要参与市场交换，因此，每个人都会对有关市场的信息感兴趣。无论是买方还是卖方，无论是消费者、投资者还是生产者，人们在市场中都扮演着不同的角色，以不同的身份参与市场交换活动。因此，关于市场的报道，是财经新闻最主要的组成部分。

人们总是希望能对市场走向有一个正确的研判，从而让自己的生产、投资或消费行为更加理性科学，并获得利益最大化。而要准确地判断市场的走向，就必须对市场现状有充分的了解。尽管每一个人都是市场参与者，但是没有人能够看到市场的全貌，难以对供需双方的情况都有足够的掌握，也就是说，人们是在信息严重不对称的情况下参与市场交换的。要想对市场有全面的了解，解决信息不对称的问题，人们只能求助于财经新闻。

价格，无论是消费品价格还是生产要素的价格，都是财经新闻受众最为关注的。生产者从生产、销售的角度，关注商品价格；投资者从投资谋利的角度，关注价格；消费者则从生活的角度，关注价格。及时传播与市场价格有关的内容，是财经新闻的重要任务。

市场是由“供”“求”两方面组成的，供求关系这只“看不见的手”，左右着人们的行为。因此，“供”和“求”两方面的变化，也是财经新闻受众极其关注的。监测某种商品“供”和“求”两方面的变化，及时反映“供”“求”两方面出现的异动，同样是财经新闻的重要任务。

现代社会，市场这只“看不见的手”是受到限制的，市场是有规则的，市场的规则其实就是对市场参与者的企业和个人的规则。这些规则直接影响着人们的行为，甚至直接影响人们的利益。因此，人们对市场信息的关注，也包括这些规则方面的信息。

二、消费品市场

（一）消费品市场的分类

消费品市场又称“最终消费者市场”“消费者市场”或“生活资料市场”，指个人、家庭为满足生活需求而购买或租用商品的市场，它是市场体系的基础，是起决定作用的市场。社会再生产的目的是满足人们的物质文化需求，而在市场经济条件下，这些需求都要通过市场来得到满足。生产者提供的产品和服务，只有通过消费品市场这个最终市场才能实现价值，其再生产过程才能顺利进行。

消费品市场有多种分类方法。

1. 按消费者购买习惯分类

按消费者购买习惯可以将其分为便利品市场、选购品市场和特殊品市场。

便利品指食品、饮料、肥皂等日常生活用品，消费者一般不愿意花费太多的时间来挑选这类商品。

选购品指服装、家电等商品，消费者在购买前，对这类商品了解并不多，在决定购买前会对商品价格、款式、质量等方面进行比较。

特殊品指消费者对其有特殊偏好并愿意花较多时间去购买的商品，如电视机、化妆品等，消费者往往会偏爱某些特定的厂牌和商标，不愿意接受代用品。

2. 按商品的耐用程度分类

按商品的耐用程度可以将其分为耐用品市场和非耐用品市场。

耐用品指能多次使用、寿命较长的商品，如家电、家具等，消费者购买这类商品时，决策较为慎重；非耐用品指使用次数较少、消费者经常购买的商品，如食品、文化娱乐品等。

3. 按消费者的构成分类

按消费者的构成情况，消费品市场可以有很多种分类：按年龄，可以分为儿童市场、青年人市场、中年人市场、老年人市场；按性别，可以分为女性市场和男性市场；按收入，可以分为高收入者市场、中等收入者市场和低收入者市场；按城乡，可以分为城市市场和农村市场。

（二）消费品市场的策划选题

消费品市场与人民生活息息相关，作为社会再生产的最后一个环节，消费品市场状况又与整个经济发展联系紧密，同时也是宏观经济的一个重要窗口。消费品市场的选题主要有以下几个方面。

1. 消费品市场的总体状况

消费品市场的总体状况是普通消费者受众想要了解的，同时也是投资者和生产者关注的。财经新闻可以对消费品市场进行评述性的报道，信息来源可以由政府有关部门直接提供，更需要财经记者去采访和整理第一手材料。如《持续回暖，需求复苏，潜力释放——聚焦全省消费品市场持续向好发展》

（2021 年 5 月 5 日，《吉林日报》）。

2. 某种消费品市场供求的异动

当消费品市场中某种商品供求关系发生一反常态的变化，供求矛盾特别突出，价格飞涨时，财经记者就要予以重视，要进行“跟踪”和“算账”，了解价格变化的真正原因。如《遭鞋贩抽刀热炒，产品价格暴涨，安踏拿什么撑起高价市场》（2021 年 4 月 5 日，《北京商报》）。

3. 耐用消费品行情

耐用消费品指那些使用寿命较长，一般可多次使用的消费品，如汽车、家具、家用电器等。这类消费品购买次数少，使用时间长，花费较多，因而消费者的购买行为和决策较为慎重，需要财经新闻进行常规性的报道，为消费者决策提供依据。如《汽车盛宴背后　隐藏着消费者困境》（2021 年 4 月 30 日，《经济参考报》）。

三、生产要素市场

生产要素是在生产经营活动中所利用的各种经济资源的统称，是维系国民经济运行及市场主体生产经营过程中所必须具备的基本因素。生产要素是经济学中的一个基本范畴，包括劳动力、土地、资本、企业家才能四种形态，随着科技的发展和知识产权制度的建立，技术、信息也作为相对独立的要素投入生产。生产要素市场虽然主要是为生产者服务，但是因其与经济大趋势有着高度相关性，其中还包括金融市场及诸多可以作为投资品的元素，因此更被广大投资者关注。

（一）生产要素市场的构成

生产要素市场包括：金融市场、生产资料市场、劳动力市场、信息市场、技术市场和房地产市场。

1. 金融市场

金融市场是资金的供应者与需求者进行资金融通和有价证券交易的场所，是货币资金借贷和融通等关系的总和。

金融市场与人们的投资行为关系最为紧密，自然也是财经新闻极为重要的来源。

2. 生产资料市场

生产资料市场是交换人们在物质资料生产过程中所需要使用的劳动工具、劳动对象等商品的市场。例如，生产所需的原材料、机械设备、仪表仪器等，都是生产资料市场的客体。

生产资料市场反映的是生产者之间的关系，但是生产资料市场供求关系的变化，最终会反映到消费领域，所以，生产资料市场的变化是投资者前瞻性地分析消费市场和证券走向的重要参考因素。一些大宗商品价格的变动，如石油、铁矿石、粮食等商品价格的变动，是财经新闻时刻关注的对象。

3. 劳动力市场

劳动力市场是交换劳动力的场所，即具有劳动能力的劳动者与生产经营中使用劳动力的经济主体之间进行交换的场所，是通过市场配置劳动力的经济关系的总和。

在实际生活中，它与就业状况、社会保障、劳动者权益、国家竞争力关系密切，财经新闻应主要从这些方面对劳动力市场进行报道。

4. 信息市场

信息是事物的内容、形式，事物之间的联系及其发展变化的反映，它一般表现为信号、消息、情报、科研成果、资料等。信息市场是以提供各种信息来满足用户需要的信息交换的场所。大多数信息都能进入市场进行交换。

5. 技术市场

技术市场所交换的商品是以知识形态出现的。它是一种特殊的商品，有多种表现形态：软件形式（程序、工艺、配方、设计图等），咨询、培训等服务形式，以及买方需要的某种战略思想、预测分析、规划意见、知识传授等，都可构成技术商品。

我国经济处于转型阶段，财经新闻对技术市场要从经济转型和产业升级的角度进行报道。同时，知识产权保护、重大技术突破以及技术市场自身的改革，也是财经新闻关注的焦点。

6. 房地产市场

房地产市场是从事地产和房产交易活动的市场，具体分为地产市场与房产市场。地产市场主要是进行土地使用权的交易和转让。房产市场主要是进行房屋的交易和转让。

房地产市场和人民生活水平有着直接的关系，房地产价格对整个经济发展和利益分配有着巨大的影响。关注房地产业的走势是财经新闻的重要任务。

（二）生产要素市场的财经新闻选题

生产要素市场中的金融市场，是财经新闻报道最重要的选题来源，因此，有关金融市场的内容将作为单独的一部分，在此暂不涉及。

1. 生产资料市场

（1）生产者物价指数（Producer Price Index，PPI）。PPI是反映生产资料市场总体供求状况的指标，也是宏观经济调控的重要参考指标。国家统计局会定期公布PPI数据，围绕这些数据可以开展解读、分析、预测方面的财经新闻报道。这一部分在第十章“政府宏观调控财经新闻传播”部分还要涉及，在此不再赘述。

（2）期货市场的行情。一些大宗商品价格的变动，如石油、铁矿石、粮食等商品价格的变动，是财经新闻时刻关注的对象。经营这些大宗商品的期货市场，是财经新闻报道的重要信源。对于期货市场，各主要财经媒体都有专门的程式化报道，即时发布行情信息。另外，也会对期货市场的行情变化进行点评报道，例如，《铁矿石涨势是否还能持续？一文看懂铁矿石后市》（2021年5月8日，《期货日报》）。

（3）一般生产资料市场的异动。某种商品供求关系的剧烈变化，形成某种商品价格暴涨或暴跌，对产业的发展是十分不利的，对整个经济系统也会有不利影响。财经新闻要及时报道这些市场信息，并组织专家探究背后原因。如《亚洲棕榈油现货价格暴涨》（2021年5月10日，中国食用油网）。

2. 劳动力市场

（1）就业状况。就业，是关系到国计民生的重要社会问题。失业率是考察宏观经济状况的重要指标。财经新闻报道要围绕失业率数据来做文章，分析就业市场的变化趋势，做出前瞻性分析研判。这一部分将在第十章“政府宏观调控”部分详细探讨。

（2）劳动力市场供求状况。劳动力市场对劳资双方都是十分重要的。劳动者要通过劳动力市场找到工作，获得生活所需要的劳动报酬；企业要通过劳动力市场找到适合的员工，获得最关键的生产要素。劳动力市场的供求状况如何、工资水平如何、劳动力供给与需求之间在结构上是否匹配，等等，这些问题都是财经新闻报道的选题。例如，《制造业招工遇冷、大批工厂难招人　劳动力都去哪了？》（2021年4月19日，央视财经网）。

（3）劳动者权益。劳资双方在劳动力市场达成协议的过程也是一个交易的过程。在这个过程中，也存在着无德企业设置“陷阱”的现象，对这种不良行为，需要财经新闻予以曝光揭露，做出警示。例如，《严寒下劳动者权益如何维护？国家首次明确》（2021年1月19日，新华网）。

3. 信息市场

财经新闻也是信息的一部分，财经新闻的传播本身就可以促进信息市场的发展。另外，财经新闻可以从信息是否畅通的角度来关注信息市场。例如，《专家：农产品滞销本质原因是信息流通不畅》（2015 年 6 月 29 日，央广网）。

4. 技术市场

我国经济处于转型阶段，财经新闻对技术市场要从转型的角度进行报道。同时，知识产权保护、重大技术突破以及技术市场自身的改革，也是财经新闻关注的焦点。尤其当中国面临来自外部环境的巨大压力时，技术创新就显得更为重要，如何突破国际上的技术封锁，是全体国民共同关注的选题。例如，《国内 3D 打印技术领域取得重大突破（概念股）》（2015 年 8 月 3 日，和讯网）、《全球 34%5G 专利在中国！华为第一　中兴第五》（2019 年 6 月 15 日，新浪财经网）。

5. 房地产市场

需要指出的是，尽管我们把房地产市场放到生产要素市场中来考察，但实际上，普通百姓购买住房的活动也是房地产市场的一部分。

（1）房价。关于房地产市场，财经新闻第一位需要关注的自然是房价。围绕房价的变化趋势来做文章，是最重要的选题。一般的财经媒体都开设有专门的有关房价的栏目，这一类的报道选题比比皆是。如《房价正式开始下跌？该不该买房，人民日报回应了》（2019 年 10 月 15 日，腾讯网）。

（2）房地产投资。房地产是百姓投资的渠道之一，而且是投资金额巨大的投资项目。围绕房地产投资的方法、理念等技术性的问题，可以聘请专家进行指导性报道。例如，《未来 10 年如何投资房地产？专家做出三大走势判断》（2017 年 12 月 18 日，新华网）。

（3）“购房陷阱”和风险警示。房地产市场有很多“猫腻”，对于开发商布下的一些购房陷阱，要予以揭露。对于房地产市场的风险警示，也是财经新闻报道分内的事情。例如，《银保监会答第一财经：对房地产等重点领域的风险提前部署措施》（2021 年 1 月 22 日，第一财经网）。

四、市场主体

（一）市场主体的本质

经济人的活动形成市场。市场主体是市场上从事交易活动的组织和个人，是市场经济活动的主体存在关系的总和，即商品进入市场的监护人、所有者。市场主体既包括企业和个人，也包括非营利性质的社会组织。广义的市场主体是商品生产者、经营者、服务者、消费者及其存在关系的总和，是一个多层次的主体系统；狭义的市场主体特指市场活动关系中商品生产者和经营者的总和，原则上必须经国家有关主管部门核准注册，包括具有法人资格和不具有法人资格的各类工商企业、其他经济组织和个人，是关于所有从事生产经营或服务活动的经济实体的统称。①

企业和个人是市场主体，政府也是市场主体。企业和作为“生产者”的个人是市场经营主体，政府则是市场管理主体。

（二）市场经营主体

市场经营主体具有以下特征。

1. 营利性

市场经营主体是商品进入市场的监护人、所有者。作为“经济人”，市场经营主体是带着营利的目的来进行交易的。只有市场经营主体在市场交易中获得回报，有利可图，才有经营动力，所以市场经营主体一定要有营利性。也只有满足其营利性，市场经营主体才会充满活力，整个市场才能呈现繁荣景象。

2. 独立性

市场经营主体无论是企业还是自然人，都是独立自主地在市场开展经营活动。产权制度是保证市场经营主体独立性的前提，清晰的产权，为每一个市场经营主体划清了边界，保证市场经营主体监护好自己的商品，独立地进行经营决策。

3. 平等性

经济主体要以平等的身份和地位在市场上公平交易，任何组织或个人都没有特权。市场管理主体可以对市场行使监管权，但在交易过程中，与市场经营主体也是平等的。只有坚决维护市场经营主体的平等性，市场经济才能健康发展。完善的法律环境和公平的监管，是维护市场经营主体平等性的保障。

（三）市场管理主体

市场管理主体指政府监管市场的职能。政府在法律赋予的权力范围内，

---

①　李丰才．社会主义市场经济理论［M］．北京：中国人民大学出版社，2018：108.

可以对市场进行监管，按照法律法规的要求，对市场经营主体的经济行为进行监控。但是，健全的市场经济体制不能以经济管理主体为核心，而要以市场经营主体为中心。市场经营主体是社会经济发展的根本动力来源，是社会经济的各个分散而独立的决策主体，市场是社会资源的主要配置者。政府虽然是市场监管者，但并不是事事都要管着市场经营主体，而是通过负面清单的方法，在法制框架下行使行政权力，为市场经营主体创造有序的市场环境。

（四）市场主体的新闻价值与策划选题

市场主体是发展市场经济的主要力量，是社会财富的创造者。因此，市场主体能否得到尊重，是衡量市场经济是否健康发展的重要指标。市场主体是财经新闻的重要信息来源，主要体现在以下方面：

1. 市场经营主体数量的变化

市场经营主体数量的变化，表明了人们投资创业热度的高低。市场经营主体数量增加，说明大众创业的积极性高，经济就有活力。反之，则说明市场参与积极性不高，市场处于萧条状态。财经新闻要关注市场经营主体数量的变化，并从中发现和预测经济状况如何。例如，《近五年我国各类市场主体总量增加七成以上》（2019 年 1 月 9 日，人民网）。

2. 市场管理主体与经营主体关系变化情况

市场管理主体与经营主体的关系，表现为经济体制。政府应该处理好“看得见的手”与“看不见的手”的关系，深化经济体制改革，更好地为市场经营主体服务。财经新闻应该关注营商环境等方面的变化，做好市场管理主体与经营主体关系方面的报道。例如，《国务院办公厅印发〈关于进一步优化营商环境更好服务市场主体的实施意见〉》（2020 年 7 月 21 日，新华社）。

3. 正面清单和负面清单执行情况

正面清单是对市场管理主体的约束，政府在正面清单的框架下开展工作；负面清单是对市场经营主体的约束，企业和个人在负面清单规定的范围以外开展经营活动。正面清单和负面清单制度，可以明确政府的行政边界，保证其规范地开展管理工作，保证企业和个人合理合法地自主开展经营活动。财经新闻要对这方面的改革进行及时报道。例如，《外资准入 40 年：从正面清单到负面清单》（2018 年 7 月 27 日，《华夏时报》）。

五、市场机制

（一）市场机制的本质

市场机制是通过市场竞争配置资源的方式，即资源在市场上通过自由竞争与自由交换来实现配置的机制。市场机制的运作过程体现为经济关系的相互联系和运动，市场竞争过程中供求关系变化与市场价格之间相互制约的联系和运动。供求关系不平衡引发供大于求或供不应求的现象，必然影响该商品或服务的市场价格上下波动，而市场价格上下波动也必然引起该商品或服务的供求关系发生相应变化。①

市场机制从根本来说是供求机制。当商品供不应求时，即意味着这种商品的资源不足，导致市场主体中的消费者之间产生竞争，价格上涨；商品价格的上涨导致利润增加，生产或经营该商品的市场主体就会越来越多，市场主体中的生产者之间产生竞争，导致该商品供过于求，价格降低，利润水平下降；资本纷纷撤出该商品的生产领域，引起供给减少，价格上涨。于是，新一轮循环开始。在这个循环过程中，社会资源流向了利润最为丰厚的地方，社会资源得到配置，社会再生产得以顺利进行。

市场机制的原动力是企业和个人作为经济人对利益的追求，因此企业存在外部性，即某个市场主体的生产和消费物品或服务的行为，不以市场为媒介对其他经济体产生附加效应，此时，市场机制是难以发挥效应的。即使在企业和个人内在动力充盈的前提下，由于信息不对称或自然垄断的存在，也使得经营者难以做出准确的决策。因此，市场机制并不是万能的，存在失灵的情况。

（二）市场机制的新闻价值与财经新闻选题

市场机制这只“看不见的手”可以指挥人们的经济行为，导致市场趋于平衡。但是，这个过程是漫长而残酷的，有时是剧烈波动的。与市场运动保持一致，就可以使经营者获利；反之，就会出现商品滞销、经营亏损。因此，无论是生产者还是消费者、投资者，都会对市场走势十分关注，对市场机制运行情况的信息感兴趣。

一般可以从以下几方面策划选题。

1. 及时公布有关市场信息

财经新闻要程式性地发布市场供求信息，以消除信息的不对称性，尽可

---

① 李丰才．社会主义市场经济理论［M］．北京：中国人民大学出版社，2018：8.

能给生产者和消费者提供信息。例如,《中汽协月度市场信息发布2020年10月汽车工业产销综述》(2020年11月12日,搜狐网)。

2. 报道市场异动,提出预警

对于市场中存在的异动现象,要及时发布提示信息,保证市场机制平稳实施。例如,《大商所发布铁矿石市场风险提示》(2020年8月7日,新浪财经网)。

3. 采访专家和官员,给市场经营主体“定心丸”

通过“借嘴”专家和政府官员,理性客观地评析市场,让市场经营主体安心。例如,《商务部表示:有条件保障国内粮食市场供应充足》[2021年3月26日,《人民日报》(海外版)]。

第三节 产业财经新闻传播

一、产业的经济学意义

(一)产业的本质

产业是同类企业和个人的集合体,通常是按提供的社会总产品的种类来划分的。其中,包括物质生产企业的集合,如农业、工业、建筑业;也包括非物质生产的部门,如交通运输业、邮电通信业、商业服务业、文教卫生等所有参与社会再生产的部门。

从经济学角度来看,产业是处于政府宏观调控和企业之间的中间层,本身是企业的集合,同时又会对企业的行为有重要影响作用。政府可以通过制定产业政策、调节税收等方法鼓励或抑制一些产业的发展,也可以通过政策手段调整产业结构。伴随着科学技术的进步,产业不断升级,对于一个国家或者一个地区的经济来说,是极其重要的,政府应通过政策手段促成产业升级。

(二)产业结构

产业结构也叫“产业体系”,是生产要素在各产业部门之间的比例构成以及各产业部门间的相互依存关系,包括产业内部各生产要素之间、产业之间、时间、空间、层次的五维关系。产业结构是发展经济学中提出的概念,是社会经济体系的主要组成部分。

在市场这只“看不见的手”的指引下，资源会流向利润更高的领域，通过供求关系来实现资源配置。但是，在某些时候，市场会表现出滞后性，从而导致资源在产业部门间的配置不尽合理，致使一些产业发展过剩，另一些产业发展不足，出现产业结构失衡。导致产业结构失衡的主要原因有：其一，不同产业之间在某一时期收益率存在明显差异，市场主体逐利的动机驱使其在一定时期纷纷涌向当时利润丰厚的产业，并迅速导致这类产业饱和进而出现产能过剩；其二，不同产业之间进入门槛存在明显差异，一般的市场参与者倾向于进入门槛较低的产业，导致这些产业容易出现产能过剩。①

一国经济发展就是其产业结构不断调整升级的过程。生产力水平的提高，新技术的出现，会让一些传统产业缩小规模直至被淘汰，新兴产业会逐渐扩大规模，从而使产业结构发生根本性变化。产业结构升级是通过产业内部各生产要素之间、产业之间，以及时间、空间、层次相互转化，借以实现生产要素改进、产业结构优化、产业附加值提高的系统工程。推进产业结构升级是我国的一项长期任务。

（三）产业集群

产业集群指在特定区域中，具有竞争与合作关系，且在地理上集中，有交互关联性的企业、专业化供应商、服务供应商、金融机构、相关产业的厂商及其他相关机构等组成的群体。产业集群使企业能够按照产业链形成相互融合的共生关系。产业集群可以产生聚集效应，从而提高集群中企业的效率。产业集群实际上是某种产品的加工深度和产业链的延伸，从一定意义上来说，是产业结构的调整和优化升级。

产业集群从整体出发，挖掘特定区域的竞争优势，突破了企业和单一产业的边界，着眼于一个特定区域中，具有竞争和合作关系的企业、政府、民间组织等的互动。这样能从一个区域整体来系统思考经济、社会的协调发展，来考察可能构成特定区域竞争优势的产业集群，考虑临近地区间的竞争与合作，而不仅仅局限于考虑一些个别产业和狭小地理空间的利益。

产业集群为企业创新提供了良好的氛围，为培育企业学习和创新能力提供了温床，使知识产权能够便利地转化为生产力。由于存在着竞争压力和挑战，产业集群内的企业需要在产品设计、开发、包装、技术和管理等方面，不断地进行创新改进，由于同处于一个集群内，生产者之间的交流很多，这

---

① 吴弘．宏观调控法学［M］．北京：北京大学出版社，2018：15.

样有利于各种新思想、新观念、新技术和新知识的传播，由此形成知识的溢出效应，增强企业的研究和创新能力。

（四）产业风险

这里所言之产业风险，指在经济发展过程中，由于发展的失衡，导致产业内资源过于集中或资源过少，使有些产业自身存在风险。产业风险包括粮食风险、产能过剩风险和房地产泡沫风险三个方面。①

中国国土陆地面积有 960 万平方千米，加上 300 万平方千米的海洋面积，中国国土面积是 1260 万平方千米，居世界第 3 位。中国的耕地面积居世界第 3 位，人均耕地面积却不足 1.35 亩，不足世界人均耕地面积的 40%。根据 2018 年第 6 次人口普查的数据，中国总人口约为 14 亿，其中农业人口约为 5.7 亿，占总人口的 40%以上。发达国家的农业人口占总人口的比例一般都低于 5%。②

由于地少人多，中国政府早在 2011 年就提出，18 亿亩的耕地红线绝不能打破。也就是说，如果耕地面积少于 18 亿亩，中国人就无法实现粮食自给。2018 年，中国划定了 15.5 亿亩永久基本农田。③

农业问题是中国的根本问题，需要全国“一盘棋”来统筹解决。

产能过剩风险指某个产业的生产能力相对于它的需求出现了过剩而造成的风险。产能过剩的表现，是整个产业出现比较普遍的产品滞销，产品价格大跌，效益下降，企业亏损额增加。产能过剩是产业投资过热、超过需求增长快速扩张所致，与该产业的技术进步也有一定联系。产能过剩会影响该产业的发展，使企业陷入困境，从而影响就业，对宏观经济产生影响。一个产业的产能过剩，也会对其上下游产业产生影响。要关注产能过剩风险，及时去库存和扩大产品销路。

房地产泡沫风险指房地产市场被炒得过热，房地产价格被炒得过高，房地产在很大程度上变成虚拟经济、产生大量泡沫而给整个经济系统带来的风险。在世界多个国家都曾出现过房地产泡沫，2008 年危及世界经济的国际金融危机，也是由于美国的房地产泡沫破裂引发的。当房价被炒得过高时，人们对房地产市场的预期会严重膨胀，人们的投机心理被调动起来，进入“越

---

① 余斌，魏加宁，等．新形势下完善宏观调控理论与机制研究［M］．北京：中国发展出版社，2016：6.

② 韩秀云．中国新经济［M］．北京：中信出版集团，2020：65.

③ 韩秀云．中国新经济［M］．北京：中信出版集团，2020：66.

涨越买”的恶性循环，个人家庭负债越来越多。当房价接近极限难以继续上涨时，泡沫就会破裂，人们的心理发生逆转，陷入恐慌和抛售的状态，房地产泡沫迅速破灭，债务链条中断，就会引发金融危机甚至引发经济危机。

二、产业的新闻价值和选题策划

从新闻传播学角度来看，一定时期产业的快速发展以及产业结构的调整，都会提供投资机会，获得较好的投资回报，因此这些信息是会被财经新闻的受众关注的。国家产业政策的调整，对于企业有着重要影响，也是被投资者和生产者关注的。

（一）三大产业常规性报道

国家统计部门会定期公布三大产业发展状况，这些信息以及由此引申出来的信息都可以作为财经新闻选题加以报道。例如，《国家统计局：2021年1—2月全国规模以上工业企业利润同比增长1.79倍》（2021年3月27日，凤凰网）、《国家统计局：农业生产基本稳定　农业增加值同比增长3.5%》（2020年4月17日，《21世纪经济报道》）、《第三产业增加值由降转增》（2020年10月21日，东方财富网）。

（二）产业政策方面的变化

国家出台激励产业发展的政策，会给生产者带来新的投资机会，也会给资本市场带来影响。财经新闻要及时报道产业政策方面的变化。例如，《市场规模将超20万亿！国家加速出台养老产业应对政策与落地细则》（2021年5月12日，《上海证券报》）。

（三）技术突破给行业发展带来的变化

技术方面的突破可以推动产业迅速发展，也会带来投资和创业的机会，要围绕这一核心新闻事实进行引申报道。尤其是由于技术进步而产生的新兴行业，更是需要。例如，《5G领先，中国凭什么?》（2019年7月1日，第一财经）。

（四）行业协会的动态

在实际生活中，产业分为若干的行业，协调产业发展的是各种行业协会，其活动也是财经新闻报道的内容。例如，《中国半导体行业协会秘书长：集成电路产业仍将高速增长》（2021年5月11日，中国新闻网）。

第四节 区域经济财经新闻传播

一、区域经济的经济学意义

区域经济是一定地理空间内形成的具有相对独立性的经济系统，是一个非常宽泛的概念。区域经济有利于资源的合理配置，提高资源使用效率，也有利于形成产业集群，加强区域内企业间的资源共享和协同行动，实现优势互补，对于降低成本、创新技术、开拓市场都是大有好处的。中央和地方政府可以根据各个地区经济发展状况，制定区域经济战略，来推动经济的发展。

区域经济的意义在于可以形成集聚效应。所谓集聚效应，指各种产业和经济活动在空间上集中产生的经济效果，以及吸引经济活动向一定地区靠近的向心力，是导致城市形成和不断扩大的基本因素。

集聚效应是一种常见的经济现象，如产业的集聚效应，最典型的例子当数美国硅谷，聚集了几十家全球 IT 巨头和数不清的中小型高科技公司。国内的例子也不少见，在浙江，诸如小家电、制鞋、制衣、制扣、打火机等行业都各自聚集在特定的地区，形成一种地区集中化的制造业布局。类似的效应也出现在其他领域，北京、上海这样的大城市就具有多种集聚效应，包括经济、文化、人才、交通乃至政治等。知识管理中也存在着集聚效应，并且通过这种效应，我们可以在某种程度上对组织中知识的传播和共享起到一定的控制作用。

集聚效应具体体现在以下方面。

（一）规模经济效应带来的成本优势

企业在一定区域内的相互临近，或者同时处于生产链的某一个环节而分工不同，从而降低了成本，如运输成本、库存成本、交易成本；由于共同的交易市场与采购中心降低了原材料成本与销售成本；由于集群企业的临近使信息的搜寻与获得更加迅速，从而降低了信息成本；由于企业的集聚带来劳动力的集聚，从而减少了劳动力的搜寻成本。同时，由于地理上的相互临近内生的信誉机制，减少了风险并增加了服务；最重要的是由于知识的外溢效应，核心技术与知识扩散速度加快，有利于产品的创新。

（二）促进分工与合作

新的贸易理论认为，市场与分工交互作用产生的内生的绝对优势具有更为普遍的意义，竞争最终的结果将主要取决于资源使用的效率。在一定区域内集聚，能更好地发现各个企业的比较优势，从而形成纵向与横向的协作，促进规模经济发展和产业结构升级，从而提高资源的利用效率。

（三）享有区域与品牌优势

由于一个区域在某些方面的产品享有一定的知名度，从而提高了整体的知名度，也提升了整体的企业形象，商品需求者就会自动来此地区购买商品。同时，由于地区集聚的诸多便利条件，也会吸引投资商前来投资。

二、中国区域协调发展战略

2017 年 10 月 18 日，习近平总书记在党的十九大报告中指出，实施区域协调发展战略，加大力度支持革命老区、民族地区、边疆地区、贫困地区加快发展，强化举措推进西部大开发形成新格局，深化改革加快东北等老工业基地振兴，发挥优势推动中部地区崛起，创新引领率先实现东部地区优化发展，建立更加有效的区域协调发展新机制。

党的十九大报告指出，我国社会的主要矛盾是“要在继续推动发展的基础上，着力解决好发展不平衡不充分问题，大力提升发展质量和效益，更好满足人民在经济、政治、文化、社会、生态等方面日益增长的需要，更好推动人的全面发展、社会全面进步”。这里所说的“发展不平衡不充分”，就包括地区间的不平衡。

消除地区间发展的不平衡，实现全国范围内协调发展的战略思路已经非常成熟。党的十八大以来，在以习近平同志为核心的党中央坚强领导下，我国深入实施区域协调发展战略，以五大重大国家战略为引领，连南接北，承东启西，以四大区域板块为支撑，优势互补，交错互融，构建起高质量发展的区域协调发展新格局。

五大重大国家战略：京津冀协同发展、长三角一体化发展、粤港澳大湾区建设，打造引领高质量发展的重要动力源；长江经济带发展、黄河流域生态保护和高质量发展，探索协同推进生态优先和绿色发展的新路子。

四大板块：创新引领率先实现东部地区优化发展、发挥优势推动中部地区崛起、强化举措推进西部大开发形成新格局、深化改革加快东北老工业基地振兴。

三、区域经济的新闻价值

“在市场供求关系和资本边际收益递减规律的支配下，发达区域的资本会流向欠发达区域，欠发达区域的劳动力会流向发达区域。”① 在人员流动十分活跃的今天，人们会根据不同地区的经济发展状况，来决定在哪个地区发展和生活，因此，人们会对区域经济方面的财经新闻感兴趣。

区域经济的发展状况与个人的生活水平有直接的关系。因此，人们从自身利益出发，也会对区域经济方面的财经新闻感兴趣。人们对区域经济的关心，主要体现在对自己生活的城市或地区经济发展状况的关注。

国家区域经济发展规划以及具体政策的变化，对于投资影响也很大，这也是以股民为代表的广大投资者需关注的内容。

四、区域经济财经新闻报道选题

（一）国家区域经济发展规划

为解决发展不平衡的矛盾，国家根据各地区的实际情况，制定区域经济发展规划，如“西部大开发”“振兴东北老工业基地”等战略。国家出台的有关政策，是财经新闻关注的焦点。例如，《构筑新格局，西部大开发重磅政策落地》（2020 年 5 月 18 日，央广网财经）、《东北振兴将迎新一轮政策红利》（2019 年 7 月 4 日，《经济参考报》）。

（二）区域经济的常规性报道

国家统计部门会对各地经济发展数据进行公布，财经新闻要围绕这些数据策划新闻选题。例如，《吉林省 2018 年 GDP 计划增速 6%：实现该目标仍需努力》（2018 年 1 月 26 日，澎湃新闻）。

（三）关于区域经济一体化的报道

国家推出了多地区域经济一体化战略，如京津冀一体化，从交通、城市功能、行政管理等各个方面促进一体化进程。一体化过程中的具体举措、给百姓生活带来的变化等，都是财经新闻报道的内容。例如，《京津冀一体化重点工程国道 G205 津冀界段完工》（2020 年 11 月 25 日，北青网）。

---

① 吴强．政府行为与区域经济协调发展［M］．北京：经济科学出版社，2006：28.

第八章　金融市场财经新闻传播

金融是现代经济的核心，以银行为基础的货币市场和以证券为基础的资本市场，构成一国金融体系的“两翼”。资金是商品经济社会的“润滑剂”，社会再生产各个环节都离不开资金的“润滑”作用，生产者、消费者和投资者都会产生资金需求，都需要金融业提供服务，可以说，金融与社会上的每一个人都有关系，因此，金融市场就成为财经新闻受众关注的焦点。金融也是实体经济的反映，透过金融市场可以反馈出经济状况的全貌，这也是金融市场在财经新闻传播中具有重要地位的原因所在。

第一节　金融市场的本质与分类

一、金融市场的本质

金融市场指以金融资产为交易对象而形成的供求关系及其机制的总和。它包括三层含义：其一，它是对金融资产进行交易的一个有形或无形的场所；其二，它反映了金融资产的供应者和需求者之间所形成的供求关系；其三，它包含了金融资产交易过程中所产生的运行机制，其中最主要的是价格（包括利率、汇率及各种证券的价格）机制。[①]

金融市场的本质是社会再生产过程中，主要起润滑作用的“钱”（货币）的服务功能。社会再生产的四个环节——生产、分配、交换、消费，哪一个环节也离不开“钱”，离不开货币和资本的帮助。货币是一般等价物，它可以标记所有商品的价格，可以作为社会总产品的价值符号，进而可以代表社会财富。在人们进行投资活动时，货币便转化成了资本。资本是能带来价值的价值，作为价值符号，它可以转化为各种生产要素。

金融部门就是在社会再生产过程中，为人们提供“钱”的服务的中介机构。金融的本质，就是“弄钱”。一方面，它把人们的闲散资金通过一定的途

① 张亦春，郑振龙，林海．金融市场学［M］．北京：高等教育出版社，2020：1.

径集中起来；另一方面，把这些资金提供给需要资金的生产者，从中赚取利差。金融市场的市场主体，可以分为供、需两部分。金融市场的供给方，就是各类金融机构，包括：存款性金融机构，即各种商业银行、信用合作社；非存款性金融机构，即保险公司、养老基金、投资银行、投资基金等；中央银行，即央行，它是“银行的银行”，通过利率、存款准备金率、再贴现率、公开市场业务等经济杠杆与商业银行进行业务交流，影响商业银行的市场行为。金融市场的需求方，就是急需资金的各类企业和个人。

金融部门的基本金融工具可以概括为“贷”“债”“股”三个字。这是金融部门最基本的业务，也是最主要的金融活动。

贷，就是银行贷款。商业银行通过吸收存款、提供利息的方式，把储户的闲散资金集中起来，再通过贷款的方式，为急需资金的市场主体提供服务，赚取存、贷款之间的利差。

债，就是发行债券。金融部门为政府和企业发行债券，通过售卖债券的方式，把社会上的闲散资金“借”给急需资金的客户。

股，就是发行股票。金融部门通过在证券市场为企业发行股票的方式为客户服务。股民购买股票，便把钱直接投给股票所代表的上市公司。

虽然“金融的本质”并不会直接出现在财经新闻报道中，但它是财经新闻报道重要的新闻背景，财经新闻采编人员只有非常了解金融的本质，才有可能准确地进行有关金融市场的财经新闻报道。“贷”“债”“股”三个基本的金融工具是资金需求方主要的融资渠道，也是百姓投资理财的主要产品，与其有关的信息是财经新闻受众关注的。

二、金融市场的功能

金融市场的活动是虚拟经济，它本身并不直接参加社会再生产，也不能创造任何价值，但这并不意味着它是无用的。事实上，在商品经济社会，社会再生产的各环节、各项活动，都离不开“钱”的润滑作用，所以，金融是现代经济的核心，金融市场也就成为最重要的生产要素市场。

（一）聚敛功能

由于人们在社会再生产过程中，担任的角色不同，因此会产生不同的资金需求。有人有暂时不用的零散资金，而有些人却出于生产或消费的目的急需资金。金融市场的存在，扩大了资金供求双方接触的机会，便利了金融交易，降低了融资成本，提高了资金使用效率，为筹资人和投资人开辟了更广阔的融资渠道，为不同期限、不同内容的金融工具相互转化提供了必需的条件。

（二）配置功能

金融市场通过市场主体的活动，把零散的资金引导到急需资金扩大生产经营规模的经营项目上来。逐利的本性使人们更乐于将资金投入发展前景好、回报高的领域。金融市场通过将资源从低效率的行业转向高效率的行业，从而使稀缺资源得到合理配置和有效利用。

（三）调节功能

金融政策是政府宏观调控最重要的杠杆之一，而金融政策是通过金融市场来落实的。政府根据金融市场的情况制定货币政策或资本市场的管制措施，对金融市场的供求关系进行调节，从而调节人们的投资行为，达到对宏观经济调节的效果。

（四）信息功能

通过金融市场价格的变化，可以影响市场主体的行为，实现货币政策调整的目标。同时，金融市场的走势又能够反馈给央行，使其进行宏观调控时，能有的放矢。

三、金融市场的分类

银行、证券、保险、信托被称为现代金融的“四大支柱”。[①]

金融市场可分为：货币市场、资本市场、外汇市场、保险市场。

货币市场是经营一年以内短期资金融通的金融市场，包括短期借贷市场、银行间同业拆借市场、票据市场、回购协议市场和短期债券市场、大额可转让定期存单市场。货币市场的主要功能是调剂暂时性的资金余缺，货币市场也是中央银行进行公开市场操作、贯彻货币政策意图的主要场所。货币市场上交易的证券都是在一年或一年以内到期的短期证券。这些证券的特点是：期限短，债权一般在一年以内，通常是 90 天，有的只有几天或一天；较高的安全性，其信誉能保障持有人的本金不受损失；较高的流动性，这些工具能迅速转变为现金而其本金不受损失；融资高效性，能实现任何数量的快捷、方便和低成本的交易；有适当的收益，资金供应者获得较高利息，资金需求者又能够负担得起。可见，在货币市场上交易的大多是所谓的“准货币”。[②]

---

① 贺宛男．财经报道概论［M］．上海：复旦大学出版社，2012：50.

② 胡庆康．现代货币银行学教程［M］．上海：复旦大学出版社，2019：49.

资本市场指证券融资和经营一年以上中长期资金借贷的金融市场，包括股票市场、债券市场、基金市场和中长期信贷市场等，其融通的资金主要作为扩大再生产的资本使用，因此称为“资本市场”。作为资本市场重要组成部分的证券市场，具有通过发行股票和债券的形式吸收中长期资金的巨大能力，公开发行的股票和债券还可以在二级市场自由买卖和流通，有着很强的灵活性。

资本市场和货币市场都是资金供求双方进行交易的场所，是经济体系中聚集、分配资金的“水库”和“分流站”，但两者有明确的分工。资金需求者通过资本市场筹集长期资金，通过货币市场筹集短期资金，国家经济部门则通过这两个市场来调控金融和经济活动。从历史来看，货币市场先于资本市场出现，货币市场是资本市场的基础，但资本市场的风险要远远大于货币市场。其原因主要是中长期内影响资金使用效果的不确定性增大，不确定因素增多，以及影响资本市场价格水平的因素较多。

外汇市场指在国际间从事外汇买卖、调剂外汇供求的交换关系的总和。由于各国货币制度不同，国际间进行贸易、投资或旅游等经济活动，不可避免地会产生不同币种之间的收支关系，这就要求使用不同货币的国家和地区之间，必须像购买商品那样用本币去购买外币，即货币之间的兑换活动。相对于本币而言，欲交换的其他货币，就是“外汇”。两种货币之间的比价叫作“汇价”或“汇率”。所有买卖外汇的商业银行、专营外汇的银行、外汇经纪人、进出口商，以及其他外汇市场供求者，就构成了现汇和期汇市场的市场主体。

保险市场指买卖保险产品、调节保险商品供求关系的总和。保险产品是保险人为消费者抵御可能面临的风险而提供的各种保险项目及其他保险服务。从经济学角度来看，保险市场的客体是一种无形的服务商品，提供这种商品的保险机构，形成了保险市场的供给方；购买各种保险产品的消费者，形成了保险市场的需求方。

第二节　货币市场财经新闻传播

以银行为代表的货币市场对整个国民经济有重要影响，是货币政策的制定者和主要执行者，货币市场的活动对整个宏观经济具有重要的作用。同时，银行等金融机构又是直接为广大人民群众服务的机构，是百姓储蓄理财的主要渠道。因此，货币市场是财经新闻的重要信源。

一、货币市场的本质

货币市场就是到期期限在一年以下（含一年）的短期金融市场。

货币市场是短期资金的需求者和供给者的金融中介，同时为中央银行调节基础货币及公开市场操作提供基础条件。由于货币市场资金流通速度比较快，一般是解决一时之需，不会引起产权关系和需求者资本结构的变化，所以涉及资金的货币属性没有发生变化。货币市场呈现低风险、高流动性和低收益的特征。

货币市场参与者主要有机构、个人及货币市场的专门人员。机构参与者包括商业银行、中央银行、非银行金融机构、政府、非金融性企业。货币市场专业人员包括货币经纪人、交易商和承销商等。

二、货币市场的六大子市场

（一）短期借贷市场

短期借贷市场是货币市场的主体，指的是一年内的资金借贷市场，即短期借款，主要通过银行贷款实现，也有银行之外的借贷市场。

（二）银行间同业拆借市场

银行间同业拆借市场指商业银行调剂准备金余缺而互相借用资金所形成的短期借贷市场。

（三）票据市场

货币市场里，票据市场主要是以商业汇票的发行、承兑、转让和贴现形成的市场。与商业票据有关的业务主要有票据发行、票据转让、票据承兑、票据保证、票据贴现和票据清偿。

（四）回购协议市场

回购协议是由借贷双方签订协议，规定贷款方通过向借款方暂时售出一笔特定的金融资产而换取相应的即时可用资金，并承诺在一定期限后按预定价格购回这笔金融资产的安排。其中的回购价格为售价另加利息，这样就在事实上偿付融资本息。回购协议实质上是一种短期抵押融资方式。

（五）短期债券市场

所谓短期债券市场，指所交易金融工具剩余期限在一年以内的市场，包括两种情况：一种是债券的原始期限就在一年以内；另一种是债券的原始期限在一年以上，但是随着到期日的临近，剩余期限已不足一年。

（六）大额可转让定期存单市场

大额可转让定期存单市场指的是交易大额可转让定期存单的市场。可转让大额定期存单是由商业银行按照一定期限和约定利率发行的，到期前可以在二级市场上流通转让的证券化存款单据。有特定的金额、利率和期限，通常只有规模较大的货币中心银行才能发行。

三、银保监会与中国人民银行

货币市场的管理体制主要包括两个方面：货币市场的监督管理部门是中国银行保险监督管理委员会（以下简称“银保监会”）；而货币政策的制定者和执行者是中国人民银行。银保监会主要从行政角度对银行进行管理，而中国人民银行则通过经济杠杆来调节商业银行的经济行为。

银保监会是国务院直属事业单位。主要职责是依照法律法规统一监督管理银行业和保险业，维护银行业和保险业合法、稳健运行，防范和化解金融风险，保护金融消费者的合法权益，维护金融稳定。2018 年 4 月 8 日，银保监会正式挂牌。2020 年 6 月 23 日，银保监会发布《中国银保监会行政处罚办法》，自 2020 年 8 月 1 日起施行。

中央银行是不以营利为目的、统管全国金融机构的半官方组织。中央银行作为国家的银行，它是一国金融体系的核心和最高管理机关，负责制定和执行国家的货币金融政策，享有国家法律所赋予的发行货币的权力和其他种种特权。中央银行根据政府经济政策的要求，对商业银行和非银行金融机构进行业务上的管理和调节，以确保信用规模和货币供应适应经济发展的需要。中央银行作为国家管理金融的机构，不直接对企事业单位和个人办理日常的存贷款业务，而是面向商业银行和非银行金融机构，通过制定全国的金融宏观决策、货币政策和信贷政策，运用各种经济手段管理以及监督商业银行和非银行金融机构的业务活动，使之适应国家经济政策的要求。中央银行的性质和宗旨决定了其有三项职能：发行的银行、银行的银行和政府的银行。①

中国人民银行是中华人民共和国的中央银行，为国务院组成部门。在国务院领导下，制定和执行货币政策，防范和化解金融风险，维护金融稳定。中国人民银行根据《中华人民共和国中国人民银行法》的规定，在国务院的领导下依法独立执行货币政策，履行职责，开展业务，不受地方政府、社会

---

① 胡庆康．现代货币银行学教程［M］．上海：复旦大学出版社，2019：178.

团体和个人的干涉。

四、商业银行

（一）中国六大商业银行

商业银行是金融机构体系中的主体。中国六大国有商业银行是中国工商银行、中国建设银行、中国农业银行、中国银行、交通银行和中国邮政储蓄银行。这六大行都是综合性的大型商业银行，业务涵盖面广泛且多元，代表着中国金融界最雄厚的资本和实力，在国际上的影响也日益增强。

（二）商业银行的主要业务

1. 负债业务

所谓负债业务，就是商业银行的资金来源业务，包括自有资本、各项存款和各种长期、短期借款等，这些负债业务都有各自的特点。商业银行通过负债业务来获得资金。

2. 资产业务

商业银行的资产业务包括贷款和投资业务两大部分。在目前的发展阶段，我国商业银行仍然以贷款业务，也就是存款利率和贷款利率之间的利差，作为主要收入来源。

3. 中间业务和国际业务

广义的中间业务指商业银行从事的所有不属于资产负债表内反映的业务。其中，既包括汇兑、信用证、代收、代客买卖等业务，也包括金融创新过程中所产生的一些新业务，如期权、远期利率协议、备用信用证等业务。这些业务给银行带来更多盈利机会的同时，也伴随着风险。

广义的国际业务则指所有涉及外币或者外国客户的活动，包括银行在国外的业务活动以及在国内所从事的有关国际业务，其发展水平反映了一个国家参与国际金融竞争的程度。

五、互联网金融与数字货币

（一）互联网金融

互联网金融指传统金融机构与互联网企业利用互联网技术和信息通信技术实现资金融通、支付、投资和信息中介服务的新型金融业务模式。

互联网金融不是互联网和金融业的简单结合，而是基于互联网技术形成的、具有革命性的金融新形态，是在实现安全、移动等网络技术水平上，被用户熟悉接受后（尤其是对电子商务的接受），自然而然为适应新的需求而产生的新模式及新业务，是传统金融行业与互联网技术相结合的新兴领域。如今，利用手机终端的微信、支付宝等技术平台进行支付，已经是司空见惯的事情。互联网与金融深度融合是大势所趋，将对金融产品、业务、组织和服务等方面产生更加深刻的影响。互联网金融对促进小微企业发展和扩大就业发挥了现有金融机构难以替代的积极作用，为“大众创业、万众创新”打开了大门。互联网金融的健康发展，有利于提升金融服务的质量和效率，深化金融改革，促进金融创新发展，扩大金融业对内对外开放，构建多层次金融体系。作为新生事物，互联网金融既需要市场驱动，鼓励创新，还需要政策助力，促进发展，同时也需要加强监管。

2016 年 10 月 13 日，国务院办公厅发布了《互联网金融风险专项整治工作实施方案》。

2018 年 10 月 10 日，由中国人民银行、银保监会、中国证券监督管理委员会（以下简称“中国证监会”）制定的《互联网金融从业机构反洗钱和反恐怖融资管理办法（试行）》文件出台并公布。

（二）数字货币

数字货币是基于区块链技术创造出来的电子货币形式，是价值的数字化符号，可以像普通货币那样用作支付手段，也可以转账、存储和交易。国际清算银行（Bank for International Settlements，BIS）将数字货币定义为以数字形式表现的资产。数字货币与纸币、金属货币不同，它没有物理形态，而是以电子的方式存在，可以利用手机、平板电脑等电子设备在用户与实体之间传输，实现价值的转移。最成功和最广泛使用的数字货币形式是加密货币——比特币。如今在一些国家，数字货币已经成为合法使用的货币。

我国在数字货币方面走在了世界的前列。2014 年，中国人民银行成立了专门团队，开始对数字货币发行框架、关键技术、发行流通环境及相关国际经验等问题进行专项研究。

2017 年末，经批准，中国人民银行组织部分实力雄厚的商业银行和有关机构共同开展数字人民币体系（DC/EP）的研发。DC/EP 在坚持双层运营、现金（M0）替代、可控匿名的前提下，基本完成了顶层设计、标准制定、功能研发、联调测试等工作。

2020 年 4 月 19 日，中国人民银行数字货币研究所相关负责人表示，数字人民币研发工作正在稳妥推进，先行在深圳、苏州、雄安新区、成都及未来的冬奥场景进行内部封闭试点测试，以不断优化和完善功能。

数字人民币是由中国人民银行发行，由国家信用背书、有法偿能力的法定货币。与比特币等虚拟货币相比，数字人民币是法币，与法定货币等值，其效力和安全性是最高的，而比特币是一种虚拟资产，没有任何价值基础，也不享受任何主权信用担保，无法保证价值稳定。这是央行数字货币与比特币等加密资产的最根本区别。

六、货币市场财经新闻传播

（一）货币政策的财经新闻选题

货币政策的核心是控制货币供应量（Money Supply），通过科学的调控，保证市场有充裕的流动性，从而保证社会再生产的顺畅进行，同时又要防止通货膨胀，防范各种金融风险。因此，与货币政策有关的四个杠杆，就是财经新闻报道的重点。

1. 与利率有关的财经新闻选题

关注利率变化的，不只是经济界的专业人士，其范围几乎为全体百姓。所以，利率问题对财经新闻来说，意义极其重大。财经新闻不仅要反映利率变化的新闻事实，更要从预测利率变化走向和点评分析的角度，给普通受众以指导和启迪。例如，《央行：观察货币政策取向时，只需看政策利率是否发生变化》（2021 年 5 月 12 日，《21 世纪经济报道》）。

2. 与存款准备金率有关的财经新闻选题

存款准备金率是比利率更为灵活的工具，使用的频次越高，财经新闻报道的概率也越大。例如，《重磅！央行降低存款准备金率 1 个百分点》（2018 年 10 月 17 日，《人民日报》微信公众号）。

3. 与再贴现率有关的财经新闻选题

再贴现业务是中央银行调节市场银根松紧及货币供应量的重要手段。再贴现就是商业银行将商业票据低于票面价值卖给中央银行，是央行提供基础货币的一种手段。再贴现率的变化将直接影响商业银行的融资成本，达到调节货币供应量的目的，财经新闻要及时报道。例如，《央行决定再贴现率下调 0.25 个百分点》（2020 年 7 月 2 日，《人民日报》）。

4. 与公开市场业务有关的财经新闻选题

公开市场业务操作是一项经常性的工作，也是央行进行货币供应量操作比较灵活的手段。所以，这是财经新闻要经常关注的项目。这种操作除了直接对货币供应量进行调节外，还会传递一些未来货币政策的信号，所以财经新闻还有一个解释预测的任务。例如，《央行公开市场开展100亿元7天期逆回购操作》（2021年5月8日，新浪财经）。

（二）与央行、银保监会有关的财经新闻选题

央行是货币政策的制定者和执行者，银保监会承担着对银行业监督管理的职责，它们的一举一动，以及它们行动中透露的信息，对于判断货币政策的未来走势是很有帮助的。因此，央行和银保监会的活动，央行行长和银保监会主席的言论，也是财经新闻报道的重要内容。例如，《中国人民银行行长易纲：继续推动降低贷款实际利率》（2020年5月27日，人民网）、《银保监会点名的19名违法违规股东，涉及哪些违规问题？后续处置如何?》（2021年5月14日，《21世纪经济报道》）。

（三）与银行业务有关的财经新闻选题

银行是普通百姓打交道最多的金融机构，银行的业务几乎与每一位普通百姓都有关系。银行在业务方面有什么新举措，服务中存在的问题，都是财经新闻需要关注的。例如，《禁止银行开办"异地存款"，央行专家：适用于线下无网点的地方法人银行》（2021年2月26日，《华夏时报》）。

（四）与银行风险有关的财经新闻选题

商业银行要从存贷款业务中赚取差价，要靠负债来赚钱。所以，商业银行在运作过程中，也是有风险的。这种风险是财经新闻关注的问题之一。这个问题的直接表现就是资本充足率，资本充足率是否充足，与金融风险关系密切，是财经新闻需要关注的。例如，《资本充足率考核"倒计时"银行"花样"融资补血》（2018年3月6日，《21世纪经济报道》）。

（五）与货币市场子市场有关的财经新闻选题

货币市场包括短期借贷市场、银行间同业拆借市场、票据市场、回购协议市场、短期债券市场和大额可转让定期存单市场六个子市场。这些子市场是金融机构内部交易的项目，但是也能够反映出银行的经营状况和宏观经济形势，以及实体经济与虚拟经济的关系，所以，对这些子市场的一些活动也要进行报道。例如，《多家银行下调同业存款利率　创下历史新低》（2020年4月14日，《上海证券报》）。

（六）与互联网金融有关的财经新闻选题

作为新生事物，互联网金融打破了传统金融的经营模式，为百姓带来了全新的金融体验，提供了更为便利的金融服务。同时，互联网金融又存在着管理滞后等问题，存在着一定的金融风险，是广大财经新闻受众极为感兴趣的领域，自然也是财经新闻关注的焦点所在。例如，《央行部署今年6大任务　彻底化解互联网金融风险》（2020年2月21日，人民网）。

（七）与数字货币有关的财经新闻选题

数字货币自诞生起就面临着诸多争议，其交易价格更是存在着巨大的波动，许多人因之暴富，也有许多人为此倾家荡产！无论如何，数字货币都将对金融领域乃至整个社会生活带来翻天覆地的变化，尤其是中国数字人民币的诞生，更是吸引了中国人民乃至全世界的目光，是财经新闻必须时时关注并予以重点报道的领域。例如，《特斯拉叫停比特币支付　比特币24小时最大跌幅超1万美元》（2021年5月13日，证券日报网）、《上海消费者“尝鲜”数字人民币支付》（2021年5月2日，中国新闻网）。

第三节　资本市场财经新闻传播

以投资银行为经营主体的资本市场，可以直接将投资者和资金需求者联系在一起，具有比货币市场更为强大的融资功能，也比货币市场更加复杂多变，同时，它与财经新闻的联系也更紧密一些。在证券资产现金化的过程中，一个消息、一个传闻、一个流言都可能大大降低资产转换成现金的数量。[①] 可以说，资本市场是财经新闻受众尤其是投资者最为看重的市场，拥有最多的受众群体。

一、资本市场的本质

资本市场指中长期资金融通或证券买卖的市场。一般指证券融资和经营一年以上中长期资金借贷的金融市场，包括股票市场、债券市场、基金市场和信托产品市场等，其融通的资金主要作为扩大再生产的资本使用，一般会引起产权关系的变化，因此称为“资本市场”。资本市场的基本功能是促进资本的形成，有效地动员民众的闲散资金，将其合理地分配于经济部门。资本市场的完善与否，影响到一国的投资水平、资源的合理分配和使用，从而影响到国民经济的协调发展。[②]

---

① 何小锋，韩广智．资本市场理论与运作［M］．北京：中国发展出版社，2014：38.

② 胡庆康．现代货币银行学教程［M］．上海：复旦大学出版社，2019：54.

对于企业来说，资本市场为其提供了更多、更好的融资方式选择。资本市场是比较规范的市场，对企业的资产、股权都有规范的评价评估体系，可以让企业在比较透明的环境里进行交易，通过出让股权等方式低成本地融资；还可以为一些难以获得贷款的企业盘活股权专利等无形资产及存量的有形资产，通过证券化的方式获得资金，甚至可以利用风险资金来解决发展过程中的资金问题。

对于投资者来说，资本市场为其提供了更为广阔的投资理财空间，拥有了更多的投资理财项目选择。虽然资本市场的风险要比货币市场大，但是机会也更多，具有变现容易、可选择的投资品种多、回报大等优点，也可以通过定投等方式来规避风险。

资本市场的主要经营对象是证券。资本证券指资金需求者为了筹措长期资金而向社会公众发放由社会公众购买且能对一定的收入拥有请求权的投资凭证。

证券有四个要素：证券是一种权利证书；这种权利证书向社会公众发行，为千万人所拥有；设置这种权利证书的主要目的是收取未来收益，而未来是不确定的；向投资公众发出这种权利证书是有一定条件的。正是证券这一权利证书的公众性，以及根据既定条件收取未来收益的不确定性，使证券和传媒天生具有紧密的联系，是财经新闻关注最多的领域。

证券是一种权利证书，尽管价值可达上千万元，但投资人拿在手中的仅仅是一张薄纸，有的甚至只是计算机符号。购买证券只能体现抽象的价值，能够代表抽象价值的只有信息，而传媒是信息的载体。既然证券没有使用价值，那么为了实现价值，就必须保持高度的流通性，正是因为证券交易在随时进行，所以有关的信息披露也是持续流动的。

二、资本市场的构成

（一）股票市场

在资本市场中，股票市场是投资大众人数最多、投资规模最大，从长期看投资收益最好、媒体报道关注最多的市场。有关具体内容，在第九章专门介绍。

（二）债券市场

债券，即债权凭证，本质上是一种固定收益资产。“债券市场”是债券发行市场和债券流通市场的统称，是买卖债券的场所。债券市场由一级市场和二级市场组成。债券一级市场是债券发行市场，指政府机关、金融机构、企业等资金需求者，为筹措资金而发行新债券，通过招投标或通过承销商，将债券出售给投资人所形成的市场。债券二级市场是债券流通市场，指持有已发行债券的投资人出售变现，或从事债券买卖的投资者进行交易的市场。

（三）基金市场

从广义而言，基金有投资基金、产业基金、慈善基金、养老基金多种。但从资本市场来说，基金专指投资基金，也称“共同基金”。投资基金，是一种利益共享、风险共担的集合投资制度，即通过向社会公开发行一种凭证来筹集资金，并将资金用于证券投资。其优势在于：

- 集众多的分散、小额资金为一个整体。
- 委托经验丰富的专家经营管理。
- 分散投资，降低风险。

投资基金按组织形式，可分为契约型基金和公司型基金；按基金受益凭证可否赎回和买卖方式，则分为开放式基金和封闭式基金。

开放式基金指基金发行总额不固定，基金单位总数随时增减，投资者可以依据基金单位净值在国家规定的营业场所申购或者赎回基金单位的一种基金。开放式基金不在证券交易所上市，投资者可以向基金管理公司买卖，基金的规模也随投资者的买卖而变化。

封闭式基金发行总额确定，除非发生扩募等特殊情况，基金单位总数保持不变，基金上市后投资者可以通过证券市场转让、买卖的一种基金。封闭式基金在证券交易所上市，投资者不可以向基金管理公司赎回，而只能在证券市场按市场价格转让。

（四）信托产品市场

委托人将自己的财产委托给受托人（信托公司或证券公司），由受托人对委托财产进行管理。信托实际上是针对大中客户、在较小范围内类似于私募的一种集资活动，由此形成的市场，便是信托产品市场。

《中华人民共和国信托法》将信托界定为：“指委托人对受托人的信任，将其财产权委托给受托人，由受托人按委托人的意愿以自己的名义，为受益人的利益或者特定目的，进行管理或者处分的行为。”①

---

① 何小锋，韩广智．资本市场理论与运作［M］．北京：中国发展出版社，2014：27.

（五）权证与权证市场

权证，即按约定的条件，在未来约定的一段时间内获得的某种权利。如上市公司的股票可以同时发行配股权证、认购权证、认沽权证。

股票已经是将实物资产证券化了，是一种虚拟资本。而权证则是虚拟资本的“再虚拟”，是作为“原生品市场”即基础证券市场的一种衍生，离实物资产所代表的真实价值的距离更远，未来不确定性更大，价格变动更不易把握。因此，权证是高风险的投资品种。

（六）资产证券化

企业为了提高其持有资产和债权的流动性，可以将资产或债权作抵押发行证券，并以此来活化资产，提高资金使用效率。这种做法，就是资产证券化。

资产证券化是将各种资产转换成在市场上能够广泛交易、流通的证券资产的过程。证券资产具备标准化、可分割性和流动性的特征。因为标准化，可以在一个非常宽广的市场上进行交易；因为可分割性，几乎每个投资者都可以参与其中进行交易；因为流动性，它能满足投资者的不同需求，并且容易将其转换成为其他资产。

（七）风险投资市场

风险投资也叫“创业投资”（创投）或“创业资本”，是以私募形式出现的，以被投资公司未来的股权为代价的投资方式。风险投资既可以突破传统融资渠道对信用记录、营利性、担保等方面的限制，又不受资本市场的管制，它是在没有任何财产抵押的情况下，以资金与创业者持有公司的股权相交换，投资是建立在对创业者持有的技术及其理念认同的基础之上的。

三、资本市场财经新闻选题

有关股市的财经新闻传播，将在第九章专门探讨，这里介绍的是关于资本市场及资本市场除股市外的其他子市场的财经新闻传播。

（一）与债券市场有关的财经新闻选题

1. 与债券发行有关的财经新闻选题

债券，尤其是国债，是收益比较好的投资品种，债券发行信息是百姓关注的。财经新闻要及时发布相关信息。例如，《2021 年国债发行时间及利率表》（2021 年 3 月 5 日，财政部网站）。

2. 与收益率有关的财经新闻选题

债券收益率变化，直接关系到债券的价格，关系到债券持有人的收益，是财经新闻要关注的。例如，《2021 年 4 月 1 日中国国债收益率》（2021 年 4 月 1 日，全球经济数据网）。

3. 与债券风险有关的财经新闻选题

债券也存在一定的风险，财经新闻应该做出警示。例如，《购买公司债券可能会遇到哪些风险，如何防范》（2020 年 3 月 11 日，华律网）。

（二）与基金市场有关的财经新闻选题

1. 与基金发行有关的财经新闻选题

基金品种很多，每只基金的特点、发行背景不同，财经新闻应该通过自己的传播活动，让基民有一个比较全面的了解。例如，《4 月申报量大跌　新基金申报发行悄然变化　哪种最受欢迎?》（2021 年 5 月 10 日，《新京报》）。

2. 与基金行情有关的财经新闻选题

基金也是有市场波动的，财经新闻要像关注股市那样，及时报道基金市场的行情变化。很多财经媒体都会设有专栏，对基金行情进行程式化报道。例如，新浪财经就专门设有“新浪基金”栏目。

3. 与基金丑闻有关的财经新闻选题

无德的基金操作者可以通过“老鼠仓”的方式以权牟私，财经新闻要加强舆论监督，及时揭露基金方面的不法行为。例如，《融通基金被曝“老鼠仓”　神秘散户引出疑团》（2009 年 4 月 11 日，《北京晨报》）。

（三）与信托产品市场有关的财经新闻选题

信托产品市场技术性强，普通投资者并不熟悉，对于普通百姓来说，它只是理财产品的一种。因此，在这方面的报道应该把重点放到有关知识的传播上。例如，《3 月集合信托市场产品成立数量及规模大幅反弹　环比增幅双双超 50%》（2021 年 4 月 9 日，《证券日报》）。

（四）与权证与衍生品市场有关的财经新闻选题

权证及其他衍生品，是一种严重虚拟化的金融产品，未来不确定性较大，价格变动不易把握，投机性强。这方面的报道，除了行情等常规性报道，应以指导和警示为主。例如，《2020 年中国权证市场分析报告——市场竞争现状与发展前景评估》（2020 年 3 月 24 日，观研报告网）。

（五）与资产证券化有关的财经新闻选题

资产证券化技术性很强，离百姓生活略远，但投资理财中又会有所涉及，因此对其报道应以知识普及为主。例如，《2021—2026 年中国资产证券化行业市场供需格局及行业发展前景展望报告》（2021 年 3 月 31 日，财富号网）。

（六）与风险投资市场有关的财经新闻选题

风险投资市场主要与创业者（生产者）有关，因此报道应从创业的角度入手。例如，《2021 风险投资市场现状怎么样　风险投资行业发展分析》（2020 年 12 月 29 日，中研网）。

第四节　外汇市场财经新闻传播

外汇市场体现的是国际不同经济体之间的货币交换关系，是当代银行的重要业务。中国是全球最大的贸易国，外汇市场的变化不仅关系到整个国家的发展，与企业和个人的利益也息息相关，是财经新闻受众关注的领域。

一、外汇市场的本质

所谓外汇，就是可以用作国际清偿的支付手段和资产。根据《中华人民共和国外汇管理条例》的规定，我国的外汇包括外国货币、外汇支付凭证、外币有价证券、特别提款权（Special Drawing Right，SDR）、欧洲货币单位以及其他外币资产。根据各国货币在国际清偿中的不同特点，外汇又分为自由外汇和记账外汇。

外汇市场是世界上最大的金融市场，全球 24 小时不间断交易，各种衍生产品层出不穷。在外汇市场，其他经济体的货币就变成了一种商品，汇率就是这种商品的价格。国际间不同的经济体进行着超越边境界线的经济活动，促成商品、货币和资本的流动。外汇市场就是为这些经济活动提供服务的中介层。从这个角度来说，外汇市场本质上是一个经济体经济活动的向外延伸。

由于汇率处在不断变化中，外汇市场也成了利益调节的场所，国际金融“炒家”可以利用汇率工具，使某种货币贬值或升值，从中套利。外汇市场也就成了“金融大鳄”的乐园。对于外汇市场的风险，财经新闻必须时时关注。

我国是外汇储备最多的国家，让外汇保值增值，是一个重要的课题。既要保障外汇储备不贬值，保证经济安全，又要提高外汇使用效率，这需要国家在国际汇市上，充分利用金融工具，不断调整策略，调节外汇供求关系，杜绝汇率的大起大落。

二、外汇管理体制

外汇管理又称“外汇管制”，指一个国家为了保持本国的国际收支平衡，对外汇的买卖、借贷、转让、收支、国际清偿、外汇汇率和外汇市场实行一定限制措施的管理制度。其目的在于保持本国的国际收支平衡，限制资本外流，防止外汇投机，促进本国经济的健康发展。

我国的外汇管理职能部门是国家外汇管理局及其分局，负责全国外汇市场的监督管理工作，承担结售业务监督管理的责任，培育和发展外汇市场，负责国际收支、对外债权债务的统计和监测，承担国家外汇储备、黄金储备和其他外汇资产经营管理的责任等职能。

经营外汇业务的金融部门是外汇市场的经营主体。根据《中华人民共和国外汇管理条例》的相关规定，金融机构经营外汇业务必须报经国家外汇管理机构批准，并领取经营外汇业务许可证；应按规定为客户开立账户，办理有关外汇业务；应按规定缴存外汇存款准备金，遵守外汇资产负债比例管理的规定，并建立呆账准备金；外汇指定银行办理结汇业务所需的人民币资金，应当使用自有资金。

根据《中华人民共和国外汇管理条例》规定，我国实行国际收支统计申报制度，凡有国际收支的单位和个人都必须进行国际收支申报。

三、经常项目外汇与资本项目外汇

我国的外汇收支分为经常项目外汇和资本项目外汇，分别实施不同的管理措施。

经常项目指国际收支中经常发生的项目，包括贸易收支、劳务收支和单方面转移等。我国对经常项目下的外汇收入实行银行结汇制，境内机构的经常项目外汇收入必须汇回国内，并按照国家关于结汇、售汇及付汇管理的规定卖给外汇指定银行，或者经批准在外汇指定银行开立外汇账户。

资本项目指国际收支中因资本输出和输入而产生的资产与负债的增减项目，包括直接投资、各类贷款、证券投资等。境内机构的资本项目外汇收入，除非国务院另有规定，否则应当调回国内，在外汇指定银行开列外汇账户；卖给外汇指定银行的，须经外汇管理机关批准。

境内机构向境外投资的外汇管理：境内机构向境外投资，在向审批主管部门申请前，须由外汇管理机关审查其外汇资金来源。境内投资者以外汇资金向境外投资的，应向外汇管理当局缴存所投资金的5%作为汇回利润保证金；以设备作为投资的，应按资本设备投资额的2.5%缴存汇回利润保证金。

四、外汇市场财经新闻策划选题

（一）外汇市场行情程式化报道

外汇市场的变动，主要体现在汇率的变化。这是投资者、生产者、消费者都非常关心的内容，各财经媒体常常开设有外汇行情的程式化栏目，来反映外汇市场的动态。如中金在线网开设的汇率播报栏目，设有“今日美元对人民币走势图”“今日欧元对人民币走势图”“今日日元对人民币走势图”等，图文并茂地介绍每一天的汇率行情。

（二）国家外汇结汇情况

国家外汇结汇表明国家外汇储备的变化情况，也是外贸和吸引外资的重要表征。财经新闻要定期进行程式化报道。例如，《外汇局：2021年3月银行结汇2217亿美元》（2021年4月23日，中国金融网）。

（三）应对国际“炒家”的政策行为

外汇市场变幻莫测，是国际“金融大鳄”青睐的焦点所在。财经新闻要密切注意这方面的动向，对于国家采取的应对措施也要及时报道。例如，《外汇局召开2021年全国外汇管理工作电视会议　防范跨境资本异常流动风险》（2021年1月11日，人民网）。

第五节　保险市场

一、保险市场的本质

企业和个人在从事经济活动的过程中，会遇到来自外部环境的诸如火灾、被盗等风险，受到经济损失，为此，人们发明了“保险”这一风险管理工具。保险指投保人根据合同约定，向保险人支付保险费，保险人对于合同约定的可能发生的事故因其发生所造成的财产损失承担赔偿保险金责任，或者被保险人死亡、伤残、疾病，或者达到合同约定的年龄、期限等条件时承担给付保险金责任的行为。

从经济学角度来看，保险是分摊意外事故损失的一种财务安排，是社会生产和社会生活的“稳定器”，是保证社会再生产顺利进行的“安全阀”。保险还是社会经济保障制度的重要组成部分，对于提升人民生活水平、增加社会福利也有一定的促进作用。

保险具有以下三点功能。

（一）保障功能

保障功能是保险的核心功能，具体表现为财产保险的补偿功能和人身保险的给付功能。补偿功能指特定灾害事故发生时，在保险的有效期和保险合同约定的责任范围以及保险金额内，按其实际损失金额给予补偿，从而使社会再生产过程得以顺利进行。人身保险的给付功能指在保险合同约定的保险事故发生或者约定的年龄到达或者约定的期限届满时，保险人按照约定进行保险金的给付。

（二）资金融通功能

资金融通功能指将保险资金中闲置的部分重新投入社会再生产过程中所发挥的金融中介作用。保险机构为了使保险经营稳定，必须保证保险资金的保值与增值，这就要求保险机构对保险资金进行运用。而保险保费收入与赔付支出之间存在时间滞差，保费不可能一次性全赔出去，因此，保险保费是可以利用时间滞差来进行投资的。

（三）理财功能

对于个人来说，保险既是防止意外事故损失的好办法，也是投资理财的重要途径。一方面，个人可以利用保险产品的保障功能，来管理理财过程中的人身风险，保证理财规划的进行；另一方面，保险本身就附带有理财功能，保险公司设计的许多产品，可以在保障功能的前提下，实现保险资金的增值。相对于其他金融产品，投资保险的风险较低，收益比较稳定。

二、保险的市场主体

保险的市场主体包括投保人和保险人两部分。

投保人，指与保险人订立保险合同，并按照保险合同负有支付保险费义务的人。投保人可以是自然人也可以是法人，但必须具有民事行为能力。

保险人，又称“承保人”，指与投保人订立保险合同，并承担赔偿或者给付保险金责任的保险公司。在中国，保险公司有股份有限公司和国有独资公司两种形式。保险人是法人，公民个人不能作为保险人。

除了市场主体外，保险还有三个当事人。

（1）被保险人，指根据保险合同，其财产利益或人身受保险合同保障，在保险事故发生后，享有保险金请求权的人。投保人往往同时就是被保险人。

（2）受益人，指人身保险合同中由被保险人或者投保人指定的享有保险金请求权的人，投保人、被保险人可以为受益人。如果投保人或被保险人未指定受益人，则其法定继承人为受益人。

（3）保单所有人，拥有保险利益所有权的人，很多时候是投保人、受益人，也可以是保单受让人。

三、保险产品的基本分类

根据不同的标准，我们可以将保险分为若干类型。保险的分类标准很多，不同的学者、不同的教科书有不同的分法。我们这里主要使用以下五个标准：保险标的、被保险人、实施的形式、业务承保方式、盈利与否。

（一）财产保险、人身保险与责任保险

根据保险标的的不同，保险可分为财产保险、人身保险和责任保险。财产保险是以物或其他财产利益为标的的保险。广义的财产险包括有形财产险和无形财产险。人身保险是以人的生命、身体或健康作为保险标的的保险。责任保险是以被保险人的民事损害赔偿责任为保险标的的保险。

（二）个人保险与商务保险

根据被保险人的不同，保险可分为个人保险和商务保险。个人保险是以个人或家庭作为被保险人的保险。商务保险是以工厂、商店等经营单位作为被保险人的保险。

（三）强制保险与自愿保险

根据实施形式的不同，保险可分为强制保险和自愿保险。强制保险又称“法定保险”，它是由国家颁布法令强制被保险人参加的保险。自愿保险是在自愿协商的基础上，由当事人订立保险合同而实现的保险。

（四）原保险与再保险

根据业务承保方式的不同，保险可分为原保险和再保险。原保险指保险人对被保险人因保险事故所致的损失承担直接的、原始的赔偿责任的保险。再保险是原保险人以其所承保的风险，再向其他保险人进行投保，与之共担风险的保险。

（五）商业保险与社会保险

根据是否盈利的标准，保险可分为商业保险和社会保险。商业保险是以盈利为目的的保险。社会保险是不以盈利为目的的保险。

四、有关保险的财经新闻选题

（一）与保险业发展情况有关的财经新闻选题

作为国民经济的重要部门，生产者和投资者从关注宏观经济发展的角度，广大保民从切身利益的角度，会对保险行业的发展变化情况予以关注。财经新闻要予以报道。例如，《农业保险　离“敢保敢赔”有多远》（2019 年 6 月 21 日，《人民日报》）。

（二）与理赔有关的财经新闻选题

保障功能是保险的核心功能。能否顺利得到合理赔偿，是广大保民关注的。财经媒体应该对这一方面进行客观报道。例如，《从 2020 年保险业理赔数据看“保险理赔难不难”》（2021 年 2 月 4 日，国研网）。

（三）与保险改革举措有关的财经新闻选题

针对保险业界存在的问题，银保监会有什么新政策措施，各地保险业进行的改革探索，财经新闻媒体要及时予以报道。例如，《保险理赔难？业内首现“保民陪审团”模式》（2018 年 4 月 2 日，经济观察网）。

（四）对保险业存在问题进行曝光

对于保险业存在的一些弊端，以及一些侵害保民利益的不良保险企业，要予以曝光。例如，《工作十六年员工发文　实名举报中国人寿违法违规行为》（2021 年 2 月 24 日，新浪财经）。

第九章　股市财经新闻传播

股市是最主要的投资场所，关系到投资者和生产者的利益，拥有为数众多的市场主体，是最受人们关注的经济领域。同时，股市还是经济的“风向标”和“晴雨表”，与宏观经济形势以及国际财经时事息息相关。因此，股市是财经新闻极为重要的信息来源，可以说，财经新闻是围绕股市而展开的。

第一节　股市简介

一、股市的本质

欲了解股市的本质，必须首先了解什么是股票。而要了解股票，就必须首先了解股份有限公司这种企业形式。

现代企业以公司制的形式存在。公司制的核心就是股份制。所谓股份制，指由若干投资人出资认购股份，以股份联合形式组织起来的企业制度。根据现行《中华人民共和国公司法》，其主要形式为有限责任公司和股份有限公司。两类公司均为法人，投资者均可受到有限责任保护。

有限责任公司指由一人以上五十人以下的股东出资设立，每个股东以其所认缴的出资额对公司承担有限责任，公司以其全部资产对其债务承担责任的经济组织。有限责任公司创办者投入的资金组成固定的资本份额，按照所占份额得到公司的利润，公司若破产，则按份额分得剩余资产。简单地说，有限责任公司的股东人数是有限的，资本来源也相对比较集中，并不具备向社会募集资金的功能，因此，不具备上市的可能性，不能通过股市来发行股票融资。

股份有限公司则不同。股份有限公司指由法定最低数目以上的股东发起组织，全部注册资本被划分为等额股份，通过发行股票筹集资本，股东以其所持有股份对公司承担有限责任的一种公司组织形式。股份有限公司的资本总额可以分为若干股份，公司可以向社会公开发行股票筹资，股票可以依法转让。股份有限公司的股东具有开放性，只要认购了公司的股票，即可成为股东，享有表决权和获得利润的权利，以认购股份承担有限责任。简而言之，公司的总股本来自股东认购的股份。股东一旦认购股份，就不能退回，只能转让，因此公司的资本不会因为某些股东放弃股权而发生任何变化。

至此，我们可以对股票下一个定义。股票，指股份有限公司发行的、表示其持有人（股东）按其持有的份额享受相应权益和承担相应义务的可转让的书面凭证，是一种代表所有权的证券。人们购买了股票，就等同于对发行股票的股份有限公司进行了投资，股票就是“投资凭证”。

股市，就是股票市场，是股票交易的场所。股市也是“市”，这一点与其他市场并无任何区别。所不同的是，股市这个“市”交易的对象有点特殊，它交易的是“公司”这个特殊的“商品”，是把公司的产权“拆开”来，变成一张张股票进行交易。因此，从本质上说，买卖股票就是买卖公司。

股票市场起源于1602年荷兰人在阿姆斯特河大桥上进行荷属东印度公司股票的买卖，而正规的股票市场最早出现在美国。

中国股市起源于清末，新中国股市则始于1990年。1990年12月，上海证券交易所（以下简称“上交所”）成立。1991年7月，深圳证券交易所（以下简称“深交所”）试开业。中国大陆有上交所和深交所两个交易市场。2021年9月2日，习近平主席在2021年中国国际服务贸易交易会全球服务贸易峰会致辞中宣布设立北京证券交易所，打造服务创新型中小企业主阵地。

二、中国证监会

1992年10月12日，中国证监会正式成立。中国证监会是国家对证券市场进行统一宏观管理的主管机构，是国务院直属正部级事业单位，依照法律法规和国务院授权，统一监督管理全国证券期货市场，维护证券期货市场秩序，保障其合法运行。

中国证监会设在北京，内设21个职能部门，1个稽查总队，3个中心。根据《中华人民共和国证券法》第十四条规定，中国证监会还设有股票发行审核委员会，委员由中国证监会专业人员和所聘请的会外有关专家担任。中国证监会在省、自治区、直辖市和计划单列市设立36个证券监管局，在上海、深圳设证券监管专员办事处。

三、股票的价值

股票的价值主要体现在每股权益比率和对公司成长的预期上。如果公司发展非常好，规模不断扩大，效益不断提高，能够不断分红，那么股票价值就越高，反之则越低。股票的价值直接表现是股票的价格，通常表现在以下几个方面。

（一）面值

股票的面值是股份公司在所发行的股票票面上标明的票面金额，它以元/股为单位，其作用是表明每一张股票所包含的资本数额。在上海和深圳证券交易所流通的股票的面值均为“1 元”。

（二）每股净利

每股净利也叫“每股收益”或“每股盈余”，上市公司净利润（纯收益）除以发行在外的总股本的商。其含义是公司收益平摊到每一股合多少元。每股净利高的股票，通常称为“绩优股”；每股净利低甚至出现负数，则为“绩差股”或“垃圾股”。

（三）每股净资产

每股净资产也叫“每股权益”，是上市公司净资产（股权权益）除以发行在外的总股本的商。其含义是公司的净资产平摊到每一股是多少元。每股净资产高，表明公司的家底厚实；反之则表明公司的家底单薄，甚至资不抵债。

（四）市盈率

市盈率即市价盈利率，又叫“本益比”。它是上市公司的股票在最新年度每股的盈利与该公司最新股价的比率。计算公式为：市盈率=公司股票最新市价/公司最新年度每股盈利。

市盈率是分析股票市价“高”与“低”的重要指标，是衡量股票投资价值的一种方法。市盈率是一个风险指标，它反映了某种股票在某一时期的收益率，成了市场上影响股价诸多因素的综合指标。市盈率综合了投资的成本与收益两个方面，可以全面地反映股票的投资风险。一般来说，市盈率越高，风险越大；市盈率越低，风险越小。

（五）市净率

市净率指市价与每股净资产之间的比值。计算公式为：市净率=股票市价/每股净资产。净资产的多少由股份公司经营状况决定，股份公司的经营业绩越好，其资产增值越快，股票净值就越高，股东所拥有的权益也越多。一般来说，市净率较低的股票，投资价值较高；市净率较高的股票，投资价值较低。但在判断投资价值时，还要考虑当时的市场环境以及公司经营情况、盈利能力等因素。

四、股票种类

（一）按照发行范围，可以分为“A 股”“B 股”“H 股”

中国大陆发行的股票，分为“A 股”“B 股”“H 股”，是以英文字母作为代称的股票分类。

A 股的正式名称是“人民币普通股票”，是由中国境内注册公司发行，在境内上市，以人民币标明面值，供境内机构、组织或个人以人民币认购和交易的普通股股票。

B 股的正式名称是“人民币特种股票”。它是以人民币标明面值，以外币认购和买卖，在中国境内（上海、深圳）证券交易所上市交易的外资股。B 股公司的注册地和上市地都在境内。而英文字母 A 和 B 没有实际意义，只是用来区分人民币普通股票和人民币特种股票。

H 股是以港元计价在香港发行并上市的境内企业的股票。

（二）按照股东的权利，可以分为普通股与优先股

普通股指向投资大众发行的，有表决权，也可以按股分红的股份。人们购买股票，就是定向地投资某一公司，主要是为了获取两项基本权利，即获取收益的权利和参与决策的权利。尽管股民占有公司股份可能微乎其微，但从理论上说，是具有这两项权利的。

优先股指股份公司出于某种特别需要发行的，具有优先领取股息和优先获得清偿的权利，但在表决等方面的权益要受到一定限制的股票。优先股的股东可以按约定优先获得股息，而不必受公司经营状况变化的影响；一旦公司破产，可以优先进行清偿。但一般不能参与公司的具体决策活动，没有投票权。

（三）按照股票的特点，可以分为“蓝筹股”与“红筹股”

蓝筹股中的“蓝筹”一词源于西方赌场。在西方赌场中，有三种颜色的筹码，其中蓝色筹码最为值钱，红色筹码次之，白色筹码最差。后来投资者将这个名词套用到了股票上，出现了“蓝筹股”一词，借指那些在股市中占比较大、在其所属行业中具有重要支配地位、业绩优良上市公司的股票。

红筹股指最大控股权直接或间接隶属于中国内地有关部门和企业，并在

香港联合交易所上市的公司所发行的股份，即在港上市的内地中资企业的股票。

五、股市的市场参与者

任何市场都是由买卖双方构成的，股市也不例外。但与一般商品交换的市场不同，股市的市场参与者既是“买者”又是“卖者”，“买进”和“卖出”都是经常出现的交易行为。

（一）散户投资者

散户，亦称“股民”，是以自然人身份出现的个人投资者。散户一般投入资金量比较小，自然没有能力干预股市的走向，无力炒作股票。但散户为数众多，中国证券业投资者保护基金有限责任公司发布的《2019 年度全国股票市场投资者状况调查报告》资料显示：截至 2019 年 12 月 31 日，全国股票投资者数量达 15975.24 万人，其中自然人投资者占比 99.76%。

（二）机构投资者

机构投资者指用自有资金或者从分散的公众手中筹集的资金专门进行有价证券投资活动的法人机构。这些机构具有雄厚的资金，能够大手笔买进卖出，对股市影响要远远超过散户。

1. 投资基金

投资基金也称“互助基金”或“共同基金”，是通过公开发售基金份额募集资本，然后投资于证券机构。投资基金由基金管理人管理，基金托管人托管，以资产组合方式进行证券投资活动，为基金份额持有人的利益服务。

2. 社保基金

“社保基金”是全国社会保障基金的简称，指全国社会保障基金理事会负责管理的由国有股减持划入资金及股权资产、中央财政拨入资金、经国务院批准以其他方式筹集的资金及其投资收益形成的由中央政府集中的社会保障基金。

社保基金投资运作的基本原则是，在保证基金资产安全性、流动性的前提下，实现基金资产的增值。国家规定社保基金可以在限定的比例内进入股市，主要目的是让社保基金实现增值，保障人民的利益。财政部会同劳动和社会保障部拟订社保基金管理运作的有关政策，对社保基金的投资运作和托管情况进行监督。

社保基金投资在全世界都有严格限制，特别对股市等高风险投资更是有着数量和比例的限制。在我国，社保基金入市的比例一般在15%~20%。社保基金是长期资金，对稳定股市起到了重要作用。社保基金入市金额变化，以及选择投资方向，都是媒体需要关注的。

3. 企业年金

企业年金指企业及其职工在依法参加基本养老保险的基础上，自愿建立的补充养老保险制度，是多层次养老保险体系的组成部分，由国家宏观指导，企业内部决策执行。

4. 保险资金

保险资金是保险公司开展商业保险业务，汇集成的一大笔资金。保险资金可以按比例入市，给股市注入活力。

5. 境外机构投资

合格的境外机构投资者（Qualified Foreign Institutional Investors，QFII）。QFII机制指外国专业投资机构到境内投资的资格认定制度。经过认证，QFII可以购买中国内地股票，形成机构投资的重要力量。

六、沪深股市对外互联互通

伴随着资本市场改革开放的步伐，沪深两市也在扩大开放范围，开展资本市场的互联互通，这对于活跃资本市场，吸引外来资金都具有重要意义。

（一）沪港通

沪港通即上海和香港股市之间的市场交易互联互通机制。按照这一机制，上海和香港两地的投资者委托上交所会员或者香港联合交易所（以下简称“联交所”）参与者，通过上交所和联交所在对方所在地设立的证券交易服务公司，买卖规定范围内的对方交易所上市股票。

（二）深港通

深港通指深圳和香港股市之间的市场交易互联互通机制。这一机制使内地和香港投资者可以通过当地证券公司或经纪商买卖规定范围内的对方交易所上市的股票。2016年12月5日，深港通正式启动。

（三）沪伦通

沪伦通指上交所与伦敦证券交易所（以下简称“伦交所”）互联互通的

机制。符合条件的两地上市公司，可以发行存托凭证（Depository Receipt，DR）并在对方市场上市交易。2019 年 6 月 17 日，中国证监会和英国金融行为监管局发布沪伦通《联合公告》，原则批准上交所和伦交所开展沪伦通。国务院办公厅转发证监会《关于开展优质创新企业境内发行股票或存托凭证试点的若干意见》（国办发〔2018〕21 号），对中国存托凭证（Chinese Depository Receipt，CDR）进行了界定，明确 CDR 是由存托人签发、以境外证券为基础，在中国境内发行、代表境外基础证券权益的证券。相应地，沪伦通下的 CDR 是由存托人签发、以沪市 A 股为基础在英国发行、代表中国境内基础证券权益的证券。

七、股市的经济学意义和新闻价值

股市是虚拟经济，它本身是不能创造价值的，也不能增加社会财富。但是，股市可以为企业解决资金问题，可以为广大投资者增加一个投资渠道，在社会再生产过程中具有举足轻重的地位。

股市具有三大功能。

（一）融资功能

股市存在的基本意义是能够为企业发展融资。它可以通过发行股票的方式，把社会上闲散的资金迅速集中起来，为企业解决资金问题并获得快速发展。股市投资是直接投资，如果公司被社会认可，就可以获得巨额的、无须归还的、长期使用的资金，这是企业自身积累和银行贷款所无法实现的。

（二）投资功能

从投资者的角度来看，股市具有超强的投资功能。在整个金融市场，股市是吸引资金最多的市场，也是参与者人数最多的市场。由于股市是直接投资，投资者能够主动选择自己投资的公司，因而有可能将公司的成长与个人投资回报挂钩，获得丰厚的收益。尽管股市也具有较强的投机性，但股票是可以获得分红的，所以可以给个人或机构提供长期投资的机会。

（三）资源配置功能

股市是规范的资本市场，投资者在股市进行直接投资，可以在公开透明的前提下，选择自己喜欢的公司进行投资。作为经济人，他们会通过公司年报和各种公开披露的信息，选择成长性好、盈利能力强的股票进行投资，抛弃业绩滑坡、收益差的公司，这就使资金逐渐流向效益好、成长性强的公司，推动其股价上涨，为优质公司融资创造良好环境，使社会资源流向在社会再生产中发挥重要作用，实现资源的优化配置。

股市在本质上就是一个市场，特殊的是，股市交易的商品是代表企业产权的股票。既然是市场，股市自然也要受供求关系的影响，由于股票只是企业价值的一个代表符号，并非像商品市场中的商品那样可以满足人们的某种需求，而且人们购买股票的目的是低买高卖来赚钱，因此股票的价格波动性超强。

股市唯一不变的就是时时刻刻都是变化的。股市是投机者和投资者都很活跃的地方，是一个国家或地区经济状况的“寒暑表”。适度的投机性对于吸引投资者、活跃股市投资环境是有益的，但过分投机出现，诸如无货沽空等不良现象，则可能导致股灾甚至引发经济危机。

从新闻传播的角度来看，股市是一个信息集散地。各种信息都可能对股市走向产生影响，庞大的股民群体因为关注股市而对财经新闻产生兴趣。可以说，中国内地的财经新闻，就是伴随着股市的诞生、发展而发展起来的。没有股市，就没有财经新闻！

财经新闻的受众主体是投资者，而投资者中主体是股民。股民从切身利益出发去关注一切可能与股市有关的财经新闻，更关注股市本身的财经新闻信息。在股市里，人们把那种有利于股价上涨的消息，称为“利好”消息，把那些有可能造成股价下跌的不利信息，称为“利空”消息。

在股市里，影响股价的当然也是供求关系，但前面已经提到，股票并不会满足人们的某种需求，因此其价格波动很大。而股市的供求关系，主要表现为“资金”和“股票”两个方面的增减变化。那些和资金增加有关的信息，诸如加息、机构加仓等，是利好消息；那些和股票增加有关的信息，诸如股票发行规模扩大、大股东减持等，是利空消息。

股市里充满了不确定性。“市场可以保持非理性很长时间，长过你能保持流动性而不破产的时间。”① 然而，股民们都是为了赚钱才进入股市的，因此人们更希望能获得鲜为人知的内幕消息，更希望能得到“大咖”们的指引跑赢大盘，这些信息都得通过财经新闻才能获得。

八、与股市有关的财经新闻选题

（一）与股市“科普”有关的财经新闻选题

投资股票是一件非常复杂的事情，需要大量的专业知识，这就需要具有

① 袁熙．财经新闻经济学［M］．北京：人民邮电出版社，2014：99.

专业知识的人士向广大投资者传递相关的专业信息，由此形成了财经新闻的传播链条。例如，《什么是巴菲特指数》（2021 年 5 月 21 日，东方财富网）。

（二）与中国证监会动态有关的财经新闻选题

中国证监会是股市的监管者，其政策变化对股市有重要影响，财经媒体要及时予以报道。例如，《证监会：对“伪市值管理”零容忍》（2021 年 5 月 23 日，《北京青年报》）。

（三）与大资金入市有关的财经新闻选题

社保基金、QFII 等大资金入市，势必会对股市产生一定的冲击，对股价上涨是利好消息，财经新闻要予以关注。例如，《A 股迎兴奋剂：6000 亿社保基金入市时间将大幅度提前》（2015 年 5 月 7 日，搜狐财经）。

（四）与沪港通、深港通、沪伦通有关的财经新闻选题

沪港通、深港通、沪伦通对沪深两大市场的供求关系产生影响，这方面产生的财经新闻信息对股民有引导作用。特别是由沪港通、深港通所产生的“北向资金”的动向，更是被广大股民关注。例如，《“北向资金”狂买家电龙头》（2021 年 5 月 23 日，《中国证券报》）。

第二节 股价指数财经新闻传播

一、股价指数的概念

股票价格指数即股价指数，是由证券交易所或金融服务机构编制的表明股票行市变动的一种供参考的指示数字。指数是显示价格波动的指标，评价股价水平，要通过股价指数来实现。股价指数可分为综合指数和成份指数。简单来说，综合指数是把所有的股票价格加权平均，成份指数是把某些有代表性的股票的价格加权平均。

由于股票价格起伏无常，投资者必然面临市场风险。对于具体某一种股票的价格变化，投资者容易了解。而对于多种股票的价格变化，要逐一了解，既不容易，也让人不胜其烦，对于整个市场的情况，更是无从谈起。为了适应这种情况和需要，一些金融服务机构就利用自己的业务知识和熟悉市场的优势，编制出股票价格指数，公开发布，作为市场价格变动的指标。投资者据此就可以检验自己投资的效果，并用以预测股票市场的走向。

二、中国内地主要的股价指数

（一）上证指数

上证指数即“上证综指”，是上海证券交易所综合股价指数的简称，其样本股是上交所全部上市股票，包括 A 股和 B 股，反映了上交所上市股票价格的变动情况，上证指数以 1990 年 12 月 19 日为基期，1991 年 7 月 15 日开始公布。上证股价指数以上海股市的全部股票为计算对象，计算公式如下：

股票指数 =（当日股票市价总值÷基期股票市价总值）×100

由于采取全部股票进行计算，因此，上证指数可以较为贴切地反映上海股价的变化情况。

2005 年 12 月 15 日，上证所将选择已完成股权分置改革的沪市上市公司组成样本，发布新上证综指，以反映这批股票的市场走势，为投资者提供新的投资尺标。新上证综指发布以 2005 年 12 月 30 日为基日，以当日所有样本股票的市价总值为基期，基点为 1000 点。

（二）深证成指

深证成指即“深证成份指数”，是深交所编制的一种成份指数，是从上市的所有股票中抽取具有市场代表性的 40 家上市公司的股票作为计算对象，并以流通股为权数计算得出的加权股价指数，综合反映深交所上市 A 股、B 股的股价走势。以 1994 年 7 月 20 日为基日，基日指数定为 1000 点。

（三）沪深 300

沪深 300 指数是由沪深证券交易所于 2005 年 4 月 8 日联合发布的反映沪深 300 指数编制目标和运行状况的金融指标。沪深 300 指数反映的是流动性强和规模大的代表性股票的股价的综合变动，可以给投资者提供权威的投资方向，也便于投资者进行跟踪和投资组合，保证了指数的稳定性、代表性和可操作性。

（四）中小企业板指数

中小企业板指数是从深交所中小板上市交易的 A 股中选取的具有代表性的股票样本计算的股价指数。中小板 100 指数实施定期调整，时间定于每年 1

月、7月的一个交易日进行实施，通常在前一年12月和当年6月的第二个完整交易周的第一个交易日公布调整方案。中小企业板指数以2005年6月7日为基日，基日指数为1000点。

（五）创业板指数

创业板主要是为针对解决创业型企业、中小型企业及高科技产业企业等需要进行融资和发展而设立的。创业板指数是深交所编制的反映创业板市场情况的股价指数，从2010年6月1日起正式编制发布。该指数的编制参照深证成份指数和深证100指数的编制方法以及国际惯例（包括全收益指数和纯价格指数）。至此，创业板指数、深证成指、中小板指数共同构成反映深交所上市股票运行情况的核心指数。

三、股价指数的经济学意义和新闻价值

股市是国民经济的“晴雨表”“风向标”，经济趋势发生变化，往往先在股市中反映出来。股市是经济人博弈的场所，是各种经济信息汇总的舆论场，而这一切，都需要人们对股市有一个总体的评价和了解，股价指数就能起到这样的作用。股价指数是对股市或股市中某个特定板块的总体反映。

投资者自然会时刻关注股价指数的变化，关注宏观经济形势和宏观调控的受众也会关注股价指数的变化。因此，财经新闻必须时时反映股价指数的变化，24小时不间断地报道国内外主要股票市场的股价指数变化，做实时的程式性报道。

此外，借助专家学者和官员的采访，对股价指数变化进行解读，也是财经新闻的重要任务。

四、股价指数财经新闻选题

（一）与股价指数有关的程式性报道

股价指数的财经新闻报道是最具程式性特征的，有关的股价指数情况都会在固定时间播报。例如，《收评：沪深两市涨跌各异，创业板指收涨1.18%》（2020年12月15日，《金融投资报》）。

（二）与股价指数的评价有关的财经新闻选题

人们关注股价指数，是希望能够从股价指数的变化中预测股市的走向。因此，财经新闻除了进行程式性报道，还要对围绕股价指数展开的预测进行

报道。例如，《十大机构看后市：股票市场牛市格局继续　蛰伏六年市场有望挑战四千点》（2021 年 5 月 23 日，新浪财经）。

第三节　一级市场财经新闻传播

一、一级市场简介

（一）一级市场的概念

股票一级市场指股票的初级市场，也就是发行市场，是上市公司将股票首次出售给公众时形成的市场。该市场的主要经营者是证券公司，负责股票承购和分销的业务，采用承购包销的方式承销股票，确保公司证券能够按照某一价格销售出去，之后再向公众推销这些证券。

在这个市场上，投资者可以认购公司发行的股票。通过一级市场，发行人筹措到了公司所需资金，而投资人则购买了公司的股票成为公司的股东。

（二）一级市场的种类

1. 首次发行

首次公开募股（Initial Public Offering，IPO）：指企业通过证券交易所首次公开向投资者发行股票，以期募集用于企业发展资金的过程。

通常情况下，上市公司的股票是根据中国证监会发行的招股说明书或注册声明中约定的条款，通过经纪人或做市商人出售的。一般来说，一旦完成首次公开上市，公司就可以申请在证券交易所或报价系统上市。

2. 再融资

上市公司在 IPO 之后，根据经营需要，经过中国证监会批准，可以继续在股市募集资金，这就是再融资。再融资的方式很多，如配股、发行可转换债券等。

配股指上市公司根据公司发展需要，依照有关法律规定和相应的程序，向原股票股东按其持股比例、以低于市价的某一特定价格配售一定数量新发行股票的融资行为。

可转换债券是债券持有人可按照发行时约定的价格将债券转换成公司的普通股票的债券。利用可转换债券的方式再融资，可以减轻投资人的负担，给他们更多的选择，对于上市公司来说，融资效果会更好。

（三）发行制度改革

在股市开设之初实行额度制，即由中央把额度分配到省、自治区、直辖市、计划单列市人民政府和中央各部委，再由各地方政府和各部委推荐给中国证监会。额度制不符合市场规律，经过几年实践，过渡到审批制。审批制是由推荐上市的证券公司向中国证监会申报，经中国证监会批准方能上市。为了保证质量，发股前先得有一年的“辅导期”。之后，又改为审核制。审核制是由专家和中国证监会官员组成的发行审核委员会（以下简称“发审委”）对欲上市的公司进行审核，合格后方可上市。2004 年起，发审委的身份向社会公布，以便于监督。但审核制仍没有改变由少数人决定公司上市权带来的弊端，与审批制并无本质区别。

在这种体制下，只有中国证监会才有权决定一家公司是否能上市，带来的最主要的后果就是扭曲了中国证券市场的供求关系。纵观中国证券市场的历史，上市公司的市盈率基本上都是比国外高的，有时高得非常离谱，这就产生了资产价格泡沫化。所以，改革的方向是由审批制向注册登记制转化。

注册登记制是在市场化程度较高的成熟股票市场中所普遍采用的一种发行制度，证券监管部门公布股票发行的必要条件，企业只要达到所公布条件要求即可发行股票。发行人申请发行股票时，必须依法将公开的各种资料完全准确地向证券监管机构申报。证券监管机构的职责是对申报文件的真实性、准确性、完整性和及时性做合规性的形式审查，而将发行公司的质量留给证券中介机构来判断。把新股上市权、定价权交给市场，放宽发股，建立退市机制，让经营不善的上市公司及时退市，保证上市公司的质量。

二、一级市场的经济学意义和新闻价值

股票的一级市场是资本市场最重要的组成部分。其规模和发展速度直接影响股票市场的供求关系。一级市场是发行市场，决定发行股票的品种数量和股票发行规模。因此，从经济学的角度来看，一级市场是政府宏观调控的重要参照系，也是政府调控经济的一个抓手。

IPO 的发生，意味着股市上市公司家数的规模增加，可以看作股票“供应”的一端，再融资则表明上市公司从股市“抽血”的规模。因此，股民和机构都会十分关注一级市场的变化。

但要指出的是，一级市场发行规模扩大，并不一定就是利空消息。一些声誉好、影响力大的公司上市，对股市也会发挥提振作用，反而会刺激股民入市。

三、与一级市场有关的财经新闻选题

（一）与 IPO 有关的财经新闻选题

IPO 的数量规模、公司性质对股市有重要影响，这是广大股民非常关注的，财经新闻要从中发现新闻选题。例如，《一季度 IPO 家数同比翻番》（2021 年 3 月 25 日，《上海证券报》）。

（二）与再融资有关的财经新闻选题

在股市资金没有大变化的情况下，再融资因为要吸收存量的资金，会对股票供求关系产生影响，引起股价波动，财经新闻要及时报道。例如，《再融资规模骤降 77%，千亿可转换债券待发》（2017 年 4 月 13 日，爱奇艺财经）。

（三）注册制改革

注册制改革对于规范一级市场的上市活动、发挥资本市场的功能、促进股市快速发展具有重要意义。但是，由于注册制改革有可能降低入市门槛，增加上市公司数量，也会造成股民的疑虑。财经新闻报道应该传播正能量信息，帮助股民解惑释疑。例如，《易会满：要建立起对发行人质量、发行定价和发行时机的市场化约束机制，注册制改革是“牛鼻子”工程》（2021 年 5 月 21 日，新浪财经）。

第四节　二级市场财经新闻传播

一、二级市场简介

（一）二级市场的概念

股票二级市场是交易市场，是已经发行的股票按时价进行转让、买卖和流通的市场，包括交易所市场和场外交易市场两部分。

二级市场的功能是为股票提供流动性，保证股票持有者能够自由方便地卖掉手中的股票，得以变现。二级市场是股民之间互相交易的市场，在二级市场出售股票的收入，归股票原持有人所有，是转让股票获得的回报。正因如此，股票的二级市场充满诱惑力，人们希望能够低买高抛，在二级市场赚取利润。尽管二级市场售卖股票的收入并不流入上市公司，不能为实体经济服务，但是活跃的二级市场所营造的赚钱效应，对于吸引普通民众进入股市，购买股票，增强二级市场的活力，进而促进一级市场的发展，吸引社会资金投入上市公司，是大有益处的。

（二）二级市场的构成

按上市证券的等级、风险大小，股票二级市场可分为主板、二板、三板和场外交易等多个市场。

1. 主板

主板是股市最重要的组成部分，上市的多为大中型企业和在国民经济中地位较重要的企业。主板在很大程度上能够反映经济发展状况，有“经济晴雨表”之称。主板对发行人的营业期限、股本大小、盈利水平、最低市值等方面的要求标准较高，上市企业多为大型成熟企业，具有较大的资本规模以及稳定的盈利能力。

2. 二板

二板又叫“创业板”，上市的大多是高科技企业和创业企业，鉴于创业企业尚在成长期，大多没有盈利指标，却必须有活跃的主营业务和相应的现金流量。在创业板上市的公司具有较高的成长性，往往成立时间较短、规模较小，业绩也不突出，但有很大的成长空间。可以说，创业板是一个门槛低、风险大、监管严格的股票市场，也是一个孵化创业型企业和培育中小型企业发展的摇篮。

3. 三板

在海外，三板通常指柜台交易或场外交易，属于非上市证券市场。在中国，由券商“代办股份转让”，俗称“三板”，在那里交易的大多是从主板退市的股票。

4. 场外交易

所谓场外交易，是针对交易所集中竞价交易而言的。场外交易通常是一对一、协议定价，如国有股、法人股的转让均采用场外交易。即便所有股份全流通，以协议方式转让的场外交易还将继续存在。

（三）交易限制

股市是一个规则严密的市场，为了防止过度投机和恶意炒作，会对交易进行一定程度的限制。

1. 价格限制

价格限制俗称“涨跌停板制度”，中国股市正常交易的股票、债券、基金等日最高涨跌幅不超过10%，特别处理的股票涨跌幅不超过5%。

2. 流量限制

流量限制即一笔交易最多不超过多少个交易单位的限制。如率先推出大宗交易的深交所规定，大宗交易为股票50万股，债券5000手。但同时又规定，交易所可以根据市场情况调整大宗交易的最低限额。

3. 对境外投资者的限制

每个国家的股市都会对境外投资者进行一定的限制。中国股市目前只对QFII开放。

4. 举牌制度

举牌制度即持股达到一定的比例必须公开披露的交易制度。《中华人民共和国证券法》规定，投资人在二级市场买入一家公司股票达到总股本的5%时，必须在三日内公告，俗称“举牌”，以后每增减5%必须再公告。

二、二级市场的经济学意义和新闻价值

二级市场虽然不像一级市场那样，可以直接为企业融资，但对于企业来说也是非常重要的。通过二级市场，上市公司可以随时增持或减持自己的股份，使企业的资本经营活动更为灵活机动，也可以开展并购等活动。从全社会来看，这有利于社会资源的合理配置，可以促进社会再生产的顺利进行。

二级市场维持较高股价，对于上市公司来说，可以树立良好的企业形象，对于企业的产品经营具有促进作用，对于上市公司在一级市场再融资，也是极为有利的。

二级市场具有一定的投机性，这是难以避免的，甚至这种投机性对于活跃股市、吸引股民加入还具有积极作用。但是，投机的“度”是很难拿捏的。二级市场过度投机，脱离实体经济而自我膨胀，是十分有害的，甚至会危及实体经济。

二级市场是投资者最主要的投资渠道，拥有最大的投资者规模。然而，股市又给人以扑朔迷离的神秘色彩，存在着暴富神话，也存在巨大风险，这一切都引发人们强烈的好奇心和参与意识，也使得与二级市场相关的信息，具备较高的新闻价值。可以说，二级市场信息是产生财经新闻最多的信源。

股市在本质上是企业资产的交易市场。人们购买股票，本质上是为了获取上市公司的资产所有权和盈利能力。因此，人们需要了解上市公司的经营状况。在我国，上市公司实行强制性信息披露制度。所谓强制披露，指证券

监管部门强制上市公司定期或不定期地向股民公布公司的经营状况和重大事宜。强制披露有两种形式：

一是定期报告，即年度报告、半年度报告和季度报告。一年四个定期报告都以格式文本方式，规定了极为详尽的强制性披露事项，并有规定的披露截止日期，过期不披露股票必须停牌，公司董事会将受到公开谴责。

二是临时报告，即当发生可能对公司股价产生较大影响，而投资者尚未得知的重大事件时，上市公司董事会必须立即（三个交易日内）将该重大事件向中国证监会和交易所提供临时报告，并予公告，说明事件的实质。

监督关联方交易是二级市场财经新闻报道的又一个重要任务。企业在日常经济活动中，必然涉及众多供应商、代理商等，在不存在关联方关系的情况下，企业间发生交易时，往往会从各自的利益出发，一般不会接受不利于自身的交易条款，这种交易视为公平交易。但是，在存在关联交易的情况下，关联方之间的交易可能不是建立在公平交易的基础上。

揭露内幕交易和操纵市场是媒体最重要的任务，也是最为广大受众所关注的核心新闻价值所在。根据《中华人民共和国证券法》的规定，有两类人所从事的交易属于内幕交易：一类是“证券交易内幕信息的知情人”；另一类是“非法获取内幕信息的人”。这两类人利用“内幕信息”所从事的证券交易即被视为“内幕交易”。具体来说，有七种人属于“证券交易内幕信息的知情人”：上市公司的董监事、高管，上市公司控股公司的董监事、高管，上市公司的保荐人、承销的证券公司以及证券交易所的有关知情人员等。

调控和操纵利润是一些不轨公司常用的手段，财经新闻需要及时对其揭露曝光。它们这么做的目的，有些是为了保住再融资或冲刺上市资格，通过虚增利润达到再融资规定的净资产收益率的条件；有些是故意隐瞒折旧计提，以免3年连亏陷入退市泥潭；还有的借道关联交易隐瞒收益，实现对母公司的利益输送。此外，一些公司管理层为顺利推行股权激励，不惜在报告期内蓄意粉饰报表。财务造假、利润操纵和调节，已成为当今财务报道揭黑的核心内容。①

三、与二级市场有关的财经新闻选题

（一）股市程式报道

上市公司定期公布的财报、关联交易公告等，是股市监管部门要求的

① 周根红．财经新闻报道［M］．武汉：武汉大学出版社，2013：190.

"规定动作"，围绕这些公告所做的归纳分析的文章，就成了有关股市的程式性报道。例如，《深交所近千家公司密集召开业绩发布会　年报审查工作紧锣密鼓进行中》（2021 年 5 月 24 日，央视网）。

（二）资金流动

股市资金不断地流入流出，资金流量的变化，对于预测股市变化有重要的参考意义。股民对这些信息是极有兴趣的，财经新闻要及时报道。例如，《揭秘北上资金：连续 5 日加仓这 60 只个股》（2021 年 5 月 15 日，每日经济新闻网）。

（三）个股新闻

股市中一些重要的个股变化，财经新闻要及时反映。例如，《华为重磅声明　千亿汽车被砸跌停》（2021 年 5 月 24 日，《中国基金报》）。

（四）股市举牌信息

公示举牌信息是股市中的常规程式性报道，同时，举牌也可能是并购的前奏，会给受众带来想象空间，财经新闻要予以关注。例如，《奥马电器：TCL 家电集团及一致行动人持股 20%》（2021 年 3 月 22 日，金融界网）。

（五）股市异动

股市交易过程中，表现出的一些异动，如出现连续多天涨停的"妖股"等，要予以报道，深究其因。例如，《监管出手　两位牛散"爆炒""妖股"遭重罚》（2021 年 5 月 21 日，《青岛财经日报》）。

（六）揭露股市黑幕

对于股市黑幕，财经新闻要及时予以揭露，维护股民的利益。例如，《金正大 230 亿造假中介视若不见？中信建投与大信是否需担责》（2021 年 5 月 24 日，新浪财经）。

第十章　政府宏观调控财经新闻传播

社会再生产是由政府、中间层、企业和个人共同来完成的。在现代社会经济系统中，经济发展不仅靠市场这只“看不见的手”的作用，同时，也需要政府宏观调控这只“看得见的手”对整个经济进行调节和引导。政府宏观调控会对社会经济发展产生巨大影响，也会对人们投资、生产和消费活动产生重要影响。政府宏观调控既然是一只“看得见的手”，势必要通过媒体传播政策调节信息，而这也是财经新闻受众极为感兴趣的。

第一节　政府宏观调控概述

一、宏观经济的构成

（一）宏观经济的概念

宏观经济指一个经济体总量的经济活动，是社会再生产经济活动的总和及其运行状态。

宏观经济是与微观经济相对应的概念。在国民经济的三层系统中，企业和个人是基本的生产单位，是国民经济的“细胞”，他们所从事的经济活动构成微观经济。企业和个人出于经济人的本性，会千方百计地降低成本，追逐利润。而所有的企业和个人的经济活动，就构成了宏观经济活动。

宏观经济活动虽然是单个企业和个人活动的总和，但是反过来它会对每一个个体产生重要影响，个人财富、家庭福利和企业利润的增加，已经不再单纯地取决于自身的努力，还必然依赖于整体经济状况。宏观经济表现出总量、综合和全局的特征。

（二）宏观经济的构成

1. 经济总量

经济总量指一定时期内社会生产规模和所创造的社会财富总量。经济总量包括社会总需求和社会总供给两方面。

“供给”与“需求”是经济学家最常用的两个词，也是使市场经济运行的力量。它们决定了每种物品的产量以及出售的价格。如果你想知道一个事件或一项政策将如何影响经济，你就应该先考虑它将如何影响供给和需求。①

2. 国民经济部门

宏观经济由各个经济部门构成，是社会生产各部门、流通部门和其他经济部门所构成的互相联系的总体。工业、农业、建筑业、运输业、邮电业、商业、对外贸易、服务业、城市公用事业等，都是国民经济的组成部分。

3. 产业结构

“产业”与“部门”是两个既重合又略有区别的概念。它们都是经济主体的集合体，但是部门更偏重于组织机构的角度，而产业则偏重于生产经营的概念。产业结构指农业、工业和服务业在一国经济结构中所占的比重。社会生产的产业结构或部门结构是在一般分工和特殊分工的基础上产生和发展起来的。研究产业结构，主要是研究生产资料和生活资料两大部类之间的关系，从部门来看，主要是研究农业、轻工业、重工业、建筑业、商业服务业等部门之间的关系，以及各产业部门的内部关系。

二、政府与宏观调控

市场作为“看不见的手”，通过供求关系自发地调节人们的经济活动。但是，市场调节会表现出滞后性、盲目性和残酷性，存在垄断和市场失灵的现象。对于高度社会化的现代经济，必须从全社会的角度进行宏观调控，调节企业和个人的经济行为，承担这个职能的是政府。“世界上任何一个政府，无论多么的保守，都不会对经济袖手旁观。现代经济中，政府针对市场机制的缺陷肩负起许多责任。”②

政府宏观调控是政府作为市场的管理主体，运用计划、法规、政策、道德等手段，利用财政政策、货币政策等经济杠杆，行使国家管理经济的职能，对国民经济运行状态和经济关系进行干预和调节，以保证国民经济持续、协调、快速发展的经济行为。在包罗万象的政府职能中，政府对于市场经济所行使的职能主要有三项：提高效率、增进公平以及促进宏观经济的稳定与增长。③

---

① 袁熙．财经新闻经济学［M］．北京：人民邮电出版社，2014：10.

② 保罗・萨缪尔森，威廉・诺德豪斯．经济学［M］．北京：人民邮电出版社，2008：30.

③ 同②.

政府宏观调控这只“看得见的手”，就是要弥补市场供求关系这只“看不见的手”的不足，顺应经济周期采取正确的策略。

经济周期指在经济运行中，经济扩张和经济收缩周期性地进行交替更迭的一种现象。它是国民总支出、总收入和总就业的波动。[①] 经济周期通常有以下几种走势：“L”形，经济运行将在谷底徘徊较长时间；“V”形，触底后快速反弹；“U”形，在谷底徘徊的时间没有那么长，但也不会立即反弹。政府宏观调控要充分了解经济周期，按照经济周期的特征来组织社会再生产。“当所有人都觉得经济复苏还早的时候，中国经济恰恰已经在绝望中产生了希望，当所有人都向下看的时候，也许经济大发展的时期即将到来。由此看来，在宏观经济的发展过程中，人们对经济形势的判断常常有误”。[②] 可以说，政府宏观调控就是要“逆周期性”，帮助市场主体树立信心，正确判断经济形势。

政府宏观调控，不等于无限夸大政府监管的作用，“政府也不是万能的神灵，市场不能调节和调节不好的事情，政府并不必然就能调节和调节得比市场好。”[③] 所以，在宏观经济报道时，也要注意分寸。

三、经济管理部门

在现实的社会生活中，国家宏观调控的职能是由各个职能部门来实现的，依据具体承担的职责不同，可以将宏观调控主体相应划分为：宏观调控决策主体、宏观调控执行主体和宏观调控监督主体。宏观调控决策主体主要包括两类：作为权力机关的全国人大及其常委会、作为最高行政机关的国务院。[④] 宏观调控的执行主体是各部委。

（一）国家发展改革委

中华人民共和国国家发展和改革委员会（以下简称“国家发展改革委”）作为国务院的职能机构，是综合研究拟订经济和社会发展政策、进行总量平衡、指导总体经济体制改革的宏观调控部门。国家发展改革委是研究和制定改革方向、政策的最主要的部门，国家发展改革委的声音对未来经济走势有很大影响，是财经新闻重点关注的对象。

（二）财政部

财政部是负责税收和财政分配，并参与国家经济政策制定的国家机构。

---

① 韩秀云．中国新经济［M］．北京：中信出版集团，2020：41.

② 韩秀云．中国新经济［M］．北京：中信出版集团，2020：43.

③ 戴文标．公共经济学导论［M］．上海：上海人民出版社，2002：265.

④ 吴弘．宏观调控法学［M］．北京：北京大学出版社，2018：95.

财政部直接影响社会资源的分配，同时对产业政策、社会保障等方面也有很大影响。财政部是财政政策的主要制定者和执行者，是宏观调控财经新闻信息的重要来源地。

（三）中国人民银行

中国人民银行是中华人民共和国的中央银行，是货币政策的主要制定者和发布者。中国人民银行具体制定利率和存款准备金率，对货币供应以及整个经济环境都有重大影响。中国人民银行行长等人士的行为和言论，是财经新闻关注的焦点。

（四）商务部

商务部是主管商业经济和贸易的部门，统一负责国内外经贸事务。中国是贸易大国，商务部在对企业贸易行为规范和进出口贸易方面影响巨大，是流通领域财经新闻信息的重要信源。

（五）工业和信息化部

工业和信息化部是通过管规划、管政策、管标准的方式，监测工业行业日常运行、管理信息产业的部门，主要是指导行业发展，不干预企业生产经营活动。工业和信息化部，是关于产业政策等方面财经新闻信息的来源。

（六）国家统计局

国家统计局是国务院直属机构，主管全国统计和国民经济核算工作，拟定统计工作法规、统计改革和统计现代化建设规划以及国家统计调查计划，组织领导和监督检查各地区、各部门的统计和国民经济核算工作，监督检查统计法律法规的实施。国家统计局虽不直接参与宏观调控，但其公布的数据对宏观经济形势的判断有重要意义，因此也是财经新闻的重要来源。

（七）国资委

国务院国有资产监督管理委员会（以下简称“国资委”）是根据第十届全国人民代表大会第一次会议批准的国务院机构改革方案和《国务院关于机构设置的通知》设置的，为国务院直属正部级特设机构。国务院授权国有资产监督管理委员会代表国家履行出资人职责。根据党中央决定，国有资产监督管理委员会成立党委，履行党中央规定的职责。国有资产监督管理委员会的监管范围是中央所属企业（不含金融类企业）的国有资产，各地国资委负责地方国有企业的监管。国资委是国有企业的出资人代表，而国有企业又关系到国计民生，因此国资委也是财经新闻的重要信源。

四、政府宏观调控目标

政府宏观调控的总体目标是维护总供给与总需求的平衡，弥补市场调节反应迟缓、剧烈震荡等不足。具体来说，政府宏观调控有四大目标。

（一）持续稳定的经济发展

经济发展指包括质量与数量在内的经济高质量发展，而不仅是数量的增长。宏观经济的最终目的，是要让经济体内的成员过上富足幸福的生活，要让经济同社会、生态、政治文明与文化协调发展。“经济发展是实现内部政治稳定、社会和谐、自由公平的必要条件，是对外实现民族独立、国家自主、主权平等的必要前提。”①

（二）物价稳定

物价是社会总需求和社会总供给博弈的结果。物价稳定说明社会总需求和社会总供给之间基本保持平衡，没有通货膨胀，或者是通货膨胀保持在可控的范围内。物价稳，则经济稳。因此，宏观调控通过经济杠杆的调节，保持物价稳定，是宏观调控的重要目标。

（三）充分就业

习近平总书记在党的十九大报告中指出：就业是最大的民生。人有恒业，方能有恒心。工资收入是人们收入来源中最重要的一部分。有工作，人们才能有收入，生活才有保障，家庭才会富裕，人民生活水平才能提高。从社会再生产的角度来看，只有实现充分就业，才能保障资源得到有效配置，社会经济才能健康发展。

（四）国际收支平衡

国际收支平衡指一国的国际收入与国际支出大体相抵，外汇储备有所增加，进出口基本平衡。国际收支平衡的标志是外汇储备有所增加，适度增加外汇储备是国际收支平衡的重要标志。一国国际收支状况不仅反映了这个国家的对外经济交往情况，还反映了该国经济的稳定程度。

五、政府宏观调控的手段

政府宏观调控的主要手段有经济手段、法律手段和行政手段。

经济手段：指政府在自觉依据和运用价值规律的基础上借助于经济杠杆

① 李滨．国际政治经济学［M］．南京：南京大学出版社，2019：322.

的调节作用，对国民经济进行宏观调控。经济杠杆是对社会经济活动进行宏观调控的价值形式和价值工具，主要包括价格、税收、信贷、工资等。

法律手段：指政府依靠法制力量，通过经济立法和司法，运用经济法规来调节经济关系和经济活动，以达到宏观调控目的的一种手段。法律手段的内容包括经济立法和经济司法两个方面。经济立法主要是由立法机关制定各种经济法规，保护市场主体权益。经济司法主要是由司法机关按照法律规定的制度、程序，对经济案件进行检察和审理的活动，维护市场秩序，惩罚和制裁经济犯罪。

行政手段：是依靠行政机构，采取强制性的命令、指示、规定等行政方式来调节经济活动，以达到宏观调控目的的一种手段。行政手段具有权威性、纵向性、无偿性及速效性等特点。社会主义宏观经济调控不能放弃必要的行政手段。由于法律手段、经济手段的调节功能都有一定的局限性，如法律手段具有相对稳定性，但在调节经济活动的灵活性方面，则略显不足；经济手段具有较强的灵活性，但也存在着短期性、滞后性和调节后果的不确定性。当法律手段、经济手段的调节都无效时，就只能采取必要的行政手段。尤其当国民经济重大比例关系失调或社会经济某一领域失控时，运用行政手段调节能更迅速地扭转失控局面，更快地恢复正常的经济秩序。当然，行政手段是短期的非常规手段，不可滥用，必须在尊重客观经济规律的基础上，从实际出发加以运用。

六、政府宏观调控的经济学意义和新闻价值

（一）政府宏观调控的经济学意义

古典经济学认为市场供求规律这只“看不见的手”，可以自发地配置社会资源，调节经济活动，无须政府的干预。这一理论在 20 世纪 20 年代世界性的大危机中遇到了挑战。经济学家凯恩斯否定了经济自由主义学说，创立了国家干预经济的理论，形成了宏观经济学。

宏观经济学认为，市场并不是在任何时候、任何领域都有效的，存在一定的市场失灵。这种失灵表现在四个方面：第一，存在信息不对称。经济主体不可能完全掌握所有的信息资源，就算经济主体能无限逼近信息对称，但所付出的成本会无限高。第二，垄断的存在。市场之所以拥有较高效率，是因为它是以充分竞争为前提的，但是这一条件并不存在，企业会对价格具有不同程度的控制，从而形成垄断。第三，存在外部效应。由于外部效应的存在，市场竞争机制无法形成理想的配置效率，主要表现为不能有效地满足公

共需要和提供公共物品。第四，经济主体的有限理性。由于信息不对称，经济主体只能形成有限理性，而这种有限理性往往会导致“合成谬误”，市场机制无法解决这一问题。①

宏观经济学以收入和就业分析为中心，因而也被称作“收入理论”或“就业理论”，以整个国民经济为考察对象，研究经济中各有关总量的决定及变动，以解决失业、通货膨胀、经济波动、国际收支等问题，实现长期稳定的发展。宏观经济学主张运用政府宏观调控这只“看得见的手”，来解决经济危机。通过政府的投入来刺激经济，增加就业岗位，创造需求。通过政府的活动，可以有效地解决市场失灵的问题。当经济萧条，市场难以自我修复时，通过政府投资公共物品，增加就业机会，让人们收入增加，从而创造有效需求，让经济从低迷中走出来。在经济过热时，政府可以通过增加税收的方式，抑制需求，让经济降温。国家干预和调节不再凌驾于经济运行之上，而是渗透生产、流通、分配、消费各个领域，成为经济运行的内在要素。②

党的十八届三中全会提出，要“使市场在资源配置中起决定性作用和更好发挥政府作用”。对宏观调控而言，就是要尊重市场规律，依靠市场机制，维护市场秩序，让市场在资源配置中起决定性作用。所谓“更好发挥政府作用”，就是要在监督信息披露、矫正信息不对称等方面充分发挥政府的积极作用，以便使市场机制的作用得到更好发挥。③

负面清单制度是宏观调控的有效手段。政府可以向企业发布负面清单，规定企业活动的边界，引导企业向社会稀缺的领域发展。国家利用发布产业投资目录（包括负面清单）和制定产业发展纲要等形式，向投资者提供政府掌握的产业信息，以及国家支持、鼓励、限制、禁止某一产业的基本态度，从而可以引导投资、调整产业结构和地区布局的作用，达到国家所确定的产业结构和地域分布的良好状态，使产业结构符合经济整体协调发展的基本要求。④

（二）宏观调控的新闻价值

政府是宏观经济报道的重要信源。在体制内财经纸媒的报道中，首先，来自“政府”（66.1%）的信息占据绝对主导地位，接近2/3的报道中有来自

① 刘安长．我国财政政策对宏观调控目标的传导效应研究［M］．北京：光明日报出版社，2017：36.

② 龚士其．西方发达国家的市场经济［M］．北京：中国轻工业出版社，1994：17.

③ 余斌，魏加宁，等．新形势下完善宏观调控理论与机制研究［M］．北京：中国发展出版社，2016：14.

④ 吴弘．宏观调控法学［M］．北京：北京大学出版社，2018：12.

政府机构和政府工作人员的声音。其次，“专家”（12.6%）也拥有相当的媒体话语权。[①] 报道宏观经济的时候，政府是不可或缺的因素。政府的作用不是控制市场，而是在市场出现问题的时候，把它矫正过来。即使是自由市场论者，到了市场失灵时，也要企盼政府出面收拾残局。[②]

宏观调控是国家干预经济的行为，这些活动有极大新闻价值。政府的宏观调控会直接影响经济的发展，也会让经济结构发生变化，人们作为国民、消费者，就会关注政府宏观调控的经济政策。

收入、物价和就业是宏观经济学研究的重要内容，也是政府宏观调控的重要着力点。国家在这方面出台新政策，采取调控措施，都会对人民生活产生影响。但是，普通受众很难了解这些政策出台的背景、要达到的目的以及对市场会有哪些具体影响，这就需要财经新闻通过专门的文章或节目来诠释政策变化，深入浅出地解读，让普通受众了解其内涵。

对于生产者来说，国家的宏观调控政策可能直接影响其创业能否成功，企业能不能发展。国家要调控经济，势必会鼓励或限制一些产业的发展，减少或增加企业的税负，加大或收紧货币投放，这一切都会直接影响生产者从事的销售、融资等经营活动。所以，生产者会非常关注宏观经济报道。

受宏观调控影响更大的是投资者。政府宏观调控往往都是围绕着资金供应展开的。实行积极的财政政策、宽松的货币政策，就会增加货币供应量，这对于刺激股票等资产的价格上涨，显然是利好消息。反之，如果减少货币供应量，流动性降低，就会让资产价格下跌。对于投资者来说，时时都要关注宏观经济调控方面的新闻。

央行、财政部等和宏观调控相关部门的负责人发表的言论，这些部门开展的活动，能够透露一些未来财政政策和货币政策的信息，是财经媒体乐于报道的。

七、与宏观经济有关的财经新闻选题

前面两节所提到的各项宏观经济指标和经济杠杆的运用，都是财经记者需要关注的。国家有关部门定期公布的数据是财经记者需要关注的信息来源，利用这些信息，结合媒体和本地的情况，就可以策划出与经济形势密切相关的好选题来。

---

① 王擎．财经媒体新闻报道观念更新研究［M］．北京：中国传媒大学出版社，2018：64.

② 周乃菱．国际财经新闻知识与报道［M］．北京：清华大学出版社，2013：64.

（一）与“三驾马车”有关的财经新闻选题

出口、投资和消费是中国经济发展的“三驾马车”。中国经济发展迅速，已经成为世界第二大经济体，处在发展机遇期。与此同时，中国经济也面临着一系列挑战。“一是出口拉动作用减弱，增长低速企稳。受国际金融危机的冲击，世界经济增长进入低迷期，外部需求空间相对收缩。同时，我国传统的低成本、低价格的竞争优势逐步削弱。二是高投资难以为继。传统工业领域已经相对饱和，产能过剩突出，投资效率持续走低；房地产市场出现趋势性调整；基础设施投资虽然尚有空间，但主要架构基本完成，投资率峰值已过。三是消费结构升级加快，集中爆发力减弱。以住宅、汽车为主要带动力，排浪式的消费时期正在结束，而以追求个性、高品质、安全、健康的新消费需求开始出现。”①

可以说，有关“三驾马车”的报道，就是对宏观经济形势的报道，就形成了宏观经济报道最主要的内容。

1. 与出口有关的财经新闻选题

出口是拉动中国经济增长的第一动力。一方面，中国已成为名副其实的世界工厂，“中国制造”在世界范围内遍地开花。另一方面，以美国为首的西方发达国家，已经把中国当作最强劲的竞争对手，各种贸易战接踵而来，给出口带来巨大压力。正因如此，财经新闻的受众格外关注有关出口方面的报道，这也成为财经新闻报道的重点选题领域。例如，《商务部：中美应共同努力推动第一阶段经贸协议落实》（2021 年 5 月 28 日，证券时报网）、《2020 年我国进出口总值 32.16 万亿元，同比增 1.9%，货物贸易第一大国地位更巩固》（2021 年 1 月 15 日，《人民日报》）。

2. 与投资有关的财经新闻选题

需要指出，这里所言之“投资”指大型项目或形成生产产能的资本投入，而并非普通百姓“投资理财”的“投资”。投资，可以快速拉动需求，从而刺激经济发展。但是，投资也可能造成产能过剩，种下经济危机的根苗。财经新闻要报道投资对经济的拉动作用，也要提示投资可能产生的副作用。例如，《从火箭到高铁，重大工程复工让中国经济活力重现》（2020 年 3 月 12 日，央视网）。

① 余斌，魏加宁，等．新形势下完善宏观调控理论与机制研究［M］．北京：中国发展出版社，2016：5.

3. 与消费有关的财经新闻选题

宏观经济中所言之“消费”，主要侧重于消费对整个经济增长的拉动作用，主要是研究消费结构的变化。这方面的选题策划自然也反映消费方面出现的新趋势、新变化。例如，《国家统计局：2020 年最终消费支出占 GDP 比重达 54.3%》（2021 年 1 月 18 日，东方网）。

（二）与稳物价有关的财经新闻选题

稳定物价是宏观调控的重要任务，也是百姓最为关注的焦点问题。财经新闻要及时报道这方面的举措。例如，《国务院部署四方面措施稳物价惠民生》（2019 年 9 月 26 日，新华网）。

（三）与稳就业有关的财经新闻选题

稳就业是宏观调控的又一重要任务，它既是百姓关注的焦点，又是经济发展状况的重要标志。财经新闻要及时报道这方面的举措。例如，《全面强调稳就业举措》（2020 年 3 月 11 日，《人民日报》）。

（四）与外汇储备有关的财经新闻选题

外汇储备是国际收支平衡状况的重要指标，外汇储备充裕表明一国实力增长，特别是在抵御世界性金融危机方面可以发挥重要的作用。对于外汇储备情况，国家会定期公布，财经新闻要做程式性报道。同时，对于外汇储备方面的特殊情况，也要及时予以报道。例如，《中国 4 月外汇储备为 31981.80亿美元》（2021 年 5 月 7 日，新浪财经）。

（五）与国民经济管理部门有关的财经新闻选题

国家发展改革委、财政部、中国人民银行、商务部、工业和信息化部、国家统计局、国资委等部委，是有关宏观经济政策的制定者和执行者，它们的活动和言论会对宏观经济产生影响，财经新闻要及时予以报道。例如，《国家发改委：采取全链条管理措施拧紧粮食“节流阀”》（2021 年 5 月 28 日，中国新闻网）、《财政部强调坚决防止弱化减税降费政策红利》（2021 年 1 月 29 日，中投网）、《商务部 2021 年三大计划稳外贸》（2021 年 2 月 24 日，《21 世纪经济报道》）。

第二节 宏观经济指标

一、宏观经济指标体系

经济状况通过一系列的经济指标来体现。指标是衡量目标或某一方面情况的参数，反映规格和标准，借以衡量经济状况。经济活动错综复杂，反映经济活动的经济指标也是极其复杂的。概括地说，宏观经济指标体系包括以下几大类别的指标。

（一）国民经济总体指标

国民经济总体指标指反映国民经济总体状况的指标，通常包括 GDP、通货膨胀率、失业率、国际收支状况等方面的指标。

（二）投资指标

投资指标指反映社会固定资产投资状况的若干指标。

（三）消费指标

消费指标指以消费品零售额为代表的反映城乡居民和社会集团消费状况的若干指标。

（四）金融指标

金融指标包括利率、汇率、货币供应量、金融机构存贷款余额、金融资产总量等。

（五）财政指标

财政指标包括财政收入和财政支出两部分，反映财政收支平衡状况。如果国家财政支出大于财政收入，则称为“财政赤字”。中央政府一般通过发行公债（国债）的方式来弥补财政赤字。

二、主要宏观经济指标

按照宏观经济指标体系，可以具体总结出以下最主要的宏观经济指标。这些指标是评价宏观经济状况的重要依据，也是财经新闻中最常见到的专业术语。

（一）GDP

GDP 指一个国家或地区范围内反映所有常住单位生产活动成果的指标。

常住单位指在一国或地区辖区范围内具有经济利益中心的经济单位。生产活动包括三次产业在内的所有行业和部门。在价值形态上，它等于国民经济各部门生产的增加值之和。

美国经济学家萨缪尔森认为，GDP 是 20 世纪最伟大的发明之一。他将 GDP 比作描述天气的卫星云图，能够提供经济状况的完整图像，能够帮助领导者判断经济是在萎缩还是在膨胀，是需要刺激还是需要控制，是处于严重衰退还是处于通胀威胁中。如果没有像 GDP 这样的总量指标，政策制定者就会陷入杂乱无章的数字海洋而不知所措。

（二）通货膨胀率

通货膨胀率是货币超发部分与实际需要的货币量之比，用以反映通货膨胀、货币贬值的程度。

$$通货膨胀率=(现期物价水平-基期物价水平)/基期物价水平$$

例如，现期物价水平为 110，基期物价水平为 100。

$$通货膨胀率=(110-100)/100=10\%$$

（三）失业率

失业率指失业人口占劳动人口的比率（一定时期全部就业人口中有工作意愿而仍未有工作的劳动力数字），旨在衡量闲置中的劳动产能。

（四）人均 GDP

人均 GDP 是重要的宏观经济指标之一，它是人们了解和把握一个国家或地区的宏观经济运行状况的有效工具。将一个国家核算期内（通常是一年）实现的国内生产总值与这个国家的常住人口之比进行计算，得到人均国内生产总值。这个指标是衡量各国人民生活水平的一个标准，为了更加客观地衡量，经常与购买力平价结合。

（五）人均可支配收入

人均可支配收入指个人收入扣除向政府缴纳的个人所得税、遗产税和赠与税、不动产税、人头税、汽车使用税以及交给政府的非商业性费用等税费之后的余额。个人可支配收入被认为是消费开支的最重要的决定性因素，因而常被用来衡量一国人民生活水平的变化情况。

（六）CPI、PPI

CPI 是反映消费者支付商品和劳务的价格变化情况的指标，也是一种度量通货膨胀水平的工具，以百分比变化为表达形式。国家统计局选出300多种代表商品，并把这些代表商品每个月、每个季度、每一年的价格折算成CPI数据，定期向社会公布，这就是我国官方公布的CPI数据。

经济学家普遍认为，如果CPI连跌两季，就表示该国已出现通货紧缩。通货紧缩就是物价、工资、利率、粮食、能源等价格持续下跌，所有东西都供过于求。①

PPI是衡量工业企业产品出厂价格变动趋势和变动程度的指数，是反映某一时期生产领域价格变动情况的重要经济指标，也是制定有关经济政策和国民经济核算的重要依据。目前，我国PPI的调查产品有4000多种，覆盖全部39个工业行业大类，涉及调查种类186个。

（七）货币供应量

货币供应量指一国在某一时期内为社会经济运转服务的货币存量，由包括中央银行在内的金融机构供应的存款货币和现金货币两部分构成。

货币供应量有狭义货币供应量与广义货币供应量之分。

狭义货币供应量（$M1$）指银行体系以外各个单位的库存现金和居民的手持现金之和（$M0$）加上企业、机关、团体、部队、学校等单位在银行的活期存款。

广义货币供应量（$M2$）指$M1$加上企业、机关、团体、部队、学校等单位在银行的定期存款和城乡居民个人在银行的各项储蓄存款。

（八）社会消费品零售总额

社会消费品零售总额指各种经济类型的批发零售贸易业、餐饮业、制造业和其他行业对城乡居民和社会集团的消费品零售额，以及对农民非农业居民零售额的总和。反映一定时期内人民物质文化生活水平的提高情况，反映社会商品购买力的实现程度。由社会商品供给和有支付能力的商品需求的规模所决定，是研究人民生活水平、社会零售商品购买力、社会生产、货币流通和物价的发展变化趋势的重要资料。

（九）进出口总额

进出口总额指实际进出国境的货物总金额。进出口总额用以观察一个国家在对外贸易方面的总规模。我国规定出口货物按离岸价格统计，进口货物按到岸价格统计。

---

① 韩秀云．中国新经济［M］．北京：中信出版集团，2020：21.

（十）城镇固定资产投资总额

固定资产投资总额是以货币表现的建造和购置固定资产活动的工作量，它是反映固定资产投资规模、速度、比例关系和使用方向的综合性指标，是考察投资需求变动的主要指标。

（十一）采购经理指数

采购经理指数是衡量制造业在生产、新订单、商品价格、存货、雇员、订单交货、新出口订单和进口等八个方面状况的指数，是关于制造业的一个主要参数。由国家统计局和中国物流与采购联合会共同合作完成，是快速及时反映市场动态的先行指标。

（十二）全社会货运量

全社会货运量是从货物运输层面反映经济运行情况。

（十三）发电量、用电量

发电量、用电量是从电力的生产和使用状况反映生产和消费状况。

（十四）消费者信心指数

消费者信心指数（Consumer Confidence Index，CCI）是反映消费者信心强弱的指标，是综合反映并量化消费者对当前经济形势评价和对经济前景、收入水平、收入预期以及消费心理状态的主观感受，是预测经济走势和消费趋向的一个先行指标，是监测经济周期变化不可缺少的依据。

（十五）宏观经济景气指数

国家统计局发布的宏观经济景气指数，由 10 个指标构成，包括工业生产指数、固定资产投资、消费品零售总额、进出口总额、财政收入、工业企业利润、居民可支配收入、金融机构各项贷款、货币供应量（$M2$）、居民消费价格指数等。预警指数把经济运行状态分为五个级别，100 为理想水平，“红灯”表示经济过热、“黄灯”表示经济偏热、“绿灯”表示经济运行正常、“浅蓝灯”表示经济偏冷、“蓝灯”表示经济过冷。

三、宏观经济指标的经济学意义和新闻价值

上述 15 个指标是比较常见也比较重要的宏观经济指标，这些指标是按照宏观经济指标体系中的五个部分来确定的。GDP 是反映经济总量的指标，能够了解一个经济体的规模。但 GDP 是有缺陷的指标，它无法反映为经济发展

所付出的社会代价，存在着重复计算的现象，因此，常常和通货膨胀率、失业率联用，用通货膨胀率和失业率来对它进行修正。这三个指标都是财经新闻最为关注的内容。人们出于对国家和个人命运的关心，就会关注这些内容；投资者根据这三个指标把握经济的总体形势；生产者会关注经济形势对自己生意的影响。

人均 GDP、人均可支配收入、CPI 和 PPI 等指标，是反映人民收入情况和通货膨胀状况的。宏观经济学研究的主要对象就是收入和物价，所以这几个指标也可以看作反映总体经济状况的指标。CPI 和 PPI 的状况与货币政策走向联系紧密，因此是投资者最为关注的指标。财经新闻除程式性地定期报道国家统计局公布的数据，还要做好解读的文章。

社会消费品零售总额是反映流通环节的指标，进出口总额是反映对外贸易状况的指标，这两个指标都与商品交换有关，它们可以反映出社会再生产是否顺畅，也能够反映国际大环境对经济的影响。财经新闻除程式性报道，还要做好解读。

城镇固定资产投资总额、采购经理指数、全社会货运量、发电量和用电量，都是反映经济热度的指标。通过这几个指标，可以了解人们投资的意愿是否强烈，也能反映出生产的状况。财经新闻要通过对数据的报道和分析，让受众对经济形势有一个准确的判断。

消费者信心指数和宏观经济景气指数则是直接反映人们对经济形势的观点是积极还是消极的。冷静理性地分析，引导受众做出正确的判断，是报道这两个指数最重要的任务。

四、与宏观经济指标有关的财经新闻选题

（一）对宏观经济指标进行程式性报道的财经新闻选题

国家统计局会定期公布宏观经济数据，财经新闻要做程式性报道。例如，《宏观日报：4 月多项经济指标走弱，经济步入寻顶阶段》（2021 年 5 月 18 日，东方财富网）。

（二）对宏观经济指标进行数据解读有关的财经新闻选题

除程式性报道，财经新闻更重要的任务是要对数据进行解读。例如，《国家统计局解读 2020 年 7 月 CPI 和 PPI 数据》（2020 年 8 月 10 日，东方财富网）。

第三节　财政政策

一、财政概述

财政就是政府的财务活动，是政府在开展各种活动时产生的资金运动，主要包括“收入”和“支出”两部分。

在国民经济三层系统中，政府利用“看得见的手”对市场等中间层进行调节，进而对企业和个人的经济行为产生影响。同时，政府也是市场的参与者，政府也要到市场上购买所需要的商品，为社会提供公共产品。因此，政府也需要钱，也要有资金花销，也会形成资产和负债。这一切都要靠财政来担当。

（一）财政收入

财政收入的来源，主要有税收收入、国有资产收益、国债收入、收费收入和其他收入。

税收收入是国家运用国家机器的政治权力，强制、无偿地获取的财政收入；国有资产收益是国家凭借国有资产产权的收益权获得的利润、租金、股息、红利、资金使用费等收入；国债收入是国家通过信用方式发行国债取得的有偿性收入，可以看作“借来”的钱；收费收入是国家政府机关或事业单位在提供公共服务、实施行政管理或提供特定公共设施的使用时，向受益人收取一定费用的收入，如对政府建设的高速公路收取的养路费、婚姻登记处收取的结婚登记费等；其他收入包括基本建设贷款归还收入、基本建设收入、捐赠收入等。

税收，是现代国家财政收入最重要的收入形式和最主要的收入来源。按照征税对象可以把税收收入分为以下五类。

1. 流转税

流转税是以商品交换和提供劳务的流转额为征税对象的税收，流转税是我国税收收入的主体税种，占税收收入的60%以上，主要的流转税税种有增值税、营业税、消费税、关税等。

2. 所得税

所得税指以纳税人的所得额为征税对象的税收，国家已经开征的所得税有个人所得税、企业所得税。

3. 财产税

财产税指以各种财产（动产和不动产）为征税对象的税收，国家开征的财产税有土地增值税、房产税、城市房地产税、契税。

4. 资源税

资源税指对开发和利用国家资源而取得级差收入的单位和个人征收的税收，中国的资源税类包括资源税、城市土地使用税等。

5. 行为税

行为税指对某些特定的经济行为开征的税收，其目的是贯彻国家政策的需要，中国的行为税类包括印花税、城市维护建设税等。

（二）财政支出

财政支出是政府为履行其自身的职能，由财政部门按照预算计划，将国家集中的财政资金向有关领域支付的活动。

财政支出大致包括四个方面：

（1）保证国家机器正常运转的支出。这部分支出指维持国家机器能够存在并发挥其功能的费用支出，如行政管理、国防、外交、公安、司法、监察等方面的支出。

（2）公共事业和社会福利的支出。这部分支出指用于维护社会稳定、提高全民族素质，但难以产生经济效益，企业和个人不愿或不应该承担的各项事业的费用，如社会保障、科技、教育、卫生、扶贫等方面的支出。

（3）基础设施建设支出。这部分支出是有利于经济环境和生态环境改善，具有巨大外部经济效应的公益性基础设施建设的支出，如水利、电力、道路、桥梁、环保、生态等方面的支出。

（4）经济调控方面的支出。目前，中国经济正处在转轨时期，在市场机制还不完善的条件下，国家对宏观经济运行还应有必要的调控，财政也要留有一定的财力，对经济活动进行适当的干预。

财政支出与财政收入并不总是相等的关系。当财政收入大于财政支出时，政府财政预算上会出现财政盈余，反之就会出现财政赤字。在通常情况下，政府应该积极追求财政收支平衡。所谓财政收支平衡，指在一定时期（通常指一个财政年度）国家通过财政分配所形成的国家财政资金的收入与支出在总量上的平衡。其实质是在社会产品分配中，国家财政当年掌握的社会产品和安排使用的社会产品之间在价值量上的相互协调。

二、财政政策

财政政策指国家在一定时期内，为了实现社会经济的持续稳定发展，综合运用各种财政调节手段，对一定的经济总量进行调控，使之增加或减少的政策。

政府要开展各种活动，离不开市场这个中间层。政府需要的各种物质资料，必须到市场去购买。政府所需要的资金，很大一部分要通过课税等方式在市场中获得。也就是说，财政会直接参与社会再生产活动，也因此获得了干预经济的能力。

财政政策主要是通过变动税收状况和财政支出状况来影响国民经济的总量状况，因而，财政政策可分为财政收入政策与财政支出政策两个方面。在不同时期，政府采用不同的财政政策，进行与经济走势相反方向的调节，即“逆经济风向行事”。经济衰退时期，实行扩张性财政政策，增加财政支出，减少税收，以刺激总需求扩张，降低失业率。相反，在经济高涨时期，则实行紧缩性财政政策，减少财政支出，增加税收，以抑制过热的需求，降低通货膨胀率。通过财政政策手段的调节，以争取保持总需求和总供给的基本平衡，实现经济的稳定增长。

提供财政手段，为公共产品的生产提供财力。公共产品生产由于投资回报周期长，且具有较大的风险，私人资本不愿意介入，但它又关系到国计民生和国家战略，所以需要政府发挥作用。政府并不直接生产公共产品，而是通过税收、收费、发行国债等形式筹集收入，又以公共投资、公共支出、转移支付和补贴的形式为公共物品的生产提供财力，以满足公共需要，增进公共福祉。

财政政策的具体措施包括：①改变政府购买水平；②改变政府转移性支付水平；③改变税率；④发行国内公债。[①]

三、财政政策的经济学原理和新闻价值

从经济学的意义来理解，财政属于经济范畴，是一种以国家为主体的经济行为，是政府集中一部分国民收入用于满足公共需要的收支活动，以达到优化资源配置、公平分配及经济稳定和发展的目的。财政学是研究“财政”的学说，是经济学的重要组成部分。

政府既是宏观经济的调控者，也是社会再生产的参与者。政府与市场经

---

① 杨干忠．社会主义市场经济概论［M］．北京：中国人民大学出版社，2018：35.

营主体之间的关系，是对立统一的矛盾体。政府的收入来自企业和个人，财政收入的增加意味着企业和个人收入的减少。但财政支出又可以回馈给企业和个人，进行收入再分配，从而刺激企业和个人收入的增加。

税率是这对矛盾体的具体体现，科学确定税率是解决这一矛盾的平衡点。美国供给学派经济学家拉弗的理论在这方面颇有建树，拉弗曲线描述了政府税收和税率之间的关系。当税率在一定限度内时，税率的提高不会引起税基的变动，税收收入就会增加。但当税率提高的程度超过一定限度时，就会影响人们工作、储蓄、投资的积极性，或者使逃税、偷税的行为增多，导致税基减少，从而造成税收收入减少。适度的低税率从长远来看，可以促进经济增长并扩大税基，反而有利于政府增加税收。但是，一味地进行减税，又会使降税的边际效用递减。特朗普政府上台后提出了1.5万亿美元的减税方案，这是美国自里根时代以来最大规模的一次税收改革。2018年第二季度，美国GDP增长率达到4.2%，创2014年以来的最高纪录。但减税后劲不足，到2018年第四季度，美国GDP增长率下降至2.6%。这是由降税的边际效用递减所导致的。①

从财政支出的角度来看，其规模和结构往往反映一国政府为实现其职能所进行的活动范围和政策选择的倾向性。可以从以上两大方面来理解政府为市场提供公共产品而安排支出的意义。为社会提供公共产品，也是政府宏观调控的重要手段。公共产品指为社会公众提供的共同消费的产品或服务，包括公共交通（铁路、民航、公路、城市公交、出租、地铁），水、电、煤气等公用事业，以及教育、医疗、体育等文化福利事业。②

根据凯恩斯的赤字财政理论，通过政府大幅增加财政开支，提供公共产品，增加对企业和个人的补贴，可以强力刺激经济复苏，但是如果力度过大，则可能变成政府代替市场，造成产能过剩，政府债务危机，给经济的长期稳定发展带来后患。政府发行债券不是为了借入资金，财政政策的目标也不是平衡，而是形成“功能财政”，实现充分就业。

财政政策的变化对企业和个人的经济活动会产生非常重要的影响，因此，财经新闻的受众会对这个领域的信息非常感兴趣。

国家税收政策是一个强有力的“指挥棒”，对产业发展会产生刺激或抑制的作用。这方面的新闻信息是生产者极其关心的。对于生产者来说，及时了解税收政策信息，是对未来产业结构变化做出科学预测的重要依据。

---

① 韩秀云．中国新经济［M］．北京：中信出版集团，2020：40.

② 贺宛男．财经报道概论［M］．上海：复旦大学出版社，2012：28.

所得税、财产税等税种税率的变化，是重要的分配杠杆，会直接影响百姓的收入，是普通百姓关心的。

政府转移支付的方向和力度、养老基金的投入，则是从财政支出的角度对个人收入进行再分配，与百姓的福祉直接相关，这方面的信息自然也是大众渴望了解的。

对企业的补贴，则是从财政支出方面对生产领域的扶持，同样是生产者关注的新闻信息。

四、与财政政策有关的财经新闻选题

（一）与财政收入状况有关的财经新闻选题

财政收入规模是重要的宏观经济指标，财经新闻要进行程式性的报道。例如，《2020 年全国财政收入同比下降 3.9%》（2021 年 5 月 22 日，财政部网站）。

（二）与税收政策解读有关的财经新闻选题

税收政策的变化对普通百姓的生活有重要的影响，一个新税种的推出，或税率发生变化，都会引起普通百姓的关注。他们会产生种种疑问甚至误解，希望能从财经新闻中得到解答。例如，《连续 8 年成为房地产年度关键词，百姓对房产税为何如此敏感?》（2021 年 2 月 5 日，《中华工商时报》）。

（三）与税收支持经济有关的财经新闻选题

税收方面的报道主要围绕税率调整、降税政策等方面展开。例如，《国务院出台今年结构性减税力度最大政策　预计可为制造业企业新增减税 800 亿元》（2021 年 3 月 25 日，《上海证券报》）。

（四）与财政支出支持经济有关的财经新闻选题

财政支出对经济具有巨大的拉动作用，财经新闻要及时做出报道，让政策的作用发挥到最大。例如，《财政部：把科技作为财政支出重点领域　支持加快科技自立自强》（2021 年 4 月 7 日，央视网）。

第四节　货币政策

一、货币政策概述

（一）货币政策的概念

所谓“货币政策”，是指中央银行为实现其特定的经济目标而采用的各种

控制和调节货币供应量或信贷规模的方针和措施的总称。它是一个包括货币政策目标、货币政策工具、货币政策中介指标、货币政策效果等一系列内容在内的广泛的概念。货币政策是国家经济政策的重要组成部分，是为经济政策服务的。①

央行是货币政策的制定者和执行者。央行货币政策的调节对象是货币供应量，通过对货币供应量的调节，影响信贷规模从而影响流动性的大小来对人们的经济行为产生影响。

（二）货币政策的主要工具

央行的货币政策是通过经济杠杆调节商业银行的行为实现的。通过这些杠杆，央行可以控制货币供应量，从而对资金市场供求关系进行干预，因而，这些经济杠杆的运用情况是财经新闻最重要的信源，是财经新闻传播的重要内容。

央行货币政策调控杠杆有四个。

1. 利率

利率指一定时期内利息额与借贷资金额（本金）的比率。利率是借款人需向其所借金钱支付的代价，也是放款人延迟其消费，借给借款人所获得的回报。因此，利率的高低与企业的经营成本息息相关，也与个人的消费和储蓄行为紧密相连。调整存贷款利率是最为直接的调控手段。上调利率，人们的储蓄意愿就会增强，相应地，消费和投资理财的热情会有所降低，货币回流银行，货币供应量会减少。反之，利率下调，人们的储蓄意愿会降低，消费和投资理财的热情会更高，货币供应量就会增加。

2. 存款准备金率

存款准备金是金融机构为保证客户提取存款和资金清算的需要而准备的在中央银行的存款，中央银行要求的存款准备金占其存款总额的比例就是存款准备金率。央行上调存款准备金率，就会使商业银行的信贷规模缩小，从而减少货币供应量；央行下调存款准备金率，就会使商业银行的信贷规模扩大，从而增加货币供应量。

3. 再贴现率

再贴现业务是中央银行调节市场银根松紧及货币供应量的重要手段。再贴现就是商业银行将商业票据低于票面价值卖给中央银行，是央行提供基础

① 胡庆康．现代货币银行学教程［M］．上海：复旦大学出版社，2019：194.

货币的一种手段。再贴现率的变化将直接影响商业银行的融资成本。央行提高再贴现率，商业银行再贴现的成本就会增加，会相应减少再贴现规模，这会使商业银行获取的资金减少，从而减少货币供应量。央行降低再贴现率，商业银行再贴现的积极性会增加，从而扩大信贷规模，增加货币供应量。

4. 公开市场业务

公开市场，指各类有价证券（包括政府债券、中央银行证券或私人票据等）自由议价，其交易量和交易价格都必须公开显示的市场。公开市场业务则是中央银行利用在公开市场上买卖有价证券的方法，向金融系统投入或撤走准备金，用来调节信用规模、货币供应量和利率以实现其金融控制和调节的活动。央行在公开市场多做买入业务，就会将资金投放到商业银行，从而扩大其信贷规模，增加货币供应量；相反，央行在公开市场多做卖出业务，就会将资金回笼，减少商业银行的信贷规模，减少货币供应量。

（三）货币政策的具体运用

货币政策可以分为两类：扩张性货币政策（积极货币政策）和紧缩性货币政策（稳健货币政策）。

扩张性货币政策在经济相对低迷时运用，采取的措施包括降低利率、存款准备金率和再贴现率，在公开市场多做买入业务，让资金流向商业银行，使其可以扩大信贷规模，刺激经济繁荣。

紧缩性货币政策则是在经济过热、通货膨胀压力较大时运用，采取的措施包括提高利率、存款准备金率和再贴现率，在公开市场多做卖出业务，缩小商业银行的信贷规模，减少货币供应量。

二、货币政策的经济学意义和新闻价值

现代货币数量论者认为，货币供应量的变动能直接影响经济活动，货币供应量应该由央行直接控制。货币是现代经济的润滑剂，通过货币供应量的调整，既可以增加社会总需求，也可以减少社会总需求。

央行是货币的发行者，社会上所有的货币都是央行投放的，最后也会回到央行。央行投放的货币大于回笼的货币，则形成“货币净投放”；反之，央行投放的货币小于回笼的货币，则形成“货币净回笼”。

央行投放货币形成流动性。所谓流动性，指资产能够以一个合理的价格顺利变现的能力，它是一种所投资的时间尺度（卖出它所需多长时间）和价格尺度（与公平市场价格相比的折扣）之间的关系，股票的流动性大于房地产。通俗地说，流动性就是变现能力，是反映资金流动速度和人们支付意愿

的指标。货币供应量越大，流动性自然就越好。

流动性不足，企业和个人获取资金的能力下降，自然会对经济产生不利影响。但流动性过于旺盛，也会使物价快速上涨，引起通货膨胀。

货币政策是宏观调控最重要的手段，客观上反映了决策者对未来经济走势的看法，因此成为最受财经媒体关注的内容。货币供应量的变化对投资、消费、出口都具有直接的影响，对于股票等资产价格也有重要影响。因此，货币政策方面的新闻是所有财经新闻受众都很关注的内容。

以股市为代表的资本市场，是一个证券与资金博弈的市场。货币供应量增加，流动性更为充裕，对于股民来说，自然是利好消息；反之，货币供应量减少，则直接影响资本的价格变化。货币政策是“炒家”最重要的信息支柱，是财经新闻中非常重要的报道内容。

三、与货币政策有关的财经新闻选题

（一）与“三率”有关的财经新闻选题

利率、存款准备金率、再贴现率的变化是广大投资者关注的，尤其是利率和存款准备金率的调整，财经新闻都要第一时间进行报道。例如，《央行组合拳刚柔相济　三率齐动显示强烈紧缩信号》（2007 年 5 月 21 日，《中国证券报》）。

（二）与公开市场业务有关的财经新闻选题

公开市场是央行日常进行货币供应量调节的工具，几乎每天都要发生，因此也是最常规化的财经新闻报道。例如，《2021 年 5 月 26 日央行 100 亿元 7 天逆回购中标利率 2.20%较上期持平》（2021 年 5 月 26 日，凤凰网财经）。

（三）与银保监会和中国人民银行有关的财经新闻选题

作为货币市场的重要监管者，银保监会和中国人民银行是重要的信息发布者，这两个机构是财经新闻报道涉及最多的机构。例如，《银保监会：坚决遏制经营贷资金违规流入房地产市场》（2021 年 6 月 2 日，央视网）、《副行长李波：采取宏观审慎措施防范房地产金融系统性风险》（2021 年 6 月 5 日，新浪网）。

第十一章　社会再生产财经新闻传播

一切的经济活动，归根结底都是社会再生产过程的一部分。企业和个人出于自身利益的考虑，参与经济活动；中间层将松散的企业和个人聚集起来，并形成市场机制，将社会经济联结成一个整体；政府则是有意识地对经济进行调节，使社会再生产得以有序进行。财经新闻不仅要分别报道三层系统的经济活动，也要从总体上报道社会再生产的活动。

第一节　社会再生产活动

一、社会总产品

人类社会要生存和发展，就必须有社会总产品来做保障。社会总产品指全社会在一定时期内（通常以年度为单位）所生产出来的全部物质产品和精神产品的总和。社会总产品用货币标注的价值形态，就是社会总产值，从理财的角度来看就是社会财富。

社会总产品是人们赖以生存和发展所需要的，亦即能够满足社会总需求的所有的“东西”，是总供给。社会总产品具有三种表现形态。

（一）物质产品

人们衣食住行、吃喝拉撒所需要的所有物质资料，是人们生存和发展的基本需求。我们穿的衣服、吃的食物、住的房子、出行开的车子……都是物质产品。物质产品是社会总产品最主要的组成部分，人类社会自诞生起，就须臾不可离开物质产品的生产。

（二）精神产品

精神产品是人们享用到的知识产权产品。人们阅读的小说、听到的歌曲、欣赏的画作、玩弄的手机游戏……都是精神产品。精神产品的主体，是人们智慧的结晶，它的核心价值也来自此。但是，它也要通过纸张、电脑、数字存储设备、手机等物质介质来承载。

（三）服务产品

服务产品指主要靠生产者的劳务提供的服务活动。人们去理发店理发、接受健美教练的指导、听老师讲一堂课……都是服务产品。

服务产品也可以归结到广义的精神产品中，因为它也能让人们获得精神需求的满足。但它与“精神产品”还是存在明显的不同，具体体现在以下方面：

（1）服务产品的消费与服务同步发生，比如按摩，只有在享受这项服务时，这个产品才存在。而精神产品是事先已经生产出来，供人们享用的，比如手机游戏，不管人们是否消费，它事先已经存在了。

（2）服务产品的价值主要以体力劳动为主构成，而精神产品以脑力劳动为主。服务产品要具有一定的技能和专业知识，比如，理发师要学会专业知识和手法、教师讲课更需要大量的脑力付出，但服务产品发生时，一定是以大量的体力付出为前提的。歌手录制的专辑是精神产品，但歌手现场演唱的演唱会就要付出大量的体力，而且只有在现场听歌手唱歌才能享受到歌手提供的服务，这就是服务产品了。

（3）服务产品必须是现场“手工”生产的，只能是“一次性”生产、“一次性”消费。而精神产品的生产方式与物质产品生产比较接近，都是可以工厂化批量生产的。

人类社会存在的基础肯定是物质产品，但随着经济不断发展，生活水平不断提高，人们对精神产品和服务产品的消费占比会不断提高。

二、社会再生产的运行

社会总产品的生产是一个不断反复和经常更新的过程，这就形成了社会再生产。社会再生产包括社会总产品的再生产和人口再生产两个方面。

按照经济人的理论，人们出于逐利的本能欲望，会自觉地生产某种产品，以期与他人交换自己所需要的物品。社会再生产这部大机器，便由此开动起来。即使在商品交换没有出现的原始社会，一个原始部落内部的每个成员，其实也存在这种“交换”行为。随着人类社会的发展，“社会”变得越来越大，社会再生产也就变得越来越复杂。人们经济活动的不断升级，社会分工越来越细，便形成了市场、产业、区域经济这些中间层。人们参与社会再生产的组织形式，也由原始部落、庄园、家庭、作坊，演化成现代企业。而中间层无法提供的公共品的生产，则由政府来进行组织。可见，三层系统都是社会再生产的参与者，它们各司其职、各得其所，共同完成了社会总产品的生产、分配、交换和消费的任务。

社会总产品，归根结底是由实体经济创造的。虚拟经济不能直接生产社会总产品，它是实体经济的反映，在价值形态上与实体经济相伴相行，通过金融市场把社会资源整合起来，为实体经济提供资金方面的服务，从而间接参与社会再生产过程，促进实体经济更快发展。

三层系统都是由人组成的，社会再生产的目的，说到底也是为了满足人的需求，所以社会再生产的另一个方面就是人口的再生产。随着时间的推移，劳动者和消费者中不断有人老去、死亡，新的生命也在不间断地诞生、成长，使社会总人口不断地延续下去，这就是人口再生产。人口再生产不仅需要物质产品来保证其生存需求，更要有精神产品和服务产品来提升人口素质，以满足社会经济对劳动力的需求。

社会再生产分为简单再生产和扩大再生产。经济规模不变的再生产，是简单再生产；规模不断扩大的再生产，是扩大再生产。现代社会经济基本都属于扩大再生产，生产规模的扩大就表现为经济增长。

三、国内国际双循环

人们为了获得社会总产品，首先，必须将各种生产要素组合起来，将自然资源加工成初级产品和原材料。其次，进行逐级的深加工，从而形成最终的生活资料和生产资料。最后，在这个过程中会发生难以计数的生产者之间的交换，只有实现生产者与消费者的交换，才能实现产品的价值，收回成本，开始下一次的社会再生产过程。三层系统共同参与其中，周而复始地进行生产、分配、交换、消费的活动，形成商流、物流和信息流。

在现代社会，社会再生产早已超越了国家的界限。一个生产过程，可能在一个经济体完成，即国内循环，也可能跨越国界通过不同经济体的合作方能完成，形成国际循环。

国内循环，指生产要素组合，原材料和初级产品开发，到最终在市场上实现产品的价值，都是在经济体内部完成的。国内循环形成了经济体内部供给和需求的平衡。国内循环所形成的需求，即所谓的内需。国内循环可以保证经济免受国际环境的影响，但要受到国内资源和市场规模的限制。

国际循环，指社会再生产超越国界的限制，参与国际分工，实现资源和市场“两头在外”：生产所需要的生产要素依赖国际市场，加工生产出的产品也主要销往国际市场。国际循环是适应世界经济格局的必然要求，市场空间巨大，对于一个经济体发展来说，无疑具有重要意义。但国际循环易受到国际环境的影响，在引进资本、自然资源和产品出口的同时，也可能把危机因素引到国内。尤其是在游戏规则被某些国际势力操纵的情景下，更容易给本国经济带来巨大风险。

四、经济危机

经济系统运行过程中，会产生系统性的风险，当风险达到一定程度时，就会导致社会再生产过程难以顺畅地进行，从而引发经济危机。造成商品大量积压、生产锐减、企业倒闭、就业状况恶化，更为重要的是，信用关系严重破坏，债务链条难以解开，社会再生产难以为继，整个社会经济陷入瘫痪。

在三层系统中，企业和个人是基本的经济主体，趋利的本性会使他们将资本投向他们认为利润率比较高的领域。当资本过多地投向某个产业，使这个产业过度发展时，就可能引发产能过剩的危机。

社会经济运行中，会产生商流、物流、信息流三种流动。在某些时候，由于法律、政策或体制衔接的原因，会出现三种流动“阻塞”的现象。比如，由于经济主体法律意识淡薄，不讲究商业诚信，拖欠成风，“三角债”现象严重，就会导致商流不畅，引发债务危机；由于各地公路收费和交通管理体制的原因，导致物流受阻，引起商品供应尤其是原材料供应的危机；由于信息不对称，或者由于有人故意散布错误信息，放大某种商品的供求矛盾，引起人们心理上的恐慌，也会引发危机。

金融业作为虚拟经济，本来应该是为实体经济服务的，但是，在某些时候，由于金融业的过度发展、过度创新，会使经济杠杆的作用过分放大，从而产生巨大的风险。有时，甚至会形成脱离实体经济的虚拟经济的“空转”，最后引发金融危机。例如，2008 年的国际金融危机，就是由于美国的金融业对于美国的房地产市场过度乐观，商业银行疯狂发放次级贷款，投资银行过度发行次贷债券，最终导致了影响国际的经济危机。

五、社会再生产活动的经济学意义和新闻价值

（一）社会再生产活动的经济学意义

马克思主义政治经济学把纷繁复杂的社会经济活动概括为社会再生产过程，表现为社会资本的运动，如马克思所说：“这个运动不仅是价值补偿，而且是物质补偿，因而既要受社会产品的价值组成部分相互之间的比例的制约，

又要受它们的使用价值，它们的物质形态的制约。”①

因此，必须从实物补偿和价值补偿两方面来考察社会总产品的实现。按照马克思商品二重性的原理，商品是使用价值和价值的统一，社会总产品也是如此。因此，社会总产品从实物形态上分为两大部类，在价值形态上分为三个组成部分，是分析社会总产品的前提。

社会再生产可以分为简单再生产和扩大再生产。现代社会的再生产是以扩大再生产为特征的，但对于扩大再生产的认识必须从简单再生产开始。简单再生产是扩大再生产的基础，也是社会再生产过程得以不断循环的基本前提。简单再生产指社会剩余产品全部用于消费而不是用于积累，社会再生产只是在原有的规模上重复进行。

简单再生产的实现条件是

$$\mathrm{I}\,(v+m)=\mathrm{II}\,c$$

其中，Ⅰ为生产生产资料的第一部类，是所有生产机器设备等生产资料的企业的集合；Ⅱ为生产生产资料的第二部类，是生产消费资料的企业的集合；v 为可变资本，指工资等支付劳动报酬的资本，主要用于消费的资金；m 为剩余价值，可以理解为利润；c 为不变资本，指用于购买机器设备及原材料的那部分资本。该式表明，两大部类之间要进行交换，第一部类的可变资本和利润，全部用于消费，向第二部类购买消费资料；第二部类的不变资本，用来向第一部类购买生产资料。第一部类向第二部类提供的生产资料与第二部类向第一部类提供的消费资料，要保持平衡的比例关系。否则，社会简单再生产就难以正常进行。

扩大再生产的实现条件是：

$$\mathrm{I}\,(v+\Delta v+m/x)=\mathrm{II}\,(c+\Delta c)$$

其中，Δv 为第一部类由于扩大生产规模而增加的工资支出；m/x 为第一部类获得的利润中用于消费的部分；Δc 为第二部类用于扩大生产规模而增加的购买生产资料方面的投资。该式表明，第一部类向第二部类提供的生产资料同第二部类对生产资料的需要（包括对追加生产资料的需要）之间，以及第二部类向第一部类提供的消费资料同第一部类对消费资料的需要（包括新增劳动力对追加消费资料的需要）之间，要保持平衡的比例关系。否则，社会扩大再生产就难以正常进行。

按照马克思社会再生产理论，人类社会赖以生存和发展，是因为社会再

① 中共中央马克思恩格斯列宁斯大林著作编译局．马克思恩格斯文集：第6卷［M］．北京：人民出版社，2009：438.

生产过程中，创造了社会总产品，供人们消费。社会总产品是实体经济创造的，虚拟经济并不能使社会总产品增加，也就是说，虚拟经济不能创造价值。但虚拟经济并不是毫无用处的。现代经济是商品经济，需要货币来充当一般等价物。社会再生产的四个环节，哪一个也离不开货币这个一般等价物的润滑。没有货币，就不能购买生产资料和劳动力，生产就无法进行；没有货币，即使创造了社会总产品，也无法分配，因为工资都是以货币来支付的；没有货币，交换和消费自然都进行不了。所以，虚拟经济虽然不能创造价值，但通过为实体经济服务，也是社会再生产的重要参与者。当然，现代经济系统中，虚拟经济也可以脱离实体经济独立运转。如果虚拟经济不为实体经济服务，甚至完全脱离实体经济空转，社会再生产的四个环节、三种流动就会“阻塞”甚至中断，危机就会爆发。

按照马克思社会再生产理论，只有当社会总产品的价值全部实现，第一部类和第二部类成功进行交换以后，社会再生产才能顺畅地进行。而经济危机，恰恰是“生产过剩的危机”，由于交换没能如期进行，有支付能力的购买力不足，社会总产品的价值无法实现，商品卖不出去，导致危机爆发。

从社会再生产过程来看，经济危机产生的根源，就是在社会再生产四个环节中，交换和消费环节出现问题，导致社会再生产过程中断。

（二）社会再生产活动的新闻价值

人人都是社会再生产的参与者，人人都要从社会总产品中获得自己所需要的消费资料，从这个意义上来说，所有的社会成员都会关心自己所处的经济系统的运转状况，这就是有关社会再生产活动的财经新闻的价值所在。社会再生产活动是否顺畅进行，普通百姓是可以直接体会到的。

社会再生产四个环节运行不畅，生产者不能及时收回成本，人们的收入就会减少，商品供应不及时，生活直接受到影响，金融体系会出现崩盘，无论是生产、投资还是消费，都会受到影响。社会经济是否存在系统性风险，经济处于哪一个周期阶段，经济危机是否会到来……这些问题，对于生产者和投资者都是至关重要的。与这些话题有关的内容，自然就会引起财经新闻受众的关注。

在现实生活中，虚拟经济的从业人员往往收入更高，人们的投资活动基本属于虚拟经济活动，一夜暴富的神话也基本发生在虚拟经济领域，因此，更多的财经新闻来源于虚拟经济。从这个角度来说，虚拟经济与实体经济的关系，也是财经新闻需要重点关注的。

六、与社会再生产活动有关的财经新闻选题

（一）与“双循环”有关的财经新闻选题

2020 年 5 月 14 日，自中共中央政治局常委会会议首次提出“深化供给侧结构性改革，充分发挥我国超大规模市场优势和内需潜力，构建国内国际双循环相互促进的新发展格局”以来，新发展格局在多次重要会议中被提及。

2020 年 8 月 24 日，习近平总书记在召开的经济社会领域专家座谈会上说：“要推动形成以国内大循环为主体、国内国际双循环相互促进的新发展格局。这个新发展格局是根据我国发展阶段、环境、条件变化提出来的，是重塑我国国际合作和竞争新优势的战略抉择。”

从长期大势把握当前形势，要求我们牢牢把握扩大内需这一战略基点，加快形成以国内大循环为主体、国内国际双循环相互促进的新发展格局。有关这方面的报道，将是财经新闻报道的长期重要选题。例如，《“双循环”会带来什么？这个会议传递出重要信号》（2020 年 8 月 4 日，央视新闻网）、《抓住机遇，融入国内国际双循环》（2021 年 6 月 7 日，人民网）。

（二）与人口有关的财经新闻选题

人口再生产也是社会再生产的一部分，它不仅牵涉劳动力的供给，也关乎社会总需求。随着生育率下降、人口老龄化的到来，作为世界人口最多的国家，人口红利正在消失，人口问题已经是制约我国经济发展的重要社会问题，也是财经新闻要给予关注的选题。例如，《中国城市人口吸引力排名：2020 年第二季度百城人口吸引力榜单》（2020 年 8 月 17 日，澎湃新闻）、《北京明确：5 月 31 日后按规定生育三孩，享生育奖励假 30 天》（2021 年 8 月 5 日，新浪财经）。

（三）风险提示方面的财经新闻选题

社会经济系统性风险是所有生产者和投资者时时关注的话题，毕竟在危机爆发的背景下，所有人的投资和日常生活都会受到影响。财经新闻有责任全面客观地把有关风险提示报道出来，给广大受众提供参考资讯。例如，《IMF 中国金融评估报告：警惕金融科技领域系统性风险》（2017 年 12 月 7 日，新浪财经）。

第二节　社会再生产的四个环节

一、社会再生产的四个环节

生产、分配、交换、消费，社会再生产的四个环节，是对经济活动的高度概括，也是财经新闻的重要报道领域。

（一）生产

生产指人们通过有效的组织，利用生产资料创造出物质和精神产品的活动。企业或个人是生产的主体。企业生产出的产品，一部分进入生产资料市场销售，另一部分进入消费品市场销售。生产是经济的基础，是一切经济活动的起点。

（二）分配

社会总产品要在各社会成员之间分配。分配指产品分配，包括生产资料的分配和消费资料的分配，前者属于生产本身。通常说的分配，指社会在一定时期内新创造出来的产品或价值（国民收入）的分配。分配通过两种方式实现：一是通过社会成员之间的交换行为实现，这种分配关系的直接表现就是商品的价格和服务的收费。二是通过国家强制实现，主要是通过税收的方式，集中社会财富，由国家按政策通过公职人员的工资、社会保障、投资等方式进行国民收入的再分配。

社会保障分配是现代社会重要的分配方式。社会保障指国家通过立法，积极动员社会各方面资源，对社会成员特别是有特殊困难的社会成员的基本生活权利给予保障的社会安全系统或制度。世界各国的社会保障模式大致可分为国家福利、国家保险、社会共济和积累储蓄四种，分别以英国、苏联、德国、新加坡为代表。中国的社会保障属于社会共济模式，即由国家、单位（企业）、个人三方面共同为社会保障融资，这是一个长期的发展趋势。①

社会保障制度或体系是根据国家法令、规章所建立起来的各种社会保险和福利措施的总称。其目标是保证个人在谋生能力中断或者丧失时，能有一定的经济来源，使他们的生活有基本的保障。在市场经济中，社会保障制度是保障社会稳定、减缓和避免社会动荡、帮助市场参与者规避竞争风险的安

---

① 李丰才．社会主义市场经济理论［M］．北京：中国人民大学出版社，2018：237.

全网，也是保障市场机制正常发挥作用的调节器。[①] 保障基金主要有四个来源：雇主缴纳的社会保险费；居民和职工个人缴纳的社会保险税；政府的财政拨款和补贴；其他经常性收入（如社会保险金利息收入等）。[②]

（三）交换

交换就是商品交换，或称“商品流通”。商品生产者之间通过交换，获得自己所需要的生活资料和生产资料。在实际生活中，商品交换以货币为中介，交换过程需要将产品进行所有权和实物形态上的转移，这就导致了商品价值的流通（商流）和实物形态的流通（物流），从而形成了商品流通，形成了商业，形成了商业活动。

（四）消费

消费是人类通过消费品满足自身欲望的一种经济行为。消费，包括生产消费和生活消费，前者属于生产本身，后者则是指人们为满足个人生活需要而消费各种物质资料和精神产品。

我国的消费发展经历了四个阶段：第一阶段是买吃买穿，满足温饱；第二阶段是买冰箱、洗衣机、彩电等家用电器，提高物质生活水平；第三阶段是买房、买车，追求更舒适、更便捷的生活条件；第四阶段是买健康、买快乐，人们开始寻求精神上的富足。[③]

二、社会再生产四个环节的经济学意义和新闻价值

社会再生产过程中，生产、分配、交换、消费四个环节是一个有机的统一体。要保证整个社会再生产的正常运转，就必须保证每一个环节都能正常运转。只要在一个环节上出现障碍，整个社会再生产的运转就会失灵，再生产过程就不能正常地进行。

在社会再生产过程中，生产居于支配地位，它起着决定和主导的作用。一方面，一定的生产决定着一定的分配、交换和消费，以及这些不同要素相互间的关系。另一方面，分配、交换和消费也反过来影响生产，制约着生产发展的速度和规模。也就是说，它们之间是一种对立统一的辩证关系。

消费是社会再生产的最终目的，消费水平影响生产的发展。没有适度的消费就不能实现产品的价值，社会再生产就难以顺利进行。

---

① 杨干忠．社会主义市场经济概论［M］．北京：中国人民大学出版社，2018：37.
② 杨干忠．社会主义市场经济概论［M］．北京：中国人民大学出版社，2018：38.
③ 韩秀云．中国新经济［M］．北京：中信出版集团，2020：52.

企业与个人、中间层和政府，作为国民经济运行中的主体，从事着生产、分配、交换、消费活动，使整个经济系统有条不紊地运转。每一个社会成员，都是社会再生产四个环节的参与者。人们在日常工作中，按照社会分工，会从事生产和流通环节的一部分工作；人们参与社会再生产活动，自然也要有所回报，通过分配环节获得属于自己的那部分社会总产品；人们在生活中，自然也要参与消费环节。财经新闻的受众都会参与社会再生产环节，但是，他们所接触到的只是个别资本和个人的行为，无法了解四个环节的全貌。对于四个环节中存在的问题，他们也能从身边的人和事有所感受，但是难以了解这些问题的深层成因，更不了解这些问题的解决办法。这就是社会再生产四个环节有关信息的新闻价值所在。

生产环节中的一些信息是生产者比较关心的，也是投资者预判资本市场走向的依据；分配环节的部分信息与每一位普通百姓的切身利益相关，也与生产者的生产成本相关，因而受到财经新闻受众的关注；交换环节的有关信息，是生产者关心的领域，同时，与广大普通百姓的生活紧密相连，也是投资者的参考因素；消费环节的有关信息，不只是消费者关注，也是生产者和投资者研判市场走势、制定营销策略的重要依据。

财经新闻要为受众提供能够反映四个环节全貌的新闻报道，帮助广大受众了解四个环节的运转状况，掌握每个环节的全貌，帮助受众“跟踪”和“算账”。

三、与社会再生产四个环节有关的财经新闻选题

（一）与生产环节有关的财经新闻选题

生产环节的大部分信息，只有少数当事者关心，不能作为财经新闻报道的选材，但这一环节所发生的足以影响经济形势的重要信息，则要及时报道。例如，《中国汽车流通协会：芯片问题缓解，市场需求将逐渐释放》（2021 年 8 月 7 日，《中国证券报》）。

（二）与分配环节有关的财经新闻选题

对于发生在初次分配和再分配领域的一些重要新闻事件，诸如税率及征税范围等税收政策的重大调整、社会保障政策的变化、分配制度改革新举措等方面的重要信息，涉及生产者和消费者的切身利益，财经新闻要予以报道。例如，《税务总局：2020 年减税降费 2.5 亿元　2021 年延续和新出台优惠政策》（2021 年 1 月 8 日，《21 世纪经济报道》）、《“十四五”除了延迟退休，

社保还有变化》（2021 年 7 月 1 日，中国新闻网）。

（三）与交换环节有关的财经新闻选题

在现实生活中，交换环节表现为商品流通活动，商业是商品交换的主要承担者。商品流通业的一些政策变化，需要财经新闻反映报道；商品流通中存在的一些普遍性问题，需要财经新闻予以曝光。例如，《商务部：五大措施恢复商品流通和商业秩序》（2020 年 3 月 28 日，《北京日报》）、《国家坚决打击哄抬粮价、捏造散布涨价信息等行为》（2021 年 6 月 8 日，种业商务网）。

（四）与消费领域有关的财经新闻选题

这里所说的消费，是从全社会的角度来反映消费领域的一些重大信息，报道消费者消费意愿满足情况，这些信息既是消费者想要表达的，又是生产者十分需要了解的。消费升级是中国经济持续增长的重要保障，也是中国经济转型的重要内容，财经新闻要加大这方面的报道力度。例如，《商务部：预计今年消费市场总体呈恢复性增长态势》（2021 年 1 月 29 日，红星新闻）、《“双十一”十年引领消费升级，数据创纪录》（2018 年 11 月 12 日，《中国证券报》）。

第三节　社会再生产中的三种流动

一、社会再生产过程中的三种流动

现代经济已经是一个紧密联系的整体，要保证社会再生产四个环节顺畅进行，就势必会产生三种流动：商流（价值流动）、物流（商品的流动）和信息流。

（一）商流

商流指商品价值的流动。在商品流通过程中，当一次交易完成后，商品的所有权会发生转移，在现代经济中，货币是交换的中介，也是价值的具体体现，所以价值的流动也就具体表现为金钱的流动。即所谓的“钱出去，货进来”“货出去，钱进来”。

伴随着电子计算机网络普及和金融业数字化的实现，信用制度进一步完善，电子支付被广泛使用，各种商品交易无论是大宗的还是零星的，都能做到结算快捷、交易成本减少、差错率下降，商流变得越来越便捷。但是，一些互联网交易平台也出现了一些问题，拖欠货款等现象时有发生。

（二）物流

物流指商品物质的流动。商品交易发生后，商品的所有权从卖家让渡给买家，金钱由买家“流”向卖家，商品实物也要由卖家“流”向买家，这就形成了物流。

具体来说，物流是通过运输、保管、配送等方式，实现商品由生产经营者手中转移到购买者手中的计划、实施和管理的全过程。

（三）信息流

信息流指在商品流通过程中，买卖双方为达成交易而进行的信息交流。信息流是商流和物流的前提。流通过程是一个整体的运动，但这个整体的运动是靠着信息流把每一个单独的要素连接在一起的。生产者要销售产品，需要传递商品信息，让消费者了解自己的产品、接受自己的产品；消费者在购买商品的过程中，要选择、比较，查阅大量的信息，也会发出咨询信息；买卖双方在交易过程中，要进行大量的信息沟通，这样才能促成商流和物流的实现。

二、三种流动的经济学意义和新闻价值

按照马克思主义经济学原理，社会再生产过程就是资本循环的过程。产业资本循环的一般公式是 $G\text{-}W\cdots P\cdots W'\text{-}G'$。

资本要不断地进行再生产，就必须依次经过购买、生产、销售三个阶段。在购买阶段，企业获得生产资料和劳动力，实现由货币（G）向生产要素（W）的转化；在生产阶段，企业将生产要素组合在一起（$\cdots P\cdots$），生产出能够满足社会需求的商品（W'）；在销售阶段，生产者要将商品销售出去，换回货币（G'），收回成本，获得利润。

在社会再生产过程中，在“购买”和“销售”阶段，企业和个人都在扮演着“买者”和“卖者”的角色。在“购买”阶段，如果生产者不能买到所需要的生产要素，资本循环就会中断。在“销售”阶段，如果生产者不能及时卖掉自己的产品，实现“危险的跳跃”，就要面临灭顶之灾。而要避免悲剧发生，保证资本循环顺利实现，进而保证社会再生产有序进行，就必须保证商流、物流和信息流的畅通。

三种流动是资本循环能否顺利进行的重要前提，因此，生产者、消费者和投资者都会十分关注商流、物流、信息流是否顺畅。帮助受众了解、把握三种流动运行状况，提示三种流动存在的问题，就是其新闻价值所在。

三、与三种流动有关的财经新闻选题

（一）与商流有关的财经新闻选题

从全社会来看，企业的产品能否顺利实现价值，社会环境是否能保障价值转移正常进行，是社会再生产能否顺畅进行的前提，也是能否避免危机的关键。财经新闻要保持关注。例如，《拖欠中小企业账款问题突出　相关部门：加强保护力度》（2019 年 5 月 14 日，《法制日报》）。

（二）与物流有关的财经新闻选题

物流直接与物价相关，物流成本越高，物价就越高，这是普通百姓都十分关心的问题，更是广大投资者和生产者关心的话题。财经新闻要予以关注，也要及时揭示物流领域存在的问题。例如，《为何农产品滞销救助声越来越多？商务部：需求下降、运输不畅引起》（2020 年 2 月 22 日，东方财富网）。

（三）与信息流相关的财经新闻选题

信息流传播的现状如何，是否存在因信息流不畅导致产品滞销的现象，这些问题是广大生产者和消费者所关注的话题，也是财经新闻需要报道的选题。例如，《打破信息壁垒　“直播+”让“造血式”扶贫加速度》（2020 年 9 月 1 日，新华网）。

第十二章　国际经济环境财经新闻传播

整个世界经济是一个系统，中国经济也是这个系统中的一部分。国际财经形势是中国经济的外部环境，对中国经济产生重要影响。同时，中国已经成为一个经济大国，中国经济对世界经济的影响同样不容小觑。国际财经新闻报道，尤其是世界经济与中国经济关系的报道，是财经新闻报道的重要组成部分。本章将在经济全球化背景下讨论国际经济形势，以及世界经济与中国经济的关系，探讨国际经济环境方面的财经新闻传播报道规律。

第一节　经济全球化

一、经济全球化成为世界经济的大背景

经济全球化是对当前世界经济的总概括，是国际财经新闻报道最基本的新闻背景。按照国际货币基金组织（International Monetary Fund，IMF）的定义，经济全球化指“跨国商品与服务贸易及国际资本流动规模和形式增加，以及技术的广泛迅速传播使得世界各国的相互依赖性增强”。[①] 简而言之，经济全球化就是指商品、货币和资本，已经形成了全球范围内的流动，从而形成了独立于各国经济的世界经济系统，并对全球每一个国家的经济产生了重要影响。

经济全球化具体表现在三个方面。

（一）贸易自由化

国家间最早的经济交往就是商品交换。国家之间，由于自然资源和技术差异等原因，存在着交换的需要，同时，又都希望多出口少进口，会在关税等方面为其他国家的出口设置障碍。第二次世界大战改变了世界的秩序，已经成为世界头号强国的美国出于对外扩张的需要，成为贸易自由化的主要推

---

① 国际货币基金组织．世界经济展望［M］．北京：中国金融出版社，1997：45.

动力量。其他资本主义国家急于通过对外贸易修复战争创伤，积极响应美国提出的削减关税和放宽贸易限制，以实现更为自由的贸易的倡导，从而实现贸易自由化。贸易自由化指在世界贸易组织（World Trade Organization，WTO）等国际组织协调机制作用下，形成了比较完备的国际贸易规则，一国对他国商品和服务的进口所采取的限制逐步减少，并向着为商品和服务的自由流动方向发展的过程或趋势。

（二）金融国际化

伴随着商品的流动，代表商品价值的货币自然也会在各国间流动，导致金融国际化的发生。金融国际化指一国的金融活动超越本国国界，脱离本国政府的金融管制，在全球范围内活动，进而形成全球性的金融市场，创建IMF、WB等协调国际金融活动的国际组织，使全球金融活动形成一个完整的系统。发达国家和地区，尤其是美国、日本、欧盟，在金融国际化的各个方面发挥着主导作用。而以中国为代表的广大发展中国家，在金融国际化浪潮中正在拥有越来越多的话语权。亚太地区新兴经济体国际金融中心的崛起，金融国际化集中于发达国家的传统格局正在发生变化。

（三）生产一体化

国际间的投资活动可以分为三种类型：国际直接投资，指投资者在国外创办或收购企业，并对企业拥有直接控制权力的投资行为；国际间接投资，指用于购买外国公司的股票和其他证券的投资，也包括国际长短期贷款；国际灵活投资，指介于直接投资和间接投资之间的，与生产过程部分融合的投资方式。

生产一体化是直接投资的结果。生产一体化即生产超越了国家的界限，而出现世界一体化的趋势。生产一体化的直接表现是国际投资关系，国际投资关系的具体表现形式是跨国公司。

二、与经济全球化相关的经济组织

（一）联合国

联合国（United Nations，UN）是第二次世界大战后成立的由主权国家组成的国际组织，旨在促进各成员国在国际法、国际安全、经济发展、社会进步、人权及实现世界和平方面的合作，是代表性最为广泛、最具权威性的综合性国际组织。联合国有193个成员国，总部设立在美国纽约，这块领土的所有权已经不属于美国或任何一国，而是世界上唯一的“国际领土”。

联合国具有一定的协调世界经济的职能。联合国经济及社会理事会（Economic and Social Council，ECOSOC）是协调14个联合国专门机构、10个职司委员会和5个区域委员会的经济、社会和相关工作的主要机构，是《联合国宪章》规定的联合国6个主要机关之一。主要职能是协调联合国及各机构的经济和社会工作；研究有关国际间经济、社会、发展、文化、教育、卫生及有关问题；就其职责范围内的事务召开国际会议，并起草公约草案提交联合国大会审议；其他联合国大会建议执行的职能。

（二）WTO

WTO既是一个国际组织，也是一个国际贸易条约的集合体，同时又是缔约各方进行多边贸易谈判的场所，可谓“三位一体”。WTO与IMF、WB一起被称为世界经济发展的“三大支柱”。

WTO是当代最重要的国际经济组织之一，目前拥有164个成员，成员贸易总额达到全球的98%，有“经济联合国”之称。WTO的宗旨：“全体成员方认识到在处理它们的贸易和经济事业的关系方面，应以提高生活水平、保证充分就业、大幅度和稳定增加实际收入和有效需求，以扩大货物和服务的生产与贸易、可持续发展为目的，开发世界资源并加以充分利用，寻求对环境的保护和维护，并根据成员方不同经济发展水平下各自需要的方式，加强采取各种相应措施。”①

WTO主要有三大职能：一是谈判职能，164个WTO成员可以在这里制定新的贸易规则，达成贸易自由化协定；二是行政职能，WTO可以作为一个中央信息交换所（涉及关税减让表、服务承诺、非关税措施、补贴通知等）；三是争端解决职能，就各成员是否履行承诺进行裁决。②

（三）IMF

根据布雷顿森林会议所拟订的《国际货币基金协定》，IMF于1945年12月27日成立，1947年3月1日开始工作，总部设在华盛顿，有成员国189个。

IMF的宗旨：稳定国际汇率，消除妨碍世界贸易的外汇管制，在货币问题上促进国际合作，并通过提供短期贷款解决成员国国际收支暂时逆差的外汇资金需要。

IMF的资金主要来源于各成员国所缴纳的份额。成员国的主要权利是享有提款权，即有权按照所缴份额的一定比例借用外汇。1969年，该组织创设

---

① 张华，陈虹．国际贸易理论与实务［M］．北京：中国财政经济出版社，2021：42.

② 张华，陈虹．国际贸易理论与实务［M］．北京：中国财政经济出版社，2021：45.

了一种名为SDR的货币（记账）单位，根据成员国的份额按比例分配，作为国际流通手段的一个补充。成员国的SDR，可作为货币储备，也可用于向其他成员国购买外汇，解决本国的国际收支逆差。成员国有义务提供经济资料，并在外汇政策和管理方面接受该组织的监督。

中国在IMF中的作用正日益增强。在2009年3月发表的一篇文章中，周小川呼吁扩大IMF的SDR的使用，建议最终由SDR代替在国际货币体系处于中心地位的美元。周小川认为基于SDR体系的国际流动性具备“价值稳定、按规则发行、供给可控”的特点，而不是依赖于美联储的美德与良好判断。[①] 2015年11月，IMF决定将人民币纳入SDR“一篮子货币”。

（四）WB

WB又称“国际复兴开发银行”，它成立初期宗旨是致力于战后的欧洲经济复兴，而后才转向全球性的发展援助，为成员国生产性投资提供长期贷款和技术援助。目前，WB主要是向发展中国家提供以政府名义担保的项目贷款，资助兴建那些周期长、利润偏低但又是该国经济和社会发展所必需的建设项目。该行的资金来源于成员国缴纳的股金，来自国际金融市场的借款以及发行债券和利息收入。

三、区域经济组织

在世界经济中，一些国家出于利益的考虑，成立了区域性的经济组织。这些组织达成某些协议或联盟，采取共同的政策，对世界经济产生影响，形成区域经济一体化。区域经济一体化是当今世界政治经济的一个重要方面。它是主权国家通过政府间的协议建立的制度性安排，旨在减少甚至是消除对贸易和生产要素流动的各种限制，促进成员间的贸易和生产要素的跨国流动。[②] 区域经济一体化，是经济全球化的具体体现，也是推动经济全球化的重要力量。

主要区域经济组织有以下几个。

（一）七国集团、八国集团与二十国集团

1975年11月，美国、英国、法国、德国、日本、意大利六国领导人在巴黎郊外的朗布依埃城堡聚会三天，就当时亟待解决的世界经济问题和各国经济政策进行了讨论和协商。次年7月，六国领导人在波多黎各再次开会，加

① 巴里·埃森格林. 资本全球化［M］. 麻勇爱，译. 北京：机械工业出版社，2020：230.
② 李滨. 国际政治经济学［M］. 南京：南京大学出版社，2019：408.

拿大总理也应邀出席。以此为开端，“七国集团”（G7）正式形成，每年在各成员国轮流举行一次峰会，时间都在7月。

俄罗斯于1991年起参与G7峰会的部分会议，至1997年，被接纳成为成员国，七国集团正式成为八国集团（G8）。严格地讲，它并非一个严密的国际组织，以往被称为“富国俱乐部”。不过，由于俄罗斯经济不算发达，所以在经济部长会议上，俄罗斯不是与会成员，有时八国集团又被称作“7+1”。

随着二十国集团（G20）架构的日趋成熟，为了反映新兴工业国家的重要性，二十国集团成员国的领导人于2009年宣布该组织已取代G8成为全球经济合作的主要论坛。二十国集团（G20）是一个国际经济合作论坛，成立于1999年9月25日，于华盛顿举办了第一届G20峰会，属于非正式对话的一种机制，由原八国集团以及扩充的12个重要经济体组成，其成员包括中国、阿根廷、澳大利亚、巴西、加拿大、法国、德国、印度、印度尼西亚、意大利、日本、韩国、墨西哥、沙特阿拉伯、南非、土耳其、英国、美国、俄罗斯以及欧盟。

由七国集团向二十国集团的演化，某种意义上说是世界格局变化的反映。八国集团几乎已经名存实亡，二十国集团正在世界经济舞台上发挥越来越重要的作用，但七国集团并没有被取代，仍然动作频频，对世界经济产生影响。

（二）亚太经济合作组织

亚太经济合作组织（Asia-Pacific Economic Cooperation，APEC）是亚太地区最具影响的经济合作官方论坛，1989年11月，在时任澳大利亚总理霍克的提议下，美国、日本、加拿大、澳大利亚、新加坡、韩国等12个国家的27位外交部长和经济部长在堪培拉举行了“亚太经济合作部长级会议”的首次会议，标志着APEC问世，经过多年发展，已经成为在亚太乃至全球都具有极高影响力的区域经济合作组织。

APEC的成员已达21个：澳大利亚、文莱、加拿大、智利、中国、中国香港、印度尼西亚、日本、韩国、墨西哥、马来西亚、新西兰、巴布亚新几内亚、秘鲁、菲律宾、俄罗斯、新加坡、中国台北、泰国、美国和越南。

APEC是一个论坛式松散的经济组织，以推行“开放的多边贸易体制”为宗旨，主张对区域外的非成员开放，各成员可以在自愿基础上有条件或无条件地给予非成员优惠待遇。APEC的这种性质，决定了其独特的行事准则，即不靠谈判达成的条约规定，而是每年组织一次非正式的首脑会议，靠领导人协商或领导人的承诺来行事。

（三）东南亚国家联盟

东盟成立于 1967 年 8 月 8 日，英文缩写为“ASEAN”。东盟成立的宗旨是“提倡以平等及合作精神共同努力，促进东南亚地区的经济成长”。东盟拥有 10 个成员国：印度尼西亚、新加坡、泰国、菲律宾、马来西亚、文莱、缅甸、越南、老挝和柬埔寨。

1999 年 1 月，第三届东盟非正式领导人会议在菲律宾马尼拉召开时，东盟 10 个成员国国家元首加上应邀与会的中国、日本及韩国 3 个国家元首，在会后发表共同联合公报，称为“东盟十加三”联合宣言。宣言中明确表示 13 国同意在 6 个经济领域进行合作，其重点包括强化信息科技和电子商务，以加速贸易、投资、科技转移与技术合作。

（四）欧洲联盟

欧洲联盟（以下简称“欧盟”）是当今世界一体化程度最高的区域经济、政治集团，组织有 27 个成员国：法国、德国、意大利、荷兰、丹麦、希腊、瑞典、西班牙、比利时、爱尔兰、葡萄牙、奥地利、卢森堡、波兰、捷克、匈牙利、马耳他、斯洛文尼亚、斯洛伐克、塞浦路斯、立陶宛、拉脱维亚、爱沙尼亚、芬兰、保加利亚、罗马尼亚、克罗地亚。

1999 年起，欧洲货币联盟启动，全新的超越主权国家的货币——欧元诞生。它的出现，标志了世界政治经济新时代的开端，为欧洲新世纪的到来拉开了序幕。使用欧元的有 19 个国家：德国、法国、意大利、荷兰、比利时、卢森堡、爱尔兰、西班牙、葡萄牙、奥地利、芬兰、立陶宛、拉脱维亚、爱沙尼亚、斯洛伐克、斯洛文尼亚、希腊、马耳他、塞浦路斯。由于欧元区国家采取相同的货币政策，却没有统一的财政政策，导致欧盟一些国家陷入债务危机，并对欧盟乃至整个世界经济带来一些负面影响，对欧元也形成了挑战。

2017 年 1 月 17 日，英国宣布脱欧，并于 2020 年 1 月 31 日正式退出。

（五）石油输出国组织

石油输出国组织（Organization of Petroleum Exporting Countries，OPEC）成立于 1960 年 9 月 14 日。1962 年 11 月 6 日，OPEC 在联合国秘书处备案，成为正式的国际组织。其宗旨是协调和统一成员国的石油政策，维护各自的和共同的利益。OPEC 对国际石油市场具有很强的影响力。

（六）金砖五国

金砖国家（BRICS）是世界上发展最快、对世界经济增长产生重要影响的五个国家，因其引用了巴西（Brazil）、俄罗斯（Russia）、印度（India）、中国（China）和南非（South Africa）的英文首字母，与英语单词的砖（Brick）类似，因此被称为“金砖国家”。金砖国家的人口占全球的43%，黄金储备、外汇储备占全球的40%，GDP占全球的23%。①

2001年，美国高盛公司首席经济师吉姆·奥尼尔首次提出“金砖四国”这一概念，特指世界新兴市场。2009年，金砖国家领导人在俄罗斯叶卡捷琳堡举行首次会晤，之后每年举行一次。金砖国家领导人会晤机制的建立，为金砖国家之间的合作与发展提供了政治指引和强大动力。

（七）《区域全面经济伙伴关系协定》

《区域全面经济伙伴关系协定》（Regional Comprehensive Economic Partnership，RCEP）是亚太地区国家形成的自由贸易协定。谈判由东盟发起，于2012年11月启动，初始成员国为东盟10国及中国、日本、韩国、澳大利亚、新西兰、印度6国，也被称为“东盟10+6”。历经8年谈判，于2020年11月15日正式签署协定，成员国包括除印度外的15国，即中国、日本、韩国、澳大利亚、新西兰、印度尼西亚、新加坡、泰国、菲律宾、马来西亚、文莱、缅甸、越南、老挝和柬埔寨。15个成员国总人口达22.7亿人，GDP达26万亿美元，出口总额达5.2万亿美元，均占全球30%左右，是当前世界上人口最多、经贸规模最大的自由贸易区。②

2021年3月，中国已经完成RCEP的核准，成为率先批准协定的国家。此外，泰国也已经批准协定。4月15日，中国向东盟秘书长正式交存RCEP核准书。

四、经济全球化的经济学意义和新闻价值

经济全球化指随着生产力的巨大发展、生产社会化程度的提高和世界范围内市场经济的发展，它们必然要求资源配置从一国范围扩展到世界范围，各国经济通过跨国生产、国际贸易、资本国际运动以及国际技术交流等经济纽带而日益密切联系在一起的趋势。这一概念包含三层含义：第一，它是经济国际化发展到高级阶段的产物，是一个长期渐进的客观历史进程。第二，经济全球化发展最根本的动因是新科技革命推动下生产力的巨大发展，而其最重要的现象与特征是生产要素在全球范围内流动并进行配置。第三，经济

① 王文，刘英．金砖国家：新全球化的发动机［M］．北京：新世界出版社，2017：序7.

② 张华，陈虹．国际贸易理论与实务［M］．北京：中国财政经济出版社，2021：41.

全球化发展的基础在于国际分工，在于世界各国经济的相互依赖。①

经济全球化的根本动因在于科学技术的发展，使生产力水平得到空前提高，现代交通和通信技术使得商流、物流和信息流变得极其顺畅，商品、资本和信息可以轻松地在全球流动，生产可以紧密地与资源和市场结合，国际分工使得各国的比较优势可以充分发挥。在这种情况下，世界上绝大多数国家都采取了开放的态度，引进资本、商品和服务，扩大出口，世界经济成为一个整体。

经济全球化有利于资源实现有效配置，给参与其中的大多数国家提供发展机遇，实现共享双赢。但是，经济全球化也是一把“双刃剑”，存在着一些难以解决的问题：发达国家在全球化过程中，占据优势地位，掌握着世界经济的话语权，而发展中国家虽然获得了发展机遇，但也可能造成产业结构的不合理，在国际分工中处于更为不利的地位；经济全球化使世界经济成为一个整体，使经济风险可以输入到各个国家，加大了世界性经济危机的可能性；经济全球化使得资本逐利的本性发挥得淋漓尽致，使掠夺和贪婪无限漫延，造成了环境的破坏和资源的竭泽而渔式的开发，引发了气候变暖、臭氧层破坏等环境灾难。

世界经济已经形成一个整体，但是能协调各经济体的政策机制尚未形成，构成世界经济的各主权国家往往从本国利益出发，采取对自己有利的货币政策，各经济体之间经常会发生贸易摩擦，甚至会爆发货币战争。经济全球化的道路充满荆棘，甚至会出现逆全球化潮流。当前，IMF、WB 和 WTO 举行的每一次重要会议，都会出现冲突和骚乱。②

五、与经济全球化有关的财经新闻选题

（一）与世界经济形势有关的财经新闻选题

世界经济已经是一个整体，世界经济形势变化，全球经济总量的发展状况，对每一个经济体都会产生影响。财经新闻要对世界经济增速、世界经济存在的问题隐患等方面进行报道。例如，《机构悲观，增速下滑，世界经济的“底”到底在哪里?》（2019 年 10 月 21 日，腾讯网）、《IMF 前首席经济学家：去全球化将损害全球增长》（2020 年 6 月 5 日，汇通财经）。

---

① 宋涛．政治经济学教程［M］．北京：中国人民大学出版社，2020：330.

② 约瑟夫·E. 斯蒂格利茨．全球化逆潮［M］．李杨，唐克，章添香，等，译．北京：机械工业出版社，2020：84.

（二）与 UN 有关的财经新闻选题

UN 作为全球最主要的协调国家间事务的机构，在世界经济方面也有一定的影响力。UN 有关世界经济的活动，是推动经济全球化的重要力量，是国际财经新闻报道需要关注的。例如，《联合国预计世界经济 2020 年将萎缩 3.2%》(2020 年 5 月 14 日，新华网)。

（三）与 WTO 有关的财经新闻选题

WTO 是推动贸易自由化、协调国家间经贸关系、消除贸易壁垒的重要机构，WTO 的政策变化、发布的有关报告，尤其是 WTO 总干事的言论，都会对世界经济产生一定的影响，财经新闻要予以关注。例如，《世界贸易组织总干事奥孔乔·伊韦阿拉：要加强多边主义　更有效地进行全球治理》（2021 年 4 月 21 日，新浪财经)、《世贸组织：全球贸易复苏取决于疫苗公平分配》(2021 年 7 月 31 日，中国经济网)。

（四）与 IMF 有关的财经新闻选题

IMF 在国际金融方面对经济全球化产生促进作用，其对全球经济的研判，对于各国投资者都具有借鉴指导意义。IMF 有关世界经济的活动，是国际财经新闻报道的重要选题。例如，《国际货币基金组织：全球经济增长前景仍然具有高度不确定性》(2021 年 4 月 6 日，《证券日报》)、《IMF 预测 2021 年全球经济增长 6%　世界经济复苏分化加剧》（2021 年 7 月 29 日，中国青年网)。

（五）与 WB 有关的财经新闻选题

WB 是全球最大的发展援助机构，向 100 多个发展中国家和转轨国家提供贷款和咨询服务，在与其他国际组织、各国政府部门、非政府组织的协调方面发挥着重要作用，以自身的资金和人才对经济全球化产生影响。WB 的有关言论和活动，也是国际财经新闻报道的重要选题。例如，《世界银行：全球经济将创出 80 年来最强劲增长，但贫富国家分化》（2021 年 6 月 9 日，新浪财经)。

（六）与区域经济组织有关的财经新闻选题

各个区域经济组织是区域经济一体化的推动者，也是国际贸易和国际金融活动的主要参与者，在建立和维护国际秩序方面的作用不可小觑。国际财经新闻报道要及时关注各主要区域经济组织可能对世界经济产生影响的新闻。例如，《欧盟将于 10 月发售绿色债券，或将成为世界最大环保债券发行方》

（2021 年 9 月 7 日，智通财富网）、《报告：今年“东盟+3”经济料增长 6.7% 全球价值链不会脱离亚洲》（2021 年 4 月 1 日，一财网）。

第二节　国际贸易财经新闻报道

一、国际贸易的概念

国际贸易指世界上各国（各地区）之间进行的商品和服务的交换活动。它是各国（地区）之间分工的表现形式，反映了世界各国（地区）之间在经济上的相互依靠性。国际贸易在一个国家表现出来的形式是对外贸易。对外贸易指一个国家（地区）与其他国家（地区）之间进行的商品和服务的交换。①

国际贸易的形成离不开两个前提条件：生产力水平提高和国家的形成。由于生产力水平的提高，剩余产品越来越多，国家（地区）间的分工越来越细，以国家（地区）政府行政区划为边界的国际贸易便应运而生。国际贸易是一个国家（地区）社会再生产活动的对外延伸，因此它与国内贸易具有一些共同特征。但是，国际贸易是在不同的法律和行政体制间产生的，交易主体具有不同的文化背景，交易要经过不同币种的换算，其过程要比国内贸易复杂得多。

国际贸易有以下分类方法。

（一）进口贸易、出口贸易和过境贸易

按照交换对象的移动方向，国际贸易可以分为进口贸易、出口贸易和过境贸易。进口贸易指将其他国家（地区）的商品或服务引进本国市场销售；出口贸易指将本国（地区）的商品或服务输出到其他国家（地区）的市场销售；过境贸易指将他国（地区）的商品经过本国（地区）运到第三方国家（地区）销售。

（二）有形贸易和无形贸易

有形贸易指对实物形态商品的进出口，如机器、服装等；无形贸易是对没有实物形态的技术和服务的进出口，如专利使用权的转让、保险业的服务等。

---

① 张华，陈虹．国际贸易理论与实务［M］．北京：中国财经出版传媒集团，2021：1.

（三）直接贸易和间接贸易

按生产国和消费国的关系，国际贸易可以分为直接贸易和间接贸易。直接贸易指商品生产国（地区）直接与商品消费国（地区）进行贸易；间接贸易指第三国（地区）的贸易商在商品生产国（地区）与商品消费国（地区）进行转口贸易。

二、国际贸易的经济学意义和新闻价值

有关国际贸易的理论出现得比较早。在早期的资本主义社会，对外贸易曾经是最早发展的资本主义国家最主要的发展动力，国际贸易的理论也是最早形成的经济学理论。重商理论曾是最流行的理论。在早期重商主义者的著作中，就有经济民族主义关于国际贸易的理论根源，比如，他们认为货币具有决定性的意义，国家的强大在于财富，财富表现为获取更多的贵重金属，政府必须采取措施将贵重金属吸收到国内并将贵重金属留在国内。在采取措施吸收贵重金属的方法上，重商主义主张少买多卖，利用关税等措施限制外国商品的输入，鼓励商品输出（货币平衡论）；或者以保护国内工商业的发展方式，使本国处于贸易的相对顺差状态（贸易平衡论）。①

其后围绕国际贸易产生的经济学理论也非常多，而最广为接受的是“比较优势”理论。按照“比较优势”理论，在国际贸易中，起决定作用的不是绝对优势，而是比较优势。各个国家的经济有着自己的比较优势，也有着自己的比较劣势。各个国家出口具有“比较优势”的产品，进口具有“比较劣势”的产品，国际贸易由此产生。

机器大工业出现以后，首先拥有现代工业的国家开始大量的商品输出，同时伴随着对殖民地的掠夺和资本输出，国家间的交流已经不再是“比较优势”的交换。第二次世界大战后，发了“战争财”的美国积极推行自由贸易，成立了 WTO（当时叫“关贸总协定”）、IMF 来维持世界经济秩序，实现了经济全球化。跨国公司的力量日益壮大，达到了富可敌国的地步，各国经济实现了“你中有我，我中有你”的状态。可以说，当今世界，没有哪个国家可以脱离世界经济，不依靠国际市场而独立存在。

正是国际贸易对每一个经济体的这种影响，使之成为财经新闻报道的重要内容。可以说，国际贸易方面的很多新闻事件，都是普通百姓所关注的。

---

① 李滨．国际政治经济学［M］．南京：南京大学出版社，2019：198.

出于对市场和原料成本的关心，生产者会关注国际贸易方面的新闻；国际贸易也会对金融市场产生巨大影响，从而影响股市、期货市场，投资者会非常关注国际贸易新闻；即使是普通消费者，也会关注进口商品价格等国际贸易新闻。

国际贸易还往往与国家之间的政治问题挂钩，因此，人们还会从爱国的角度关注这方面的新闻。比如，中美贸易战方面的新闻，即使和人们的经济利益没有直接的关系，人们还是会非常关注。

三、与国际贸易有关的财经新闻选题

（一）与国际贸易争端有关的财经新闻选题

对于一个经济体来说，国际贸易表现为对外贸易。尽管贸易自由化对各个经济体都有好处，但站在对外贸易的立场，每一个经济体都希望多出口少进口。WTO 可以看作世界贸易秩序的维护者，但是，WTO 框架内，仍然难以解决贸易争端的问题，何况有些国家或地区并不受 WTO 的制约。因此，国际贸易争端的报道，仍是某些时期国际财经新闻报道的重要内容。例如，《日韩贸易争端短期无解决迹象　或危及全球科技市场》（2019 年 7 月 12 日，中国新闻网）。

（二）与国际物流有关的财经新闻选题

国际贸易导致商品在全球范围的大流动，离不开航海、航空及陆路交通运输来进行物流活动。国际物流是否畅通，流通成本是否增加，这些对各国经济都会产生影响，对于资本市场的走势也会产生影响。例如，《告急！美国上演“世纪大堵塞”，全球航运运费竟飙涨 7 倍，何时降温？航运巨头警告：将继续大涨》（2021 年 9 月 20 日，券商中国）。

（三）与供求关系及价格的剧烈波动有关的财经新闻选题

国际贸易中某种商品供求关系发生重大变化，导致价格暴涨或暴跌，会对整个价格体系产生连锁反应，也会对市场预期产生影响，财经新闻要及时报道。例如，《铁矿石价格暴跌　澳大利亚股市跌 2%》（2021 年 9 月 20 日，新浪财经）。

第三节 国际金融市场财经新闻报道

一、国际货币体系

伴随着国际贸易带来的商品在不同国家和地区间的流动，必然导致货币也在各国之间流动，发挥着计价、结算和储备等功能，形成国际货币体系。

（一）金本位制度

“本位”指衡量货币价值的标准。金本位制度是以黄金为本位货币，即以货币的含金量来衡量货币价值的一种货币制度。对于一国来说，金本位制度其实是一种国内的货币制度。国际金本位制度是将世界各国的金本位制度作为一个整体，因各国的货币均以黄金为基础，并在此基础上彼此兑换，所以黄金自然成为国际支付手段和清算手段，各国货币在黄金基础之上建立联系，并由此构成世界性的货币制度，即国际金本位制度。①

资本主义社会早期，各国之间交易实行以黄金为通用货币的金本位制度，1929 年世界性经济危机的爆发使金本位制度走向彻底瓦解，1937 年以后，世界上已没有任何一国实行金本位制度。

（二）布雷顿森林体系

1944 年 7 月，44 个国家的 300 多位代表出席了在美国的布雷顿森林镇召开的国际金融会议，签订了《布雷顿森林协定》。由此产生的国际货币体系被称为“布雷顿森林体系”。该体系规定了以美元作为最主要的国际储备货币，实行美元—黄金本位制。其他国家货币与美元挂钩，比价不得随意变动。

布雷顿森林体系使得欧洲大陆国家与美国达成协议，同意使用美元进行国际支付，奠定了美元的国际地位，使得美元在美国以外的国家广泛使用并最终成为国际货币。

（三）牙买加体系

伴随着世界经济的发展，布雷顿森林体系遇到挑战，难以继续运行。1976 年 IMF 理事会在牙买加首都金斯敦召开会议，并签订了《牙买加协议》。在这个基础上形成的国际货币体系就被称为“牙买加体系”。

---

① 史燕平，王倩．国际金融市场［M］．北京：中国人民大学出版社，2020：9.

牙买加体系形成了以美元为中心的多元化国际储备和浮动汇率体系。IMF 发行的 SDR 的储备地位在不断提高；欧元、日元成为外汇储备的重要品种；黄金也并没有按《牙买加协议》规定的那样真正成为普通的商品，仍被视为二级储备资产。

在牙买加体系下，各国可自由选择其汇率安排。一般来说，发达国家大多采取联合浮动或单独浮动，发展中国家一般与美元、欧元等挂钩。浮动汇率制给世界金融领域带来了风险。

二、国际收支平衡表

国际收支平衡表是一国根据国际经济交易的内容及范围设置项目和账户，按照复式簿记原理，系统记录某个时期内居民与非居民之间交易的汇总统计表。为了统一各国对国际收支内容的统计，IMF 颁布了《国际收支手册》，对这一报表编制所采用的概念、准则、惯例、分类方法以及标准构成都做了统一的说明。IMF 规定各会员国必须定期报送其国际收支平衡表，汇总后定期发表在《国际金融统计》上。①

国际收支平衡表包括以下部分。

（一）经常账户

经常账户又称“往来账户”，记录的是一个国家（地区）与其他国家（地区）之间实际资源的转移，经常账户显示的是居民与非居民之间货物、服务、初次收入和二次收入的流量，是国际收支平衡表中最基本、最重要的内容。②

（二）资本账户

资本账户表述居民与非居民之间的应收和应付资本转移，居民与非居民之间非生产非金融资产的取得和处置。③

（三）金融账户

金融账户记录涉及金融资产与负债，以及发生于居民与非居民之间的交易。金融账户显示的是金融资产和负债的获得与处置净额。按照职能类别，分为直接投资、证券投资、金融衍生品（储备除外）和雇员认股权、其他投

---

① 王晓光．国际金融［M］．北京：清华大学出版社，2019：3.

②③ 王晓光．国际金融［M］．北京：清华大学出版社，2019：8.

资以及储备资产 5 类。①

（四）错误与遗漏净额

国际收支平衡表采用复式记账法，按照复式记账原则，国际收支账户的借方总额和贷方总额应该相等，借贷双方的净差额应为零。但在实际中，由于统计资料来源不一、资料不全、资料本身错漏、记录时间不同以及一些人为因素（如虚报出口）等，会带来不平衡问题。这种不平衡是国际收支数据的一个常见特点，被称为“错误与遗漏净额”，在公布的数据中应单独列出，而不应毫无区别地将其纳入其他项目。②

三、外汇市场

外汇是一个国家的通货换算成另一个国家的通货，也就是一个通货可以买卖的价格。IMF 对外汇的定义是：“外汇是货币行政当局（中央银行、货币管理机构、外汇平准基金及财政部）以银行存款、财政部库券、长短期政府债券等形式所保有的在国际收支逆差时可以使用的债权。其中包括由中央银行及政府间协议而发生的在市场上不流通的债券，而不问它是以债务国货币还是以债权国货币表示。”③

外汇市场指进行外汇交易的场所，或是外汇供给者、外汇需求者及买卖外汇的中介机构所构成的买卖外汇的交易系统。外汇市场作为国际金融市场的重要组成部分，在提供外汇交易便利的同时也向国际经济交易者提供了资金融通的便利，从而使国际信贷和国际投资能够顺利进行。此外，外汇市场还为各类经济体提供了规避汇率风险的场所，为外汇投机者提供了获取利润的机会。④

汇率指不同国家之间货币的比价关系。汇率制度就是一个经济主体的货币当局对本国汇率变动的基本方式所做的制度安排，包括两个层次的问题：一是汇率水平的决定（升值还是贬值）；二是汇率制度的选择。

在任何一个国家，汇率都不只是市场运行的结果。决定一国汇率变动的最重要因素是中央银行设定的利率，而不是市场。美国已经在世界各地试图说服各国政府，要其不要干预汇率，而由市场来决定汇率。实际上，这意味着汇率应该由美联储（美国的中央银行）来决定，而不是由国家自己的中央

---

① 王晓光．国际金融［M］．北京：清华大学出版社，2019：9.

② 王晓光．国际金融［M］．北京：清华大学出版社，2019：10.

③ 周乃薐．国际财经新闻知识与报道［M］．北京：清华大学出版社，2013：127.

④ 耿明英，密桦．国际金融：理论与实践［M］．北京：北京大学出版社，2020：93.

银行来决定。①

《牙买加协议》确定了浮动汇率制，各国不再规定汇率上下波动的幅度，中央银行也不再承担维持波动上下限的义务，各国汇率是根据外汇市场中的外汇供求状况，自行浮动和调整的结果。同时，一国国际收支状况所引起的外汇供求变化是影响汇率变化的主要因素——国际收支顺差的国家，外汇供给增加，外国货币价格下跌、汇率下浮；国际收支逆差的国家，对外汇的需求增加，外国货币价格上涨、汇率上浮。汇率上下波动是外汇市场的正常现象，一国货币汇率上浮，就是货币升值，下浮就是贬值。

任何一种货币的汇率都不是一成不变的，它会随着一个国家或地区经济的发展而变化。汇率变化是由一个国家经济增长率的高低决定的。一个国家经济增长率越高，本币就越值钱；反之，本币就会贬值。

影响汇率的因素有国际收支差额、利率水平、通货膨胀因素、财政政策与货币政策、投机资本、政府的市场干预、一国经济实力以及其他因素（如政治因素、战争因素，黄金市场、股票市场、石油市场变化等）。

四、美国联邦储备委员会

美国联邦储备委员会，简称“美联储”，以其为核心形成的联邦储备体系是美国的中央银行。美联储是美国货币政策的决策机构，在很大程度上影响着美国经济发展的走向。由于美元作为世界货币的特殊地位，美联储成为全球财经媒体聚焦的中心，因此有必要单独作为一部分来研究。

美联储是一个相对独立的部门，经济来源是所拥有国债的资产组合，其成员由总统和国会确定，但负责决策和管理的美联储 7 人委员会，则由总统提名，国会任命，任期是 14 年。在 7 人委员会中，设主席 1 名，美联储主席的言论往往成为人们判断美国未来货币政策走向的依据，对市场影响巨大。

美联储的主要目标是控制通货膨胀和刺激经济持续发展，在二者的矛盾体中保持平衡。冬夏两季，美联储的主席要去国会接受现场直播的做证，这在美国是很重要的大事。②

美国联邦储备体系的最高权力由三部分组成：联邦储备委员会、联邦公开市场委员会和各联邦储备银行。

决策机构——联邦储备委员会。

---

① 约瑟夫 · E. 斯蒂格利茨 . 全球化逆潮［M］. 李杨，唐克，章添香，等，译 . 北京：机械工业出版社，2020：11.

② 周乃蔆 . 国际财经新闻知识与报道［M］. 北京：清华大学出版社，2013：80.

负责制定货币政策，包括规定存款准备金率、批准贴现率，对 12 家联邦银行、会员银行和持股公司进行管理与监督。委员会在货币金融政策上有权独立做出决定，直接向国会负责。

执行机构——联邦公开市场委员会。

主要负责公开市场业务的实施，从而指导货币政策的全面贯彻执行。

执行机构——各联邦储备银行。

按 1913 年国会通过的联邦储备法，在美国划分 12 个储备区，每区设立一个联邦储备银行分行。每家区域性储备银行都是一个法人机构，拥有自己的董事会。会员银行是美国的私人银行，除国民银行必须是会员银行，其余银行是否加入全凭自愿。

五、国际资本市场

国际资本市场是融资期限在一年以上的中长期资金融通市场，按融资方式不同分为国际信贷市场和国际证券市场。①

国际信贷市场资金提供者主要包括各国政府、国际金融机构和国际银行，所以贷款分为政府贷款、国际贷款机构贷款和国际银行贷款。

国际证券市场是进行债券、股票等有价证券发行和转让买卖的市场，包括国际债券市场和国际股票市场。

国际债券市场是在国际金融市场上发行债券和交易的市场，通过发行国际债券进行筹资，已经成为借款者在国际金融市场上融资的主要方式。②

国际股票市场指在国际范围内发行股票并交易的场所或网络，是国际证券市场的重要组成部分。在其他国家发行股票要遵循发行地的市场规则和惯例，接受当地监管部门的监管。③

经济全球化导致资本在全球流动，也使各国（地区）的资本市场互相影响。全球主要的股价指数成为国际资本市场的重要风向标。全球主要的股价指数如下。

（一）道琼斯股票价格平均指数

道琼斯股票价格平均指数以 1928 年 10 月 1 日为基期，在纽约交易所交易时间每 30 分钟公布一次，用当日当时的股票价格算术平均数与基期的比值求得，是被西方新闻媒介引用最多的股票指数。

---

① 耿明英，密桦．国际金融：理论与实践［M］．北京：北京大学出版社，2020：150.

② 耿明英，密桦．国际金融：理论与实践［M］．北京：北京大学出版社，2020：151.

③ 耿明英，密桦．国际金融：理论与实践［M］．北京：北京大学出版社，2020：153.

（二）标准普尔指数

标准普尔指数以1941—1943年为基数，用每种股票的价格乘以已发行的数量的总和为分子，以基期的股价乘以股票发行数量的总和为分母相除后的百分数来表示。由于该指数是根据纽约证券交易所上市股票的绝大多数普通股票的价格计算而得，能够灵活地对认购新股权、股份分红和股票分割等引起的价格变动做出调节，指数数值较精确，并且具有很好的连续性，所以往往比道琼斯指数具有更好的代表性。

（三）恒生指数

恒生指数是香港股市历史最久的一种股价指数，由香港恒生银行于1969年11月24日公布使用。

现行恒生指数以1996年7月31日为基期，根据各行业在港上市股票中的33种具有代表性的股票价格加权计算编制而成。因为这33家公司的股票总值占全部在港上市股票总值的65%以上，所以恒生指数是目前香港股票市场最具权威性和代表性的股票价格指数。

（四）日经指数

日经指数是日本股票市场的股票价格指数，是由日本经济新闻社编制公布的反映日本东京证券交易所和股票价格变化的股票价格平均指数。

（五）金融时报指数

金融时报指数的采样股票是根据英国伦交所上市的主要100家大公司的股票选定的，并以每分钟一次的频率更新。该指数采用加权算术平均法计算而得。

六、国际黄金市场

黄金市场是集中进行黄金买卖的交易场所。世界各地的黄金市场由存在于各地的黄金交易所构成。黄金交易所一般都在各个国际金融中心，是国际金融市场的重要组成部分。

国际黄金市场中作为卖方的参与者主要有：产金国生产黄金的企业、拥有黄金需要出售的集团或个人、为解决外汇短缺和支付困难的各国中央银行、预测金价下跌做“空头”的投机商等。作为买方出现的参与者主要有：为增加官方储备的各国中央银行、为投机或投资目的的购买者、预测金价上涨做“多头”的投机商、以黄金作为工业用途的工商企业等。此外，一些国际机构，如国际清算银行和IMF等也参与黄金市场的买卖活动。

国际黄金市场的交易方式主要有现货交易和期货交易两种方式。围绕黄金交易，形成了两大交易集团：一个是伦敦—苏黎世集团，另一个是纽约—香港集团（包括芝加哥）。这两大集团之间的合作十分密切，共同操纵着世界黄金市场。其中，伦敦黄金市场的作用尤为突出，至今该市场的黄金交易和报价仍然是反映世界黄金市场的一个“晴雨表”。①

七、国际金融的经济学意义和新闻价值

从经济学的角度来看，国际金融是开放型经济体都必须开展的基本经济活动，是经济体之间全部金融关系和经济状况及决策机制的综合反映。伴随着世界经济的发展，价值在全球流动，具体表现为货币的流动。这种货币的流动，可以分为两部分，一部分是作为支付手段的普通货币的流动，另一部分是资本的流动。马克思在《政治经济学批判》一书中指出，国际金融活动实质上是“生产的国际关系”，反映的是各国之间物质生产中所表现出来的相互关系，“汇率”则是生产的国际关系的货币表现。

在经济全球化的背景下，一个经济体存在着内部均衡和外部均衡。内部均衡指本国货币发行与社会总产品之间的均衡，表现在就业和物价的稳定上。外部均衡可以看作贸易收支与资本账户在内的总体上的平衡。

作为虚拟经济的国际金融活动，不可避免地会产生国际金融性资本的流动。这种流动带有相当大的投机性，往往与国际贸易或直接投资并不相关。它的流动速度极快，对利率、汇率、股价等影响巨大。全球金融市场的开放和一体化发展迅猛，当资金的跨国流动具有一种不受约束的自由权力时，“疯狂的金钱”就把整个金融市场变成了“疯狂的赌场”。②

国际金融活动会对每一个开放的经济体产生影响，也会对经济体中的个体产生影响。一个普通的中国股民，也会对美股市场的变化保持关注。国际金融动态，是财经新闻最重要的信息源之一。

一些与国际金融密切相关的国际金融机构的政策变化，是全球投资者聚焦的中心。例如，美联储作为美国央行，在使用明确的调控手段的同时，也尽量使用“放口风”的方式，引导市场朝向美联储希望的方向运行。在这方面，美联储前主席格林斯潘最擅长。他曾说过：“我花了不少时间努力回避问题，因为我担心自己说话过于直白。最后，我终于学会了‘美联储语言’，学

---

① 耿明英，密桦．国际金融：理论与实践［M］．北京：北京大学出版社，2020：154.

② 李滨．国际政治经济学［M］．南京：南京大学出版社，2019：303.

会了含糊其词。”资本市场和财经新闻界既然无法揣摩格林斯潘话语的真意，只好另辟蹊径。他们发现了一个“秘密”：格林斯潘的公文包。如果公文包是瘪的，表示平安无事；如果公文包是鼓鼓囊囊的，那就意味着格林斯潘“有话要说”。因此，每当美联储开会时，美国CNBC电视台就会派出两个摄影组守在门口，一台摄像机专门拍摄格林斯潘的言谈举止，另一台则专门拍摄他的公文包。①

八、与国际金融有关的财经新闻选题

（一）国际金融程式化报道的财经新闻选题

汇率变化是人们所关注的，财经媒体会实时播报各个外汇市场的行情，为投资者提供资讯；各国股指变化反映世界经济动向，对中国资本市场也有重要影响；黄金市场的变化也是投资者所关注的。针对这些内容，财经媒体都会实时进行程式化报道。例如，《欧元兑人民币汇率（2021年9月24日）》（2021年9月24日，金投网）、《华尔街分析师：贵金属市场牛市尚未结束　未来将创新高》（2021年9月27日，新浪财经）、《美股收评：全线收涨，三大股指齐创纪录新高》（2020年12月5日，腾讯网）。

（二）与国际“热钱”的流动有关的财经新闻选题

“热钱”又称“游资”或“投机性短期资本”，其快速流动往往触发资本市场的剧烈震动，甚至会诱发金融危机。财经新闻对国际“热钱”的流动，要予以密切关注。例如，《美元在国际市场上超强　涌入中国的“热钱”开始外流》（2020年4月21日，凤凰网视频）。

（三）与主要资本市场剧烈变化有关的财经新闻选题

各主要经济体股市、期货等证券市场的剧烈变化，会对其他经济体的金融市场产生重要影响，有的甚至会对实体经济产生影响。财经新闻在做好程式化报道的同时，还要对主要资本市场的剧烈波动进行及时报道。例如，《昨夜，美股大跌！恐慌指数飙升近30%！耶伦警告：美政府债务违约将造成“经济灾难”》（2021年9月21日，《21世纪经济报道》）。

（四）与金融危机有关的财经新闻选题

在经济全球化的背景下，爆发系统性的、涉及世界经济的金融危机的可能性随时存在。金融危机的危害不言而喻，财经新闻受众对此自然也是极为

---

① 莫林虎．财经新闻概论［M］．杭州：浙江大学出版社，2013：133.

关注的。财经新闻不仅要对已经发生的金融危机进行报道，还要时时关注可能存在的风险，进行预警式报道。例如，《全球金融危机爆发？美国再印一个英国经济总量，俄罗斯紧急警告》（2021 年 9 月 21 日，网易首页）。

（五）与全球重要央行有关的财经新闻选题

美联储、欧洲银行等全球重要经济体的央行的货币政策，对世界经济会产生重要影响，对全球经济体的资本市场影响尤甚。因此，这些机构的信息是财经新闻要时时关注的。例如，《美联储、欧洲央行相继退出 QE，为何日本不跟?》（2021 年 9 月 26 日，和讯网）。

（六）与全球闻名的投资大家有关的财经新闻选题

巴菲特、林奇、索罗斯等世界著名的投资大家，是全球资本市场的传奇，也是人们津津乐道的财富人物。财经新闻的受众会从财富故事的角度对他们的言行保持兴趣，同时，他们的投资选项也是人们判断资本市场走势的依据。例如，《巴菲特股东大会　全程视频直播》（2020 年 5 月 2 日，东方财富网）。

第四节　直接投资财经新闻报道

一、直接投资与跨国公司

在经济全球化的背景下，资本在不同经济体间流动，企业和个人可以在世界范围内的绝大多数国家和地区投资。直接投资，已经成为资本流动的重要方式。根据 IMF 和经济合作与发展组织（Organization for Economic Co-operation and Development，OECD）所确定的定义，国际直接投资指一国（地区）的居民实体在其本国（地区）以外另一国的企业（外国直接投资企业、分支机构或国外分支机构）中建立长期关系，享有持久利益，并实行控制的投资。[①] 直接投资模式是一种以所有权为基础的国际化经营模式，公司通过在目标国家占有部分或全部的所有权，将技术、人力、管理经验及其他产权转移到目标国家。随着经济全球化及各国经济相继对外开放，越来越多的企业将对外直接投资作为国际化经营或进入外国市场的主要模式。[②]

直接投资的形式：投资者开办独资企业，直接开店并独自经营；与当地企业合作开办合资企业或合作企业，从而取得各种直接经营企业的权利，并

---

① 李辉，姚丹，郭丽．国际直接投资与跨国公司［M］．北京：电子工业出版社，2013：10.

② 张玮，张宇馨．跨国公司概论［M］．北京：清华大学出版社，2020：50.

派人员进行管理或参与管理；投资者参加资本，不参与经营，必要时可派人员任顾问或指导；投资者在股票市场买入现有企业一定数量的股票，通过股权获得全部或相当部分的经营权，从而达到收买该企业的目的。①

直接投资的具体体现方式是跨国公司。跨国公司指“通过直接投资，在国外设立子公司和分支机构，在世界范围内从事生产、销售和金融等各种经营活动，以获取高额垄断利润的大型垄断企业”。② 跨国公司是各国（地区）规模较大的具有垄断优势的企业，以本国为基地，通过直接投资在世界各地设立分支机构或子公司，从事国际化生产和经营活动。跨国公司一般都具有一个完整的决策体系和最高决策中心，有自己独特的企业文化，从全球市场的战略出发组织生产经营活动。跨国公司不仅具有规模优势，更靠强大的科技优势取胜。第二次世界大战以后，全世界的新技术、新生产工艺，基本都掌握在跨国公司手中。

二、跨国并购

“跨国并购”是跨国兼并和跨国收购的总称，指跨国公司等国际投资主体通过一定的渠道和支付手段，并依照东道国法律取得东道国某现有企业的全部或足以行使经营控制权股份的行为。③ 跨国并购是资本输出的主要方式，也是直接投资的重要实现途径。主动发起欲并购其他企业的一方，是跨国并购的发出企业或并购企业，而对方则属于被并购企业或目标企业。发出企业既可以直接并购对方企业，也可以通过目标公司所在地的子公司来完成并购。

跨国公司由于其在第二次世界大战后飞速发展而形成的巨大经济实力，已经成为国际贸易活动的重要行为主体和世界范围内对外直接投资的主要参与者。从对外直接投资形式对跨国公司进行的基本分类有两种：水平一体化的对外直接投资模式和垂直一体化的对外直接投资模式。水平一体化的对外直接投资模式指跨国公司在许多国家重复进行基本相同的生产经营活动，而垂直一体化的对外直接投资模式指跨国公司将同一生产经营活动的不同阶段分散于不同的国家。最具典型意义的是在垂直一体化的对外直接投资中，跨国公司是以生产要素密集度为基础开展生产经营布点的。这两种基本类型的交叉融合产生了一种新的分类，即“知识—资本”模式。它用于描述那些同

---

① 李滨．国际政治经济学［M］．南京：南京大学出版社，2019：114.

② 宋涛．政治经济学教程［M］．北京：中国人民大学出版社，2020：329.

③ 李辉，姚丹，郭丽．国际直接投资与跨国公司［M］．北京：电子工业出版社，2013：115.

时兼具水平一体化和垂直一体化形态的跨国公司对外直接投资活动。①

跨国并购可以实现更为合理的企业布局，减少跨国贸易的成本，迅速进驻目标企业所在国的市场，也可以获得现成的销售网络，增加企业的专利等无形资产，是一项极具意义的企业行为。但跨国并购要进入全新的国家或地区，就要承担不同法律体系带来的法律风险。

三、直接投资的经济学意义和新闻价值

资本输出指一个国家的政府或企业在国外进行的投资和贷款。在自由资本主义阶段，资本输出已经少量个别地出现，第二次世界大战之后，资本输出已经成为一种普遍现象。产生这种现象的原因，不再是由于国内资本过剩推动，而是生产一体化趋势造成的国际范围内的专业化分工协作的结果，是各国参与国际分工的必要手段。在经济全球化的背景下，很多产品都是由多国的企业联合生产的，世界变成了一条“流水线”，形成了超越国家界限的国际经济大循环。一个经济体或一个国家，要想长久良性发展，都要融入这个循环中。而直接投资就是融入国际循环，在国际分工中占有一席之地的最重要的途径。资本出于追求利润的本能，会向着资源丰富、成本低廉的地方流动，生产过程早已跨越了国界的限制，以垂直分工为特征的国际分工逐渐向水平分工演化，跨国公司成为最适合的组织形式。

国际分工是在价值链上比较优势的分工。发达国家凭借技术和国际规则方面的优势地位，在国际分工中长期占有上游环节，凭借专利、品牌和销售渠道，获取更多的利益。而发展中国家则更多地在材料、劳动力供应和开放市场方面参与国际分工。现代化的物流和信息流，使生产更易于在不同国家完成，这样就可以最大限度地利用各地的比较优势，让产品成本降得更低，让占据上游地位的跨国公司获得更多的利润。当今的跨国生产拓展了市场生产组织方式，是一种全球配置生产要素的市场化组织方式，必然带来世界性的政治经济影响。这种影响不仅涉及跨国公司的东道国，也涉及其母国。跨国生产对民族国家内部政治经济的影响，民族国家对跨国生产的反应以及民族国家试图共同管理跨国生产的努力，都是跨国生产产生的世界性政治经济影响的重要部分。②

跨国生产给发展中国家带来了机遇，对发展中国家具有有利的一面。发展中国家长期以来将外国直接投资视为重要的资金来源。虽然随着国际资本

① 赵春明．跨国公司与国际直接投资［M］．北京：机械工业出版社，2020：7.

② 李滨．国际政治经济学［M］．南京：南京大学出版社，2019：102.

市场的发展，跨国公司作为资本来源的重要性降低，但是由于跨国公司进入具有“一揽子”生产要素的性质，东道国又不需要承担外汇偿付的义务，因而对发展中国家来说，外资仍不失为重要的资金来源，新兴工业化国家的经济腾飞就是很好的例子。一部分国家对外国投资完全接受不加以限制，如新加坡。多数发展中国家采取鼓励与限制结合的外资政策，对外国直接投资的限制常用于促成特定发展目标的实现，在这个过程中，发展中国家往往采取各种激励措施，更多的属于超国民待遇措施，如税收鼓励和其他影响投资相对成本或盈利潜能、降低投资风险的做法。[①] 对于发展中国家利用外商直接投资来说，往往会同时产生资本形成效应、技术转移效应和产业结构调整效应。具体来说，外商直接投资对于发展中国家的东道国，其发挥的作用除了能弥补发展中国家储蓄缺口的直接效应，更重要的是在当地产生规模经济和外部经济利益。具体来说，一方面，东道国通过吸收随外资一起转移的技术、管理经验，可以迅速提高本国的生产力水平，提升商品的技术含量，改善贸易的商品结构，增强国际竞争力；另一方面，投资于东道国优势出口产业的外国资本，会促进发展中国家出口产业的成长，并且发展中国家可利用外商的销售网络迅速进入国际市场，进而扩大它们的对外贸易量。[②]

生产一体化以及由其导致的直接投资，给发展中国家带来了发展机遇，但也带来一定的经济风险。在经济全球化的背景下，像美国这样的发达国家很容易将通货膨胀的压力输出到其他国家，尤其是发展中国家；通过直接投资的方式，发达国家也可以轻松地进入发展中国家，造成其本国品牌的消亡，使得本国企业更难成长；伴随着资本输出而来的，还有金融市场的开放，这就使金融风险得以直接在全球蔓延，酿成类似 2008 年国际金融危机那样的全球性金融危机。一旦接受国际直接投资，东道国的诸多经济资源将不得不与国外投资者分享，东道国将与投资国建立更加紧密的经济乃至政治联系。这对东道国的经济发展模式、传统文化、民族工业和国际竞争力都有直接而深远的影响，因此各国政府对国际直接投资的态度迥然不同。对于国际直接投资，实践中很少有哪个国家的政府会采取放任自流的态度。多数东道国政府都通过制定一系列合营（资）法律或法规来设置外资进入的门槛，规范外资企业的行为，保护本国的民族工业和特定的经济利益。即使是宣称对资本流动不加管制的美国、日本等发达国家，对国际直接投资也以各种名目设置了不少障碍。例如，美国担心新技术流入中国，担心中国成为其市场的竞争对

① 张玮，张宇馨．跨国公司概论［M］．北京：清华大学出版社，2020：24.

② 赵春明．跨国公司与国际直接投资［M］．北京：机械工业出版社，2020：8.

手，所以对中国收购美国高科技企业进行审查，给予更多的限制。[①]

当发展中国家经济达到一定程度，也会将资本向外输出，开展跨国直接投资活动。对外直接投资，可以扩大市场范围和产品销量，获得更高的利润回报，利用国外的生产优势及先进技术，利用国外的原材料，突破贸易壁垒，规避长期外汇风险。

东道国的政治环境对于直接投资有着重要影响。东道国的政治环境指影响企业生存和发展的各种政治因素的总和。它们在不同程度上独立于企业而存在，可以给企业经营带来正面作用——机会和负面作用——威胁。前者指企业享受与其竞争对手相同或不同的优势地位，为达到企业目的带来成功机会，起有利作用。后者对达到企业目的可能带来威胁，起不利作用。政治环境的特点是其影响一般通过政府行为或国家行为的形式体现，因而具有极大的强制性。例如，东道国政府在经济政策调整中，有可能阻碍外资进入某些行业。当东道国爆发战争时，有关地区的所有经济活动都会受到极大影响，甚至会发生财产损毁和人员伤亡事件。各种政治力量作用的结果可能使政治环境变化，不仅造成新投资进入困难，而且对国际企业原有经营活动造成伤害。所有这些影响，国际企业都无法抗拒。相反，东道国政府对外商投资的鼓励政策和措施又会给国际企业创造良机。[②]

因为直接投资对于一国经济具有重要的作用，也由于其错综复杂的影响因素和存在的种种问题，有关直接投资的新闻往往受众广泛。对外直接投资、跨国并购等活动，既牵涉国民的切身利益，又能触动人们的爱国情怀。因此，相关新闻报道即使与己无关，也会引起人们的极大关注。对于生产者来说，对外投资的状况或重大事件，有可能引起产业环境的变化，也可能导致生产资料价格的波动，他们因此会对这些新闻感兴趣。对于投资者来说，直接投资与资本市场直接相关，一些跨国并购的新闻甚至会让股市产生剧烈波动，他们会时时关注相关的新闻报道。消费者也会通过了解直接投资方面的新闻，来了解某些商品价格变化趋势。

四、直接投资方面的财经新闻选题

（一）与全球直接投资动态有关的财经新闻选题

直接投资是世界经济状况的重要标志，是人们判断世界经济走向的依据，

① 陈雨露．国际金融［M］．北京：中国人民大学出版社，2019：193.

② 赵春明．跨国公司与国际直接投资［M］．北京：机械工业出版社，2020：108.

财经新闻要对全球直接投资状态给予关注报道。例如，《联合国〈2021 年世界投资报告〉：2021 年全球外国直接投资将触底反弹》（2021 年 6 月 21 日，央视新闻客户端）。

（二）与世界 500 强有关的财经新闻选题

“世界 500 强”，指美国《财富》杂志每年评选的“全球最大五百家公司”排行榜，这些公司不仅规模巨大，而且对全球经济具有重要影响。世界 500 强绝大多数都是跨国公司，少数本土化公司也往往存在着直接投资活动。与这些超大型公司相关的新闻，是财经新闻受众感兴趣的，世界 500 强排行榜单的变化，哪些企业跻身 500 强的行列，都是财经新闻需要关注的。例如，《世界新 500 强出炉！美国少了 58 家，日本少了 54 家，那中国呢?》(2021 年 9 月 13 日，网易首页)。

（三）与跨国并购方面有关的财经新闻选题

跨国并购是直接投资的重要方式，会对国际资本市场产生重要影响。有的跨国并购还涉及国家产业结构和产业政策，甚至会与政治或人们的情绪相关。财经新闻要关注重要的跨国并购事件，还要对其对资本市场以及整个经济系统的影响进行分析。例如，《跨国并购遇冷：上市公司 37 亿元“蛇吞象”落地，市场为啥不买账》(2019 年 12 月 23 日，新华财经)。

第五节　中国经济与世界经济

一、中国经济在世界经济中的地位

经过几十年的改革开放，中国已经成为世界上第二大经济体，全球第一大贸易国，中国经济已经成为世界经济中极为重要的部分，成为对世界经济增长影响最大的国家。中国经济已经深深地嵌入世界经济中。

（一）中国已经成为拉动世界经济增长的“火车头”

中国用三四十年的时间走过了西方发达国家上百年的路，已经与俄罗斯、印度和巴西一道成为经济增长最快的国家。中国的经济规模已经超过日本，成为世界第二大经济体。新冠肺炎疫情暴发后，中国成为全球控制疫情最好的国家，经济也率先得到恢复。2020 年，中国成为全球唯一实现经济正增长的主要经济体，GDP 总量实现了百万亿元的历史性突破。

（二）中国是世界第一大贸易国

2001 年 12 月 11 日，中国正式加入 WTO，中国对外贸易迅猛发展，一跃成为世界第一大贸易国，进出口总额保持在全球第一的地位。2020 年，中国进出口总额达到 32.16 万亿元，同比增长 1.9%，是全球外贸唯一正增长的主要经济体，我国外贸全球第一大国的地位得到进一步巩固。

（三）中国外汇储备居世界第一

中国外汇储备的增加大部分来自净出口，外贸企业挣回外汇，然后把其中一部分卖给银行而获得人民币，外商在中国投资也要把外汇资金换成人民币才能使用。外汇被央行购买后就成了外汇储备。[①] 自 2006 年以来，我国外汇储备一直居于全球首位。

（四）中国吸引外资和对外投资能力强

2012 年以来，中国一直是吸引外资最多的国家。党的十八大以来，我国吸引外资总体规模保持增长态势，近四年来，引资规模稳居全球第二。2020 年，在全球外资下降 40%的背景下，中国引资逆势增长 4.5%。[②] 伴随着中国企业实力的增强，中国对外投资的力量也在迅速强大。2020 年，中国对外直接投资 1537.10 亿美元，同比增长 12.3%，流量规模首次位居全球第一。2020 年末，中国对外直接投资存量达 2.58 万亿美元，次于美国（8.13 万亿美元）和荷兰（3.80 万亿美元）。中国在全球外国直接投资中的影响力不断扩大，流量占全球比重连续 5 年超过一成，2020 年占 20.2%，存量占 6.6%，较上年提升 0.2 个百分点。

二、"一带一路" 倡议

2013 年 9 月和 10 月，中国国家主席习近平在出访中亚和东南亚国家期间，先后提出共建"丝绸之路经济带"和"21 世纪海上丝绸之路"的重大倡议（以下简称"一带一路"倡议），得到了国际社会的普遍关注。"一带一路"以共商、共建、共享为原则，以政策沟通、贸易畅通、设施联通、民心相通和资金融通为合作重点，与沿线国家在基础设施、制度、人员方面实现互联互通。2016 年，联合国敦促各方为共建"一带一路"提供稳定安全的保障环境。[③]

---

① 周乃菱. 国际财经新闻知识与报道［M］. 北京：清华大学出版社，2013：119.

② 我国利用外资和对外投资稳居世界第一［N］. 人民日报，2021-08-24.

③ 王文，刘英. 金砖国家：新全球化的发动机［M］. 北京：新世界出版社，2017：102.

“一带一路”有三条路线：北线、中线和南线。北线：从北京、俄罗斯、德国到北欧；中线：从北京、郑州、西安、乌鲁木齐、阿富汗、哈萨克斯坦、匈牙利到巴黎；南线：从泉州、福州、广州、海口、北海、河内、吉隆坡、雅加达、科伦坡、加尔各答、内罗毕、雅典到威尼斯。

2015 年，由 57 个创始成员国，注册资本在 1000 亿美元的亚洲基础设施投资银行（中文简称“亚投行”，英文简称“AIIB”）宣告成立。亚投行致力支持亚洲发展中国家的基础设施建设、水供给及污水处理、环境保护、城市发展、物流等。① 亚投行的启动资金为 1000 亿美元，撬动资金 1 万亿美元，亚投行的设立是在为“一带一路”保驾护航。

三、人民币国际化

人民币国际化指人民币跨出中国国界，在境外流通，成为在国际贸易和国际金融活动中被普遍认可的国际货币的过程。随着中国改革开放的深入和对外贸易能力的增强，人民币的国际影响力日益扩大，并开始在国际贸易中被部分使用。尽管目前人民币境外的流通并不等于人民币已经国际化了，但人民币境外流通的扩大最终必然导致人民币的国际化，使其成为世界货币。

从 2005 年 7 月 21 日起，我国开始实行“一篮子货币”制度，对汇率进行调节。这是有管理辅助的浮动汇率制度。这个篮子里一共有 24 种货币，包括美元、欧元、日元、港元、英镑、澳元、新西兰元、新加坡元、瑞士法郎、加拿大元、马来西亚林吉特、俄罗斯卢布、泰铢、南非兰特、韩元、阿联酋迪拉姆、沙特里亚尔、匈牙利福林、波兰兹罗提、丹麦克朗、瑞典克朗、挪威克朗、土耳其里拉、墨西哥比索。它包括的范围非常广泛。人民币汇率不再只钉住单一的美元，我国形成了更具弹性的人民币汇率制度。美元汇率的波动不会再直接影响人民币汇率的波动。②

2009 年 3 月，时任中国人民银行行长周小川在其文章中批评了基于美元的全球货币体系，中国开始着手一项重大计划，鼓励扩大人民币的使用范围，在国际贸易中更多地使用人民币结算。③

2015 年 11 月 30 日，IMF 宣布从 2016 年 10 月 1 日起把人民币纳入 SDR 的篮子货币，这样在欧元、美元、英镑、日元之后，人民币成了第五种货币，而且占的权重比较大，为 10.92%，仅次于美元和欧元。

---

① 王文，刘英．金砖国家：新全球化的发动机［M］．北京：新世界出版社，2017：105.

② 韩秀云．中国新经济［M］．北京：中信出版集团，2020：33.

③ 巴里·埃森格林．资本全球化［M］．北京：机械工业出版社，2020：247.

2016 年 3 月 29 日，亚洲首个人民币国际化研究中心在北京举行启动仪式。该中心由中国人民银行中国金融培训中心与新加坡南洋理工大学南洋商学院联合成立，旨在对人民币国际化进程及其对世界经济、贸易的影响进行研究，并将通过公共界面向社会公众分享科研内容，设立财经数据库，为国内外的从业者提供培训。

2020 年 8 月 14 日，中国人民银行发布《2020 年人民币国际化报告》，报告显示，2019 年人民币国际化再上新台阶，人民币支付货币功能不断增强，投融资货币功能持续深化，储备货币功能逐渐显现，计价货币功能进一步实现突破，人民币继续保持在全球货币体系中的稳定地位。2019 年，人民币跨境使用逆势快速增长，全年银行代客人民币跨境收付金额合计 19.67 万亿元，同比增长 24.1%，收付金额创历史新高。人民币跨境收支总体平衡，净流入 3606.00 亿元。人民币在 IMF 成员国持有储备资产的币种构成中排名第五，市场份额为 1.95%，较 2016 年人民币刚加入 SDR 篮子时提升了 0.88 个百分点；人民币在全球外汇交易中的市场份额为 4.3%，较 2016 年提高了 0.30 个百分点。

四、中国经济与世界经济环境方面的财经新闻选题

改革开放 40 多年，中国已经从世界经济中没有发言权的经济弱国，变成了世界第二大经济体的经济强国。中国已经实现了全方位开放，中国人的民族自信心和自豪感达到前所未有的高度，抛开经济因素不谈，仅从爱国情怀的角度，国人就会对国际经济环境产生兴趣，有着强烈的了解国际经济环境的需求。与中国直接或间接相关的国际经济环境方面的报道，就会引起受众的兴趣。

经济全球化已经把各国经济紧紧联系到了一起。美国股市的变化，会直接引起中国 A 股市场的波动。中国有大量的企业对外直接投资，大量的中国人到国外工作，美元贬值可能直接导致中国家庭的财富缩水……中国人已经从切身利益上感受到国际经济环境的冷暖。作为财经新闻受众的生产者、消费者和投资者，都会产生对国际经济环境信息的需求。

（一）与外汇储备情况有关的财经新闻选题

中国是外汇储备最多的国家。外汇储备规模状况，对于人民币汇率有重要的影响，同时也是判断经济状况和抵御金融风险的重要指标。财经媒体要对国家外汇储备状况进行程式化的常规报道。例如，《截至 2021 年 5 月末我国外汇储备规模为 32218 亿美元》（2021 年 6 月 8 日，新华网）。

（二）与人民币汇率有关的财经新闻选题

人民币升值或贬值，对于出品和进口有一定影响，对普通百姓出国旅游或留学也有较大影响。财经新闻不仅要对汇率变化进行报道，还应该邀请专家进行解读式报道。例如，《央行：增强人民币汇率弹性　引导企业和金融机构坚持“风险中性”理念》(2021 年 9 月 21 日，新浪财经 App)。

（三）与贸易争端有关的财经新闻选题

中国是常年接受反倾销调查最多的国家。随着中国出口能力不断增强，位居世界第一大贸易国，各种贸易争端自然就会多起来，某些国家甚至对中国发动贸易战。这方面的报道是财经新闻对外部环境报道中最主要的部分。例如，《美贸易代表称将与中方就经贸问题展开坦率对话》（2021 年 10 月 5 日，新华网)。

（四）与国际交流有关的财经新闻选题

中国参加各种国际经济组织的活动，特别是国家领导人参加 APEC 等论坛活动，会透露很多信息。财经新闻不仅要报道新闻事件本身，还要深入分析活动透露的信息，做出前瞻性报道。例如，《服贸会再次举办，习近平宣布这些重要举措》(2021 年 9 月 3 日，央视新闻)。

（五）与跨国上市有关的财经新闻选题

跨国上市指中国公司在其他国家的资本市场上市。公司将其股票跨国上市，可以提高其在国际资本市场的知名度，在更广泛的投资者群体中募集资金，但有可能遭到国外资本的恶意收购，也要承担一定的法律风险和政治风险。跨国上市的中国公司出现问题，会对国内资本市场产生连锁影响，民众也会出于爱国情怀对跨国上市的中国公司的新闻保持关注。例如，《跨境电商洋葱集团赴美 IPO　净赚 2 亿元为何却被评级“谨慎下单”》（2021 年 4 月 12 日，新浪财经)。

参考文献

巴里·埃森格林，2020. 资本全球化［M］. 北京：机械工业出版社.

保罗·萨缪尔森，威廉·诺德豪斯，2008. 经济学［M］. 北京：人民邮电出版社.

陈力丹，2000. 谈谈当前经济新闻的作用和特点［J］. 新闻知识（6）：14.

陈思进，金蓓蕾，2011. 看懂财经新闻的第一本书［M］. 杭州：浙江人民出版社.

陈阳，2020. 大众传播学研究方法导论［M］. 北京：机械工业出版社.

丁晓萍，戴永明，2005. 新闻采访与写作［M］. 上海：上海人民出版社.

范从来，2020. 中国货币政策目标与转型［M］. 南京：南京大学出版社.

冯月季，2017. 传播学符号学教程［M］. 重庆：重庆大学出版社.

弗兰克·J. 法博齐，2020. 现代企业的资本运作［M］. 北京：中信出版集团.

高钢，2010. 新闻报道教程［M］. 北京：高等教育出版社.

耿明英，密桦，2020. 国际金融：理论与实践［M］. 北京：北京大学出版社.

郭庆光，2011. 传播学教程［M］. 北京：中国人民大学出版社.

哈罗德·伊尼斯，2003. 传播的偏向［M］. 北京：中国人民大学出版社.

韩秀云，2020. 中国新经济［M］. 北京：中信出版集团.

何小锋，韩广智，2006. 资本市场理论与运作［M］. 北京：中国发展出版社.

贺宛男，2009. 财经报道概论［M］. 上海：复旦大学出版社.

贺宛男，佟琳，唐俊，2006. 财经专业报道概论［M］. 上海：复旦大学出版社.

胡庆康，2019. 现代货币银行学教程［M］. 上海：复旦大学出版社.

胡润峰，叶矛，董时，2006. 财经新闻报道与写作［M］. 上海：复旦大学出版社.

黄达，张杰，2020. 金融学［M］. 北京：中国人民大学出版社.

荆新，王化成，刘俊彦，2018. 财务管理学［M］. 北京：中国人民大学出版社.

卡尔・E. 瓦什，2019. 货币理论与政策［M］. 上海：上海人民出版社.

劳伦斯・格罗斯伯格，2014. 媒介建构：流行文化中的大众媒介［M］. 南京：南京大学出版社.

雷霆，2015. 企业并购重组税法实务：原理、案例及疑难问题剖析［M］. 北京：法律出版社.

李本乾，李彩英，2006. 财经新闻［M］. 大连：东北财经大学出版社.

李彬，杨芳，2006. 清华新闻传播学前沿讲座录［M］. 北京：清华大学出版社.

李滨，2013. 国际政治经济学［M］. 上海：上海译文出版社.

李丰才，2018. 社会主义市场经济理论［M］. 北京：中国人民大学出版社.

李辉，姚丹，郭丽，2013. 国际直接投资与跨国公司［M］. 北京：电子工业出版社.

刘安长，2017. 我国财政政策对宏观经济调控目标的传导效应研究［M］. 北京：光明日报出版社.

刘海龙，2018. 大众传播：理论与范式［M］. 北京：中国人民大学出版社.

刘帷韬，2020. 贸易自由化、进口投入与出口选择［M］. 北京：经济管理出版社.

马丁・迈耶，2000. 货币市场［M］. 海口：海南出版社.

莫林虎，2014. 财经新闻概论［M］. 杭州：浙江大学出版社.

莫林虎，2010. 财经新闻经典报道选读［M］. 杭州：浙江大学出版社.

牛静，2020. 新闻传播伦理与法规［M］. 上海：复旦大学出版社.

逄锦聚，洪银兴，林岗，等，2018. 政治经济学［M］. 北京：高等教育出版社.

彭兰，2020. 新媒体用户研究［M］. 北京：中国人民大学出版社.

沈颢，2012. 财经新闻二十一讲［M］. 北京：中国经济出版社.

史燕平，王倩，2020. 国际金融市场［M］. 北京：中国人民大学出版社.

宋涛，2018. 政治经济学教程［M］. 北京：中国人民大学出版社.

宿恺，袁峰，2019. 企业管理学［M］. 北京：机械工业出版社.

孙光德，董克用，2019. 社会保障概论［M］. 北京：中国人民大学出版社.

谭云明，2016. 在中财讲财经新闻［M］. 北京：中国经济出版社.

田宝法，2015. 企业并购解决之道：70 个实务要点深度释解［M］. 北京：法律出版社.

王关义，2020. 现代企业管理［M］. 北京：清华大学出版社.

王擎，2018. 财经媒体新闻报道观念更新研究［M］. 北京：中国传媒大学出版社.

王文，刘英，2017. 金砖国家：新全球化的发动机［M］. 北京：新世界出版社.

王晓光，2019. 国际金融［M］. 北京：清华大学出版社.

文森特·莫斯可，2013. 传播政治经济学［M］. 上海：上海译文出版社.

我国利用外资和对外投资稳居世界第一［N］. 人民日报，2021-08-24.

吴弘，2018. 宏观调控法学［M］. 北京：北京大学出版社.

吴玉兰，2020. 财经媒体传播影响力研究［M］. 北京：社会科学文献出版社.

夏冬林，秦玉熙，2019. 会计学原理与方法［M］. 北京：中国人民大学出版社.

夏冬林，秦玉熙，2019. 会计学：原理与方法［M］. 北京：中国人民大学出版社.

肖红英，2003. 大众传播与财经新闻实务［M］. 成都：西南财经大学出版社.

《新闻学概论》编写组，2009. 新闻学概论［M］. 北京：高等教育出版社.

严三九，2007. 经济新闻写作教程［M］. 北京：北京大学出版社.

严行方，2013. 看懂财经新闻［M］. 厦门：厦门大学出版社.

杨干忠，2018. 社会主义市场经济理论概论［M］. 北京：中国人民大学出版社.

叶青青，2018. 网络与新媒体财经报道［M］. 上海：复旦大学出版社.

易纲，吴有昌，2014. 货币银行学［M］. 上海：格致出版社.

尹学顺，吕继红，2010. 财经新闻采写与评析［M］. 上海：上海远东出版社.

于烨，2015. 一本书读懂投资理财学［M］. 北京：北京时代华文出版社.

余斌，魏加宁，等，2016. 新形势下完善宏观调控理论与机制研究［M］. 北京：中国发展出版社.

喻国明，2009. 传媒经济学教程［M］. 北京：中国人民大学出版社.

袁熙，2014. 财经新闻经济学［M］. 北京：人民邮电出版社.

约翰·杜海姆·彼得斯，2020. 奇云：媒介即存有［M］. 上海：复旦大学出版社.

约瑟夫·E. 斯蒂格利茨，2020. 全球化逆潮［M］. 李杨，唐克，章添香，等，译. 北京：机械工业出版社.

张柏兴，2012. 经济新闻新编教程［M］. 杭州：浙江大学出版社.

张华，陈虹，2021. 国际贸易理论与实务［M］. 北京：中国财政经济出版社.

张维迎，2014. 理解公司［M］. 上海：上海人民出版社.

张亦春，郑振龙，2017. 金融市场学［M］. 北京：高等教育出版社.

张咏华，2017. 媒介分析：传播技术神话的解读［M］. 北京：北京大学出版社.

赵春明，2020. 跨国公司与国际直接投资［M］. 北京：机械出版社.

赵毅衡，2016. 符号学原理与推演［M］. 南京：南京大学出版社.

赵智敏，2011. 财经新闻报道实务教程［M］. 郑州：郑州大学出版社.

中国传媒大学新闻传播学部新闻学院，2015. 新闻传播学前沿［M］. 北京：中国传媒大学出版社.

周根红，2013. 财经新闻报道［M］. 武汉：武汉大学出版社.

周乃菱，2013. 国际财经新闻知识与报道［M］. 北京：清华大学出版社.

朱玉荣，2014. 经济全球化背景下转轨国家贸易自由化研究：以中国和俄罗斯为例［M］. 北京：中国社会科学出版社.